創始者道主 植芝盛平監修

道場長 植芝吉祥丸著

合氣道技法

演武中の植芝盛平道主

(太平洋星条旗紙提供)

写真上・体の転換と捌きによる投げ技
写真下・杖の捌きによる投げ技
（太平洋星条旗紙提供）

合　気　投　げ

（太平洋星条旗紙提供）

合気会本部道場における稽古風景（太平洋星条旗紙提供）

写真上・演武中の植芝盛平道主
（太平洋星条旗紙提供）

写真下・全国修業行脚中の道主（三十才の頃）

華族の子女を交えて道主を囲んだ門下生（於　島津公別邸にて・大正15年頃）
前列左から５人目が植芝盛平道主・その左　下条小三郎氏・道主の右は竹下勇海軍大将，２列右端は山本英輔海軍大将
３列右から２人目　富木謙二氏・その左　山本清伯。

序

合気道創始者 植芝盛平道主

此の世は一元の大元霊たる造主の愛の情動の営みなり。故に営みは一秒時も休むことなく、宇宙建国楽土を目標に、宇宙をあげてその使命達成に勤めつつあり。然も今日人類営みの道場たる大地は、宇宙と共に天の運化をしていよいよ完成に入りし感あるも、地上の汚濁はなお世人を穢し苦しめ、人類の安定未だ来らざるの時、人各自をして天の使命たる武道完成に御奉公せんものと、著者は秀れたる精神と技をもつて世の和合のため此の書を発刊せり。誠意嘉すべく、斯道修業上同慶の至りなり。

そも合気道は濁世を清め、天の運化に従い、その営みを基礎としあるを忘るべからず。然も合気道は世上美しき霊と物体との根元を明かにし、調和の整いし美しき大平和の御世の建てなおしを目標とせるものなり。然して此の書は調和の生命魂線の糸筋をみがき、その勤めを全うすることを書にして、斯道練習の道筋を明らかに教えたり。これ　幽神三界を護り、清めの行事にして、養正の大道なり。すなわち、気育、智育、体育は宇宙との結びにして、宇宙の仕組みは身の内に在り、人は宇宙の縮図なれば常に同化共に存すべきなり。斯道の修業者は此の世の造主大御親の御心御姿即ちその全極徳をこの世に神習い行う人として天の使命を尽す主体たるべきなり。故に吾人は此の著書を鍛練の友とし、その実技を習されんことを祈るものなり。

合気道技法発刊に際して

植芝吉祥丸

漸く合気道技法編を発刊する運びとなった。前著『合気道』の続編として前書についで間なしに発刊する予定が随分延びたものである。その間御期待を寄せて頂いた方々に対しては誠に申訳なく思っていたが、この発刊によって了承して頂きたく思う。

そもそも合気道の本質については前著で不充分ながらも解明したつもりである。然るに最近合気道の急速な発展とともに、その本質を充分消化しきらず、合気道を相当修業した人々の中にも、合気道が相手を倒す技として非常に好適であるとか、強力な神秘の破壊力を伴う武道であるとか吹聴するむきがあることは、非常に残念である。

この書は合気道の技術編ではあるが、合気道の本質、いわゆる相手と争うためにあるのではないということが、一般の技に如何に合理的に表現されているかを知り、理解して頂きたいということが、私のこの書に力を傾けた大部分である。

本書に解説した合気道の技術は非常に沢山な数に及んでいる。しかしながら合気道の技術は僅かこの程度のものではなく、まだまだ無数に数えられる。故に読者はこの技術の一例を含味されて無数の抜を感得して頂きたく思う。然もこの無数の抜の感得は正しい合気道の本質に根ざしたものでなければ不可能であり、百害のもとにもなり得る。

国内国外ともに合気道は益々増加の一途を辿っている。創始者のいる財団法人合気会本部から遠く離れた地で斯道に励む人々でも、厚い修業の精神的壁にぶつかる事なく楽しく修練できるよう、本書がその役割の一端でも果すことができたとしたならば、著者の喜びこれにしくはなしというところである。

この書の誕生に於いては、私をここまで育ててくれた創始者に対し衷心から感謝の意を捧げるのは当然であるが、またこの出版に際して終始御助力を賜った光和堂の草鹿任一氏、草鹿直太郎氏、又、本文写真撮影を担当された窪田源一郎氏、写真その他技術的な協力に於て合気会指導員田村、西内両氏に対し紙上を通じ心から感謝の意を表して置きたい。

目次

目次

目　次

合気道技法

第一章　総　説

生活の向上に対する人間の意欲は無限に続くものである。

確かりと現実に立ちながら、絶えずより良き夢を求めて一歩々々理想に近づいて行くことは、人間だけが知る喜びである。こうした喜びの姿を、私は合気道の技において見出すことができる。

人間が動作に於て表現する最高の動き、それは何らの停滞もなく自然の極致として表現されたものでなくてはならない。合気の道は自然と一体になることであり、相対的な世界から抜け出した絶対的な心身統一の道である。それ故、そこに表現される技術は、無限にして尽くるところを知らぬ美しい生命の躍動であり、魂の表現である。

すなはち植芝盛平翁が、その持ち前の天才的感覚を以て、武道の奥儀を究めんとして苦心惨憺、次から次へと起るあらゆる疑惑、不満の解決に精魂を打ち込み、その結果生れ出た合気道演技の真髄は、天衣無縫、融通無礙、実に大自然の宇宙の実相そのものであって、時に応じ物に対し、一元より発して千差万別、決してありふれた型を以て完全に表現し得る底のものでないことは勿論である。

しかしながら、今日初心者に対し、その進学の順序として、成し得る限り近代人の科学的思考にアピールするよう適宜それを理論的に体系化し、基本技として一応の理解を与えて練磨を積み、次第にその極致を会得せしめるように指導する必要があり、又これにより合気道の一般普及発展を速かならしめることにもなる。

しかし申すまでもなく、理論とか基本技とかいうものは、その道に進むため必要欠くべからざる方式であるけれども、それが真の本体ではない。修業者は先ず一意専心、理論を究め基本技を練り、究めつくし練りつくした結果遂にそれら一切にとらわれず、いわゆる「心の欲するところに従って矩を越えぬ」境界に到達するのである。そして又、一度この境界に達した人といえども、矢張り常に営々孜々として基本技の練習をおこたらず、以て人間の弱点たる放恣、無規道に逸脱転落することなきよう深甚の心構えがなければならぬ。一面よりいえば、基本技はその使い手によって膠着したものとなり、又自由極りなき自然の表現ともなるのである。

かくして、精進向上の道程はどこまでいっても極まるところを知らぬ。

植芝盛平翁が、かつて四十年前にこの道を創始した時に較べれば、今日の合気道技法の変化の多種多様であるのはまことに驚くべき進歩発達というべきであるが、将来まだまだ無限に増進して止まないであろう。それは天然の法則に従っているからであって、この道の極まりない進展性を認められる所以である。

万物は常に生々変化して暫くも一処に停滞しないと同時に、古今東西を通じて不変不動の一物がある。この一物を確りと把握することによって、あらゆる変化に応じ得る、これが武道の要諦である。合気道の使命は、人をして鍛練によりこの要諦に徹せしめ、時勢に順応してしかもこれに汚濁されず、日常万般の事に対応善処し得る人間本来の素質を現出せしめるにあり、本書を記するところもこの意義に基くものである。

読者諸君もよくこの点を感得して頂くならば、私の最も幸甚とするところである。

第二章　合気道技法の推移

合気道とは、植芝盛平翁の創始した武道であるが、本書に於てその技法を解説するにあたり、先ず読者諸君にその根本義をよく呑みこんでもらうために、翁が現在に至るまでの生い立ち、経歴とかみ合せて、合気道技法推移の歴史の大要を述べることにする。

第一節　古流柔術影響下の合気道

第一項　合気道技法の芽生え

明治の始め、和歌山県の一隅に呱々の声を挙げた植芝盛平翁が、その物心ついてから日露戦争の前年に和歌山の聯隊に入隊する頃までの約二十年間は、すでに非凡の天禀を以て専ら武道への精進を続けたとはいえ、まだまだ合気と称するほどの、これという何物をも握んでおらず、ただ暗闇に手さぐりで這いまわるようなものであった。けれども、少年盛平は早くもこの当時から自己の一生かけて追究すべき道は、おぼろげながら次第にわかりかけていたようである。

ともあれ、最初十代の頃は、技よりも力、力がすべてを解決するといったような、少年にありがちな強き者に対する憧れで胸は一杯であった。そして熱心に鍛練するに従い、二十二才前後に及び、身長こそ五尺一、二寸の矩軀ながら体重二十貫、実に驚くべき強靭な体格が造り上げられ、生来の怪力がこれに伴ったのである。

柔術稽古の最中に、体格優れた相手の腕を握り、汗とともにその皮膚をむいてしまったという逸話もあり、こんな具合に型にはまった、いかつい稽古で自分の力を十二分に現わすことによって、五体の満足を感じながら、懸命に修業したのもこの頃であった。

当時翁は、その修業法として、郷里の和歌山方面に来た名ある武道家には必ず師事して、一つ一つの技を確実に咀嚼し会得し、これを以て他の道場を訪れて実地に試合して、その技が本当に自分のものになっているかどうかを試していた。この様にして明治三十四年十八才の時に初めて上京するまでにも、和歌山、大阪方面の各地を経めぐり、明治維新後、野に隠れ、ひそかに日本武道の道統維持に心を砕いていた武道家を探し求めて、或は教えを乞い、或は試合を申出たものである。

東京に出て、翁が情熱をふるって師事したのは、起倒流の戸沢徳三郎氏であり、その技法の練習はあくまでも手技、足技等一つ一つを判で押した如く、区切った組立て練習であった。また明治三十六年頃より、堺で教えを受けた中井正勝氏の柳生流も、その練習法はさきの起倒流と何等異るところはなかったけれども、その技術の点では現在の合気道の技術面に数多い影響を与えている。例えば「相手を四万投げの形に追い込みながら、更に腰を使って大きく投げを打つ技」や「相手の肘関節を側面より手首を抑えながら逆に体を入れ、体の移動によってその肘関節に強圧を加え相手を飛ばす技」等現在の翁の動きからすれば、自然に湧き出してくる技の一こまではあるが、当時は貴重な手技、腰技の特技として翁の修業に活を入れる大きな要素となったことは見逃せない。

このようにして、武道修業の踏み出しで、純真な若い血の奔流するままに深く傾倒して身に受けた洗礼は、それが後年の合気道にまで飛躍発展しても、矢張りその中に抜けないものとなって潜在し、植芝盛平翁の一生涯に作用するであろうことは案ずるに難くない。すなわち、合気道の誕生について戸沢、中井両氏等は忘れることのできない方々である。

第二項　鍛練が生む飛躍

およそ一事を成就達成するのに最も大切なことは、その人の天禀と努力と、更に時を得ることである。

翁の天禀も明治三十六年軍隊に籍を置くまでは、磨かれない宝石であった。

日露の風雲が急を告げる頃、軍隊に入って多数の同僚とともに鍛えられるようになった翁は、たちまちその頭角を現し、期せずして特異の存在となった。柔道、銃剣道、或いは機械体操等、あらゆる武技体技にわたり師団随一と認められ、矩軀ながら二十貫という体格はまことに運動神経の権化とまで評判されるようになった。

その頃、長距離駆け足には連隊一といわれた村田という青年中尉がいた。（後に中将、大東亜戦争にも活躍）或日中尉は重軍装をした翁等一個大隊の先頭に立ち、得意の長距離駆け足訓練を行った。時あたかも炎天、何貫目もある軍装を背負いながら走る兵隊は、未だ軍隊経験も少いためか、一人落ち、二人落ち、落伍者続出。しかしながら、先頭の村田中尉のすぐ後には植芝軍曹がピッタリとくっついて、掛け声勇ましく走っているので、夢中になって進んでいる中尉は後方のことに気付かず、「何とこの大隊は耐久力の強い者が多いのだろう」と半ばあきれ、半ば自分も悲鳴を挙げつつ何里か走った後、苦しげに後をふり返ったところ、何と、元気一杯余裕綽々の植芝一人だけ掛け声勇ましくついてきているのを知り、「植芝お前の後について来る兵隊達はどうしたか？」と一喝、そして遂に「お前にはかなわぬ」と兜を脱ぎ、雷といわれた村田中尉も、それからは翁を特別扱いにしたということである。

こうした軍隊での鍛練は、入営前の古武術修業と併せて、心、技を練る恰好の場所を翁に与えたものであり、また、自己の生来の体力、技能に対する自信をその胸中に植えつける結果ともなった。

第三項　大東流柔術と北海道

日露戦争後明治四十三年春、翁はたまたま政府が募集していた北海道開拓移民に応募し、北見国紋別郡白滝を中心とした広大な土地の開拓に従事したのであるが、ここで、はからずも大東流柔術師範武田惣角氏とめぐり合い、その指南を乞うて免許を得た。

大東流柔術は、その伝書によれば技数二千六百六十四手とあり、武家時代の立居振舞を規準として当時考え得るあらゆる攻防の祕術を含めて出来上っている。

武田惣角氏に師事した翁は、この大東流によって技術の「広さ」を体験した。しかしながら、その「深み」に至っては、未だ飽きたらぬものがあったように思われる。

それは、大東流第一ケ条、大東流第二ケ条といった呼び名により、「正面打ち面の鍛練」すなはち面を打って来られた場合の技術より、手首関節、肘関節、肩関節、足部関節等の各種に及び、その鍛練法はなかなか微に入り細に亘ったものであったが、その動きは、強さこそ出ているものの、強さを包む柔軟さに欠けていたようである。

さて、翁の北海道における生活は、斗争の生活であり、苦業の生活であった。山地の開墾は大自然に対するそれであり、未開地における日常生活の苦労は、そのまま斗争より鍛練に通ずるものであり、それはまた、大東流の修業にもぴったりと歩調をあわせたものであった。しかし、いつの間にかそれは行きづまってしまった。そして「強くあれかし」とのみ希い、相手により以上の打撃を与えることのみの心境が、やがては自分の前に立ちはだかる壁となり、山となって、その行手を塞ぐことに気付いた頃、大正七年に、翁は父の病いのため、思い出深い北海道から再び内地に帰ることになったのである。

第二節　技より心への出発

翁は幼少の頃から信心家であり、神前に手を合すことが何よりも嬉しく感じたそうであるが、その気持も血気な力に打ち消されて、とかく強さのみを追い求めて来たのであった。

しかし、求めてやまぬ熱烈な翁の精進は、以下述べるように、父の病気を契機とする不思議な奇縁によって心境に一転機を革し、新生面を開くに至ったことは、合気道発展史上、画期的な重大事と考えられる。

第一項　綾部における翁の心境

父危篤の電報に、万事をなげ打ち、ただ父の許へと北海道を後にした翁は、帰省の車中はからずも

第二節　技より心への出発

大本教の出口王仁三郎氏に関する噂を聞き、父の病を救いたい一心から予定を変更して綾部に急行し病気平癒の祈願をしてもらうことにした。そして綾部で出口氏と面会して強くその風貌にひかれた翁は、その後敬愛する父の死に直面した心の痛手と、これによって更に強められた武道への執心とを胸に抱きつつ一道の光明を求め、一家を挙げて綾部に移り、大正八年から同十五年までこの地で黙々として心、技の修業にいそしんだのである。

綾部に於て翁は奉仕ということを心から味った。先ず下座の業、下足番から便所掃除に至るまで、あらゆる労務を人知れずすることが、心の成長に大きな力となるであろうことを知り、素直に努力を重ねるに従い、その境地は次第に開け進んできた。その頃、ピストルを持つ相手に対し、引金を引く一瞬前にその心の動きを感知して美事にこれを避けて打ち勝ったという話も残っている。

この様にして、翁の動きは次第に心術の豊さの加わった、弾力ある技法に変る傾向が見えて来たのであった。しかしながら、従来の習癖から抜け出して心技の調和一致を身につけることは、そう簡単には行くものでなく、長年月の苦斗による絶えざる鍛練が必要であった。

翁は当時この理想と現実との矛盾に非常なはがゆさを感じ、素朴な信仰生活に打ち込みながら、その方面のあらゆる修業をしたようである。曰く断食、曰く静坐、曰く鎮魂帰心法等々。その間に宝蔵院流の槍法の研究にも力を尽し、翁独特の槍体一致の妙法をも完成している。現在の合気道の技術中

「入身一足（半身で爪先にやや力を入れつつ、ちょうど一足のようにすりながら相手の側面に入る形）に入りつつ他の技術に変化する動き」等はその中の一つである。

人里離れた綾部の山中で、ひたすら心の深玄に分け入り、今まで身についた猛々しさも、何もかもただ一刀に打ち砕いて、自己の真実の満足をつかもうとする努力は、まことに筆舌に尽せぬものがあったに違いない。

その日夜苦心焦慮の際に、ある時翁は今まで経験したこともない感動が起り、心機一転したのであった。

この感得は、ほんの一瞬のことであったろうが、翁の受けた衝動は実に生れて以来はじめてのものであった。翁の生活のすべての点で、これが一大画期をもたらしたのであった。ここに合気道の出現が見られるのである。

大正七年から十四年に至る綾部での七年間は、翁心術の苦斗時代であり、又技術表現の完成期第一歩ともいうべきであろう。

第二項　武道家第一線の翁

大正十五年新春、海軍大将竹下勇氏の手引で上京した翁は、その特異な技と心術の深さによって、たちまち多数人士の師と仰がれるようになった。

講道館の嘉納師範は、翁の演ずる合気道を一見して「これこそ自分が理想としていた武道――柔道だ」と賞嘆し、永岡八段、望月三段等を練習に派遣されたのであった。

翁の倦むことを知らぬ武道への精進は、常に休むことなく、その後昭和十年には鹿島神刀流の研究を始め、同十二年には遠く北京におもむき、当時の中国における武道家多数の演武を見学し、実地に研究する等工夫鍛練に余念がなかった。

昭和十六、七年には海軍大学校、憲兵学校等に迎えられ、学生職員等軍人の心身練磨に功献するところ大なるものがあった。

昭和十八年、戦争正に酣なる頃、翁はかねて希望していた野外道場を茨城県岩間に造営し、ここを本拠として全生涯をかけて合気道の完成に努力することになった。

この期間は翁が世俗的に大いに発展飛躍した時代であり、合気道が新興の勢で一般に流布され始めた時期である。

しかし、翁としては自ら省みてなおきわめて飽きたらないものがあり、人が騒げば騒ぐ程、自己の未熟さに言い知れぬ淋しさを感じ、なお一層の修練を重ねたのであった。その頃翁が宮中の済寧館で行った演武は大変な評判であったが、翁は「まだまだ本当の合気というものではない」と述懐されてこの様に、見た眼とは異り、翁自身にとっては、実に苦心苦斗の時代であったが、その身を削るような労苦が、やがて来るべき合気道完成への基礎となったのである。

第三節　心技一体となった合気道

昭和二十年、第二次世界大戦終了と共に、深い反省と謙虚な日常に明け暮れた翁は、また一段と高い心境に飛躍して、「合気の奥義は大きく和することであり、絶対無限の宇宙の実相に通ずる道である」と喝破するに至った。

かくしてこの自覚により、技術の面にも非常な変化を見るに至った。すなはち、翁の技法の表現は自然の中の一部分であると同時に、それが自然そのものの全体であり、一個の技そのものが、如何様にも無限に変化発展するものである。

その動きは天衣無縫、天地の動きと共に計り知れない奥行と弾力とに充ち満ちているともいえよう。すなはち技の動きはすべて弾力のある球体に移行し、直線的な動きも、すべて螺旋状を形づくるものである。こうした動きは、翁の言う相手の心を自在に動かす第一歩である。

しかも翁は今日なお日夜工夫鍛練を怠らず、茨城県岩間の合気神社での行法は、まことに峻厳を極めている。

翁は日本古来の柔術各種を修業体験し、これを基礎とし母体として、刻苦精進し、深く武道の真髄に透徹し、遂に合気道という独特の武道を創始したのである。そしてこの武道は翁とその後継者の絶えざる努力によって、更に無限に向上し、その技法も益々飛躍発展して止まるところを知らぬであろう。

第三節　心技一体となつた合気道

第三章　合気道技法の性格

既に述べた通り、合気の技は千変万化、留まることを知らぬ動きの極致、自然の理から発したものであるから、技そのものが現在すでに完成固定されたものではない。従って、植芝盛平翁の独創的なひらめきは、将来更に合気道の行き方を我々に教えるであろうし、又、現在数万に達している合気道修業者の中からも、更に飛躍した何物かを掴み、世に問うことにならぬとも限らぬのである。この見地から、合気道の技を現状で分断し、その斬り口を論じながら将来の飛躍を考えてみたいと思う。

第一節　無限にして尽きぬ実技

人間の心身は、天の摂理によって生れた自然の産物である。この自然の産物が自然の動きに溶けこんで一体となるところに、人類永遠の進歩発展がある。合気道を学んで湧出する力は、人間の半面に隠されたこの自然の力に他ならないのであって、健全なる心身はこの自然との一致によって、動くところ必らず真の技となり、偉大な力の発揮となるのである。今、合気道を演じている翁の在り方を完全な球体にたとえてみるならば、その動く軌道は幾つとも数えきれぬほど無数であり、それが一セン

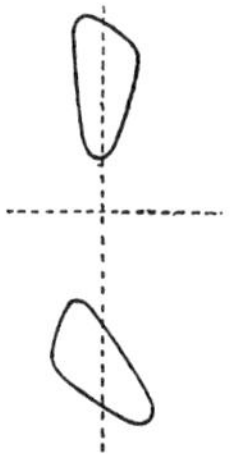

チ違えば、技の動きも又同様に違ったものとなり、一メートル違えば一メートルなりに意味の違った技法が具現するのである。上図のような足の位置から右足を一センチずらしたならば、それによって足、腰、上体等の在り方は全く異った感じとなり、従ってそれによって生ずる技法は、思いもよらぬものとなる可能性がある。合気道練習中、思わぬ動きによって鮮やかな投技が出ることがある。しかしながら、後で研究してみると、なかなかそれが判らない。それに投げられた側は、投げられながら実に気持が良かったということはよく経験することである。これは、その瞬間に投げる側が自然の動きに一致した妙法を具現しているからである。

合気道は現在でも、その手技、足技、腰技等の種類を区別すると、既に数えきれぬ程の多きに達している。例えば、基本技といわれる四方投げでも、徒手だけで主なものがざっと四十八通りあるといわれる。お互に持ち合った場所が一センチ違えば、その出てくる技の感じがまた違うのであるから、それこそ無数ということになる。ここに我々の合気道に対する楽しみがあり、動きの無限につきぬ面白味が溢れているのである。

「動けばそれが技になるのだ」と言う翁の言葉は、極致に達した技そのものに対する妙味を言いあてた至言というべきであろう。但しこれは翁にして始めて言い得る言葉であることを銘心しなければならぬ。

第二節　力学の合理性に徹した技法

第一項　円転の理

合気道の技を仔細に検討してみると、すべてが円転の理と、入身一足の理から成り立っている。円転の理とは、自己の右足又は左足、或いは体全体が中心となって、相手にその動きを及ぼすことである。すなはち、合気道技法の表現を一つの独楽にたとえるならば、この独楽の回転によって描く各点の軌跡が、完全な球体となって来る時の動きが捌きの極致だといえる。しかし、もしその動きが静止した時に、独楽のように不安定なものであってはならない。それ故、合気道の構えを側面から見るならば、物理学でいう正三角四面体、俗に言うピラミッド型のような安定性がなければならない。

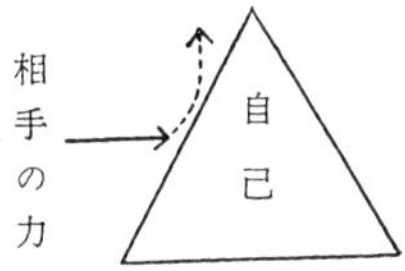

この安定性があればこそ、相手が正面からまともに押せば押すほど、その押す力が上図のように上方にそらされ、押す方の人がかえって体を浮かされ、不安定なものとなる。しかも、押される方は相手の力を何等感じないということになる。

この様な安定した態勢でくるくる廻る場合、それはちょうど颱風の目が移動しつつ諸々に偉大な自然の猛威を振うように、あらゆるものを吸収する求心力と、遠くへは

（写真　1）

（写真　2）

ねとばす遠心力が交互に作用して、合気道の動きの偉大さを表現するものとなる。この円転の理を表現した、代表的な技を一例として、次に挙げることにする。

ここにいう技は〃肩取り内廻り入身投げ〃といい、重心を三度転移しながら体を捌き、円を描きつつ相手の側面に入り、相手を投げる技である。

すなはち、写真1のように相手が自己の右肩を持ち、更に右手で正面を打ってきた場合、右足を中心として左に体を捌き（足捌き図Ⅰ参照）、更に転位して左足を軸として右に体を廻す（足捌き図Ⅱ参照）。その際手は巧みに自己の本体を中心としたコンパスの足のように、相手の右手を誘う。更に写真2の通り、左足を中心として右足を自己の後方にして右に体を廻し、相手の体を崩す。次ぎに逆に左足を中心として体を左に廻し、右足を相手の後方に出しつつ（足捌き図Ⅲ参照）右手で相手の

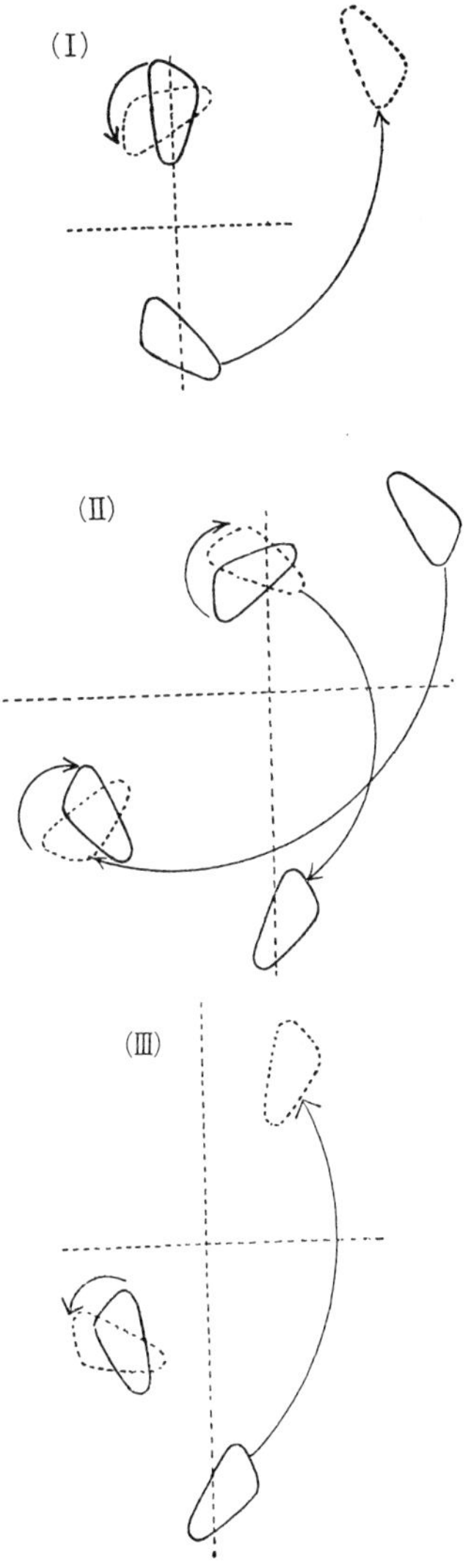

正面を上から廻し落す。

この技は自己を中心に、三度転じて、円を描きながら相手を導き、これを倒す技として挙げたのであるが、合気道のすべての技が、多かれ少かれこの円転の理を用いているのである。

第二項　入身一足の理

動く二つのものがすれ違った場合、そこに生じた速力（関係速力）は、両者の速力の和となる。

合気道の技法では、人と人とがすれ違う、その関係速力を巧みに利用して相手を制するやり方が、丸く転位する柔かな動きの中に見出され、それによって技に一そうの激しさを加えているのである。

これは翁が槍法の鍛錬から得た〃入身法〃の原理である。すなはち、前記のように来る力と行く力とがすれ違うところに生ずる力と位置の関係を活用するのであって、具体的にいえば、半身に構えて相手が正面からまともに来る打ち、突き、蹴り等に対して、そのまともの線をはずして相手の力を捌きつつ、その側面に入るのである。

次ぎに〃一足〃とは、統一された心身で自己の位置を一歩転位または前進することである。（但し合気道の実際の技法では、一歩ではなく、すり足で数歩乃至それ以上の距離を前進し、相手の側面に入ることがあるが、ここでは原理について述べたので、あえて一歩としておく。）

そこで〃入身一足〃とは、自己が入身の態勢で一歩相手の側面に、早く強く入ることであって、そこに生ずる相対関係の力により、それほど自己の力を使わずとも、相手の進む力を逆用して加撃し、それにより相手に致命的打撃を与えることができるのである。

合気道では、この入身に入るということが、あらゆる面で先述の円転と表裏互に作用しているのである。

今、ここに〃入身一足〃の理を現した代表的技法を一例として挙げることにする。

次頁写真3の通り相手が短刀で突いて来た場合、自己は左半身となり、相手が出て来る線を外しながら、左足から一歩前に相手の右側面に出ながら、左拳で相手の脾腹を、右拳で面を打つ（写真4参

（写真　3）

（写真　4）

照）。これによって、相手の進む勢いと、自己が一歩進んで突き出す勢とが加わった力により、大きな打撃を相手に与えることができるのである。これを合気道では〝入身当て〟と称している。

合気道の技における力の関係は、〝円転の理〟〝入身一足の理〟と大別するとしても、それを更に細かく分ければ、実に多種多様な作用として現われる。この技により生ずる力の関係を今少し述べてみよう。

相手と相対した場合、両者の位置、距離、間合等によって、そこから発する呼吸の感応は誠に変化無限ということになる。こうした中に、夫々に応じて技を生かすには、円転と入身の理を活用するのである。

例えば、相手が力を込めて右手で突いて来たとする。この時、その突いて来る線を外して左半身に構え、入身の状態になれば、相手は勢い余って空を突き、正面にたたらを踏むようになる。この正面に出る相手の力に自己の力を加えるため、右手で相手の右手を誘い、更に左足を中心として右に後転すれば、自己が中心となり、自己の右手によって一つの円を描くことになる。こうなれば、相手は遠心力により大きく態勢が崩れ、加撃しなくとも戦斗能力を失うことになる。

この動きは、合気道のいわゆる〝押さば廻れ、引かば廻りつつ入れ〟ということであって、常に自己が中心となった円転の理の活用である。

ところで、今例に挙げた〝押さば引け〟という言葉は昔からある言葉である。これは、相手が一歩出れば自己はそれに逆らわず同時に一歩さがることによって間合を保ち、相手の力を抜くのである。そして、もし相手が更に自己の胸に手を掛けて二歩出ようとする場合には、自己は三歩退いて相手を前方に崩れさせるようにするのである。

ただし、この際、相手が反射神経の鋭い、技の優秀な人であって、崩れつつも更に体ごとこちらにぶつかって来たならば、こちらは或程度の打撃は免れない。そして自己の正面に相手を引くとすれば、それは自己の方に相手の力を受け入れることになり、相手の力を流すことにはならない。その受け入れた力のために、自然体の安定を失い、自己の態勢が崩れることになる。

このように〝廻る〟ということと〝引く〟ということとは大きな相異がある。さきにも述べたように、相手が二歩出ようとした場合、その力に自己の力を加えて大きく回転すれば、楽に相手を崩し、しかも正面からぶつかられるような危険を感じないですむことができるのである。

合気道の技は、常に安定した正三角四面体の構えから発し、しかもその動きには円転の理と入身の理とを関連させることによって、無理のない合理的な動作が生ずるのである。

第三項　中心運動

合気道の動きは球転で表現することができる。合気道の動作を起す時に特に使う関節を上図のA点（腰）からG点（足首関節）まで分けてみると、これ等の関節の動きは、二つの種類に大別することができる。一つはE・A・F・Gの諸点、すなはち人体を脊髄を通じて縦に通り、それが足にまで及んでいる線と、他は、脊髄の両側に位置する、主に腕に関する関節である。脊髄に関する関節は、首、腰、膝、足首を通じて動きが一つの方向に統一され、すべて腰を基点として行われている。

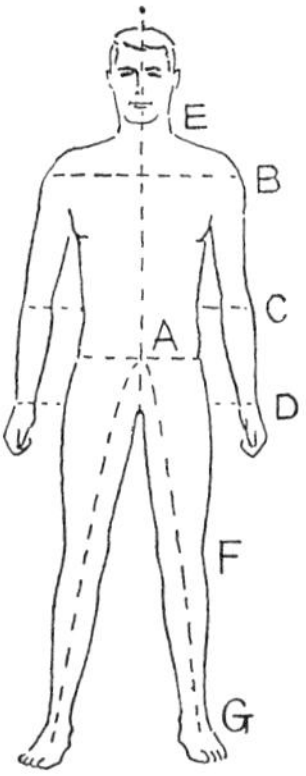

次ぎに腕に関する関節は、肩、肘、手首ともその関節は、合気道の技術に応じて、腰の動きととも

に、互に基点となりつつ、中心運動をおこし、相手に随伴運動を起さしめる。しかしながら、腕の諸関節はあくまでも腰を基点としての随伴的基点の動きである。

いまこれらの関節を大別すれば、次のようなものとなる。

一、基点となるべきもの

(イ) 中心運動の基点……腰（A点）

(ロ) 中心運動の随伴的基点……肩（B点）　肘（C点）　手首（D点）

二、全く随伴的なもの

腰（A点）に全く随伴して中心的動きをしないものに、首（E点）、膝（F点）、足首（G点）。

すなはち、体を縦に通した腰（A点）の線が円運動を始めれば、連鎖反応をおこして、その縦の線の両脇にある腕の線が円運動を起し、この腕の円運動が他に働きかけることによって、相手を円運動に引き入れ得ることになる。

図a

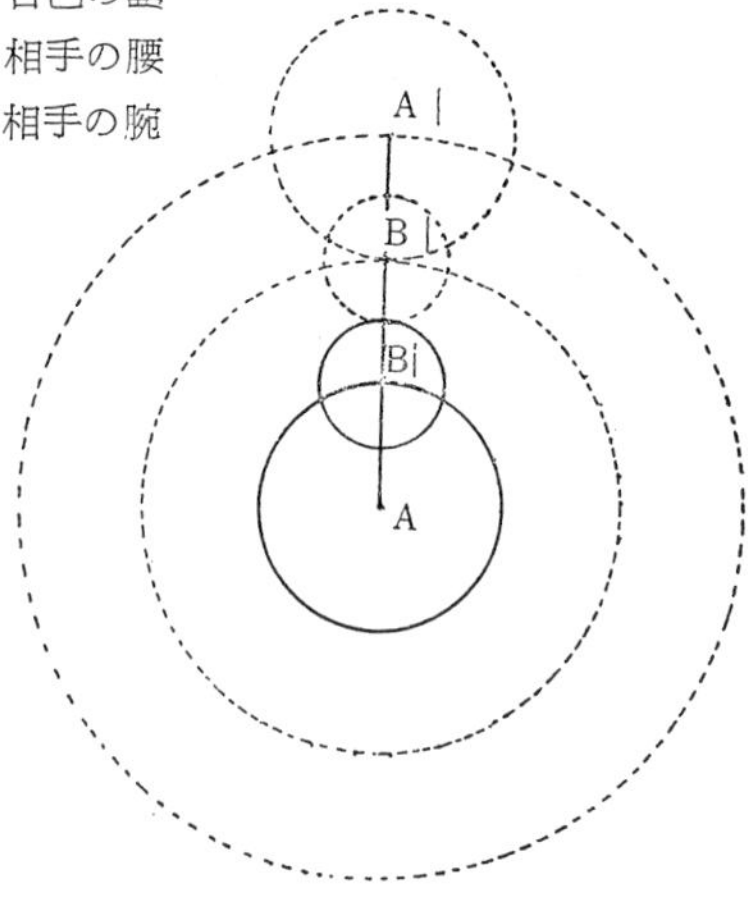

A　自己の腰
B　自己の腕
A　相手の腰
B　相手の腕

図b

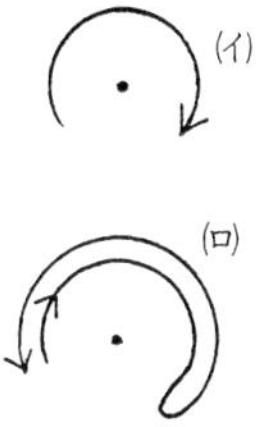

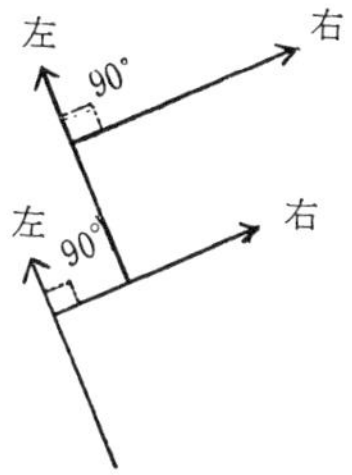

今此の動きを実際の技法に関連して考え表裏二面から見てみよう。

○表（入身）の動き

この動きは腰を基点として、両足が上図のように直角に角度を保ちながら半身となりながら前へ進んでゆく動きである。

しかもその動きは線であるが、螺旋状に円転する線であることを知っておかなければならない。

○裏（転換）の動き

これは絶えず腰を基点として図の通り後転する動きである。

この場合イのように廻りっぱなしの場合と、ロのように廻って必らず廻り返す場合、また三転、四転と廻る場合がある。

いわゆる合気道の動きは、半身の態勢から前進、後転と二つに分けることができるのである。

第四章　基本準備動作の要点

何を研究し、何を学ぶにしても、一つのまとまったものを修得しようとするならば、その基本に充分力を注ぎ、確かりした基礎の上に立たなければならない。しかしながら、基本の修練は何事によらず地味であり、面白味がなく、目先の変化に乏しいものであるから、最初悲愴な覚悟で始めた人が、一カ月もするとその勢はどこへやら、遂に途中で投げ出してしまうという例が非常に多いのである。

しかし基本の修練は誰しも通らなくてはならぬ不可欠の過程であり、これなくしては合気道の修練は成り立たないのである。古人の書に〝基本こそ極意なり〟という語のあることを充分味うべきである。

だが、基本の修練にも始めあり、終りあり、それを進めてゆく順序があるものである。ここでは合気道の基本を学ぶについて、誰しも心得ておかなければならない点につき〝構え〟〝間合〟〝手刀〟〝気の流れ〟〝入身〟〝捌き〟〝力の出し方〟〝受身〟〝坐法〟の九項目に分けて順次説明することにした。この各項目については、前著『合気道』で詳しく述べているので、ここではその要点のみを簡単にふれておくことにする。しかし、この中の一項目が欠けても、その上に築かれるべき合気道の技法が本質的に無意味なものになるのであるから、少しでもおろそかにすることはできないのである。

第一項　構　え

合気道の柔らかい自然な動きも、すべて出発はこの正しい構えである。

構えは相手に対して立った〝自然体〟から、足の出し方によって〝左構え〟〝右構え〟となる。

〝自然体〟とは、人が無心に立ち、自然と臍下丹田に重心がすわり、体全体が安定した楽な態勢で立った状態をいう。

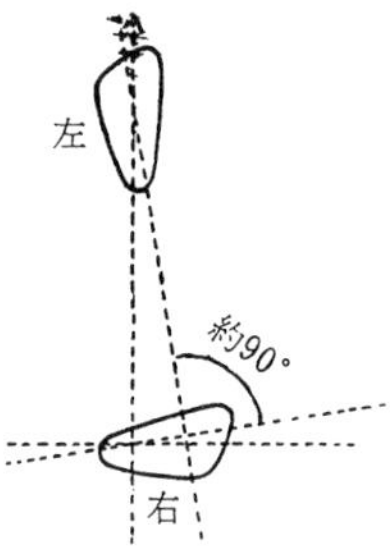

〝左構え〟は、自然体から左足を約半歩前に踏み出し、半身に構える。両足の関係は大体上図に示す通りである。

体は堅くすることなく、全身柔軟な状態で、あらゆる変化に対し常に応ずることのできる態勢でなくてはならない。合気道ではこのように構えた場合、その姿勢は常に〝三角体〟にならなければならない。この〝三角体〟とは、最も安定した、立体的ないわゆる正三角四面体のことであって、転ずれば安定した球体となるものである。

〝右構え〟は〝左構え〟の正反対となる。

以上は立った構えについて説明したのであるが、坐った場合も立った場合とその本旨は少しも変っていない。すなはち、両足の拇指を重ね、自然に正坐して、やはり臍下丹田に重心がおさまるようにする。こうした姿勢から、何時如何なる場合にでも変化に対処できるようにしている形が、坐った正しい構えである。

第二項　間　合

相手と相対した場合、自己の間合に相手を引入れてしまうならば、その勝負はすでに明らかである。それは攻めるに易く、また護るにも易い位置を占めることが間合を取る上の理想とされているからである。それは、相手と相対した場合の位置、すなはち、距離方向等が微妙な関係を有し、更に心の動き、気の流れが絶えずこれにからみ合ってくるのである。

合気道を練習する場合、相手と自分の手刀がふれ合う程度に間合をとることが常道とされている。しかし、相手と半身で構え合った場合、〝相半身〟〝逆半身〟とでは間合のとり方が変ってくる。

〝相半身〟とは、相手と半身に構え合った時、左右の構えが相互に同じである場合をいう。〝逆半身〟はその異る場合をいう。

間合をとる場合は、互に前後左右に移動しても、常に相手に正対して構え、しかも周辺の僅かな現象、地物（例えば窓から入る光線、床に敷かれた白線等）を利用して、自己の間合に相手を吸収してしまうようにしなければならない。

第三項　手　　刀

合気道の動きは剣の理合であるともいわれているほど、その動きは剣理に即している。故に徒手における合気道の手は、剣そのものであり、常に手刀状に動作している。その意味で合気道ほど手刀を使用している武道は他に例がない。

先述の間合のとり方も、合気道では手刀の使いやすい位置ということになってくる。さて、手刀とは、広義には手を充分開いた場合の肘から腕先の部分をいうのであるが、主として右上の図の通り、手刀、尺骨部、橈骨部等についていう場合が多く、小指の付根の部分、から手首にかけての部分（手

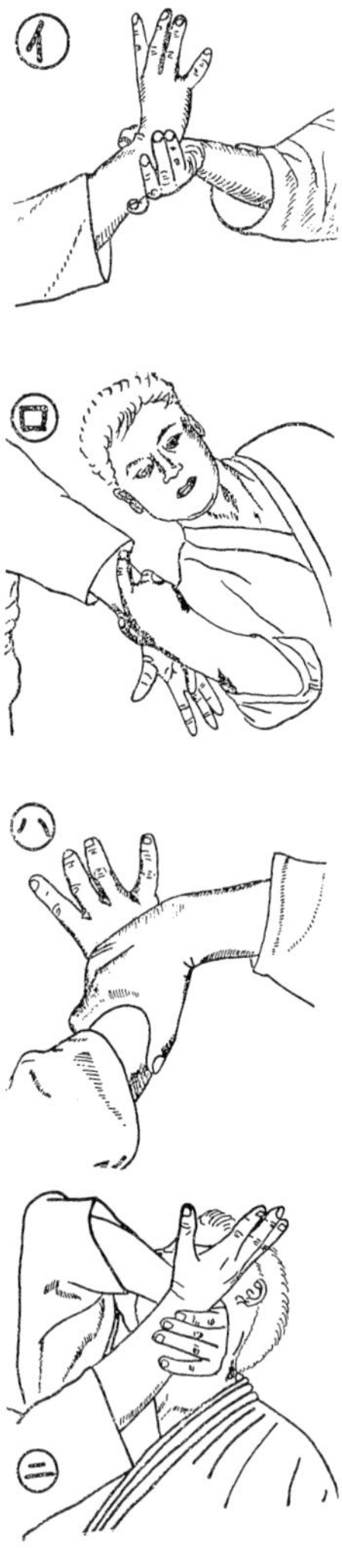

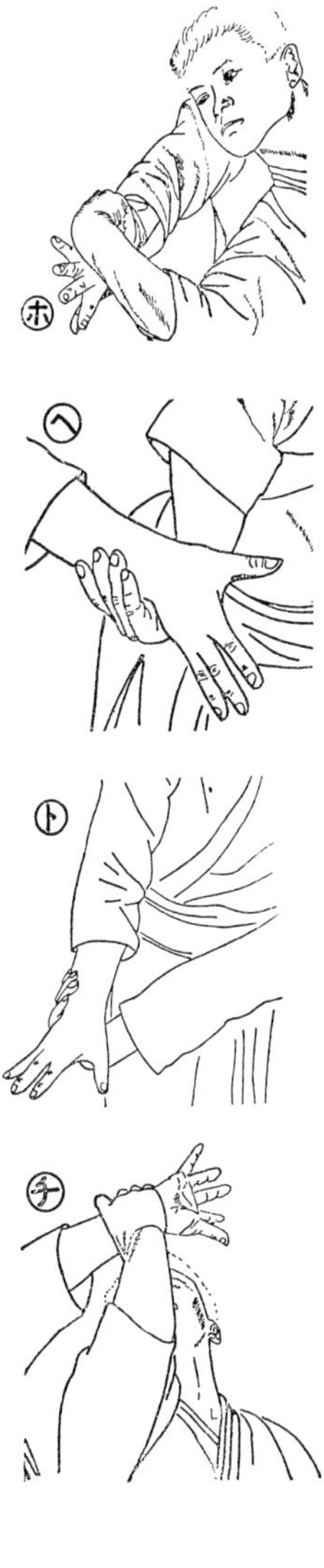

刀の部分）を多用する。この手刀は、全身の力の集約点である人体の重心から働く力が直結している故、正しい体の動きによってこれを使用した場合、合気道にいう、力強い呼吸力の発揮となってくる。

合気道の技法では、腕抑え（第一教）、小手廻し（第二教）等、基本技はすべてこの手刀を使用し、手刀で相手の肘を突き上げ、切り上げ、まき下す等々、種々攻防の秘術にしている。合気道ではこの手刀を主として〃内斬廻し〃〃外斬廻し〃〃内斬返し〃〃外斬返し〃等の動きに使用している（図参照のこと。〇印記号のある方を自自己とする。）。

又、この手刀の動きをよく理解しておけば、この動きが変化して、当身、捻り、押し、引き等にも充分利用できる。

第四項　気の流れ

気の流れとは心気の働きをいう。

昔、仇討に、剣の心得もあまりない力弱い者が、眼をつぶってただ一心になって突きをくれ、よもやと思われた相手の達人を倒したという話もある。このように人が無我の境に入った場合、勝敗を超越した絶対不動の心から発する一体和合の気の流れにより、自己の動きの中に相手を入れてしまう至妙境で、何の分別も意識もなく、機に応じ変に応じて自然に出てくる働きを〝気の流れ〟というのである。このようにして、自己の動きに相手が自然と知らず知らずついてくるようになるのである。

彼の有名な兵法者鬼一法眼は次のようにいっている。

「来らば即ち迎え、去らば即ち送る。対すれば和す。五五十なり、二八十なり、一九十なり。即ちこれを以て和すべし云々」

これは、気の流れに従って体を捌いていくことであって、相手が来るのを待っていて迎え、然る後送るのではなくて、相手が出て来なくてはならぬ気持にまで追い込み、これを捌いてゆく極処を説いたものである。

こうした気の流れについて、言うは易いが、真の会得は勿論一通りや二通りの修業で得られるものでなく、先ず姿勢、間合等、形を正しくすることから始めて、不断の鍛錬により、遂にはあらゆる面が渾然一体となる境地に達するのである。

第五項　入　身

すでに入身一足の理（三三頁）でふれているので、簡単に述べるが、彼我相対した場合、相手の動きの線を外してそれとすれ違う形に相手の死角に入る動きを入身という。

合気道では、この入身によって生ずる技が非常に多い。〃入身投げ〃〃入身落し〃〃入身抑え〃等である。また、このほとんどすべての技の中に入身の原理が含まれている。それは、合気道の構えが半身の構えを主体とし、槍法の原理に徹した動きが、その技の中に融合されているからであって、そのために合気道独特の入身法となっているのである。

第六項　捌　き

合気道の体捌きは、回転中の独楽の動きに似ている。すなはち、その動きは常に中心があり、中心の移動により、自己の体を捌き、相手を捌いていくのである。しかも、この動きは絶えず主体性をもっておこなわなければならない。それ故、その動きは完全な球を描き、どの方向から如何なる作用を受けようとも、常に円転滑脱なものでなければならない。

合気道の捌きを考える時、人体は一個の精妙な機械とも見られるのである。すなはち、もし足の拇指の方向が左に動いたとすると、その場合、体の各部はその動きに従って、すべて統一的に変動するのであって、決してその中の一部だけが勝手な動きをすることは許されない。そして手、足、体が一糸乱れず調和の中に力強く融け込んでいるのである。こうした捌きにより、相手をこの捌きの球体運動の中に吸収し、或いは回転中の独楽が、それに触れるものをはじき飛ばすような働きも生ずるのである。

第七項　力の出し方

合気道がどんなに力のない人、例え老人婦女子といえども、立派に習得し、夫々役に立て得ることができるのは、これが人間の体力とか力を基準とした動きではなく、すべて気力の充実と、それに伴った合理的な力の出し方が基となるからである。故にこの力の出し方は、合気道練習上最も重要な一項ということができる。

火事の最中、老婆が腰を伸ばして思いもよらぬ重い物を担ぎ出したという話もある。

今仮りに右腕を真直ぐ伸ばして、どんなことがあろうとも絶対肘関節から曲げられるものか、と力を入れて力んでみる。

そして、その腕を諸君の友人に肘関節から曲げさせてみると、力を入れて力んでいる割に較べて、簡単に曲げられやすいものである。

次にその右腕の手を開き、自己の全身の力の集約点、重心より作用し直結した力が腕を通り、指先から絶えず無限に作用しながら出ているという気持で、肩・肘は単なるその力の通り道だという風に考え、そこに滞っている力を抜き去り、その腕を同じ友人にその肘から曲げさそうとしてもなかなか曲り難いものである。自分の気の持ち様によって自分の力を出すということに徹した場合は、その力の働きというものは、意外に強く作用するものである。

右の例のように、合気道の力の出し方は、臍下丹田、すなはち自己の重心のあり方が非常に大切である。この安定した重心から充実した気持に培われた力が、力強いエネルギー源となって、何のわだかまりもなく、五体の各部を通り、外に発揮作用するものでなければならない。それ故、合気道には力を出すという言葉はあっても、力を入れるという言葉は無い筈である。力は澱んだ水が腐るように肩、肘、首等にこもらせて無力なものとしてしまうことなく、絶えず水源から発する河川のように、身体各部のエネルギーを吸収しながら大きな流れとなって、手先、足先、更に眼光からも、合気道の捌きと一致した螺旋状の円運動をおこしつつ発散し、その対象物に喰入っていかなければならない。

もし合気道を練習する人が相手を確り握って、自分の方に引きつけたり、単に直線的に力を出せばよいと考えるならば、それは全くの誤りである。相手を自分の方に引きつけるならば、相手も反射的に引きつけられまいと、あたかも綱引きの如き様相を呈するであろうし、そこには剛には剛という理合はあっても、合理的な力の使用法、出し方は全く見られない。若し四〇〇キロの重量のあるものを持ち上げ得る力持ちが、力の出し方を知らぬため、その力を陰にこめ、肉体各部に滞らすならば、四〇キロを持ち得る子供の合理的な動きにもとまどい、当惑することになるであろう。ここに合気道を練習する第一歩として、前にも述べた通り、力は最も安定した自己の体の重心、すなはち臍下丹田にある力の集約点より五体各部を通って、手足の指先より何のよどみもなく出すことを考えるべきである。これにより、全身は安定し、硬直にならずにすむのである。

第八項　受　身

受身とは自分の体が崩れてまさに倒れようとする時、その地面から受ける衝撃を如何にして緩和し身を護るかについての技法であり、常に自己の主体性を保持して、しかも相手に倒された力の方向を巧みに利用しながら、その勢に従って地面の抵抗を避けようとするものである。

この受身には、前方に倒れる〝前受身〟、後方に倒れる〝後受身〟、側方に倒れる〝横受身〟がある（次頁写真参照）。

前受身は、自然に前へ歩きながら、前へ出た足と同じ方の手を、指先を内側に向け、その手を軽く

後　受　身（A）（B）　（写真 5）　　前　受　身

（A）

（B）

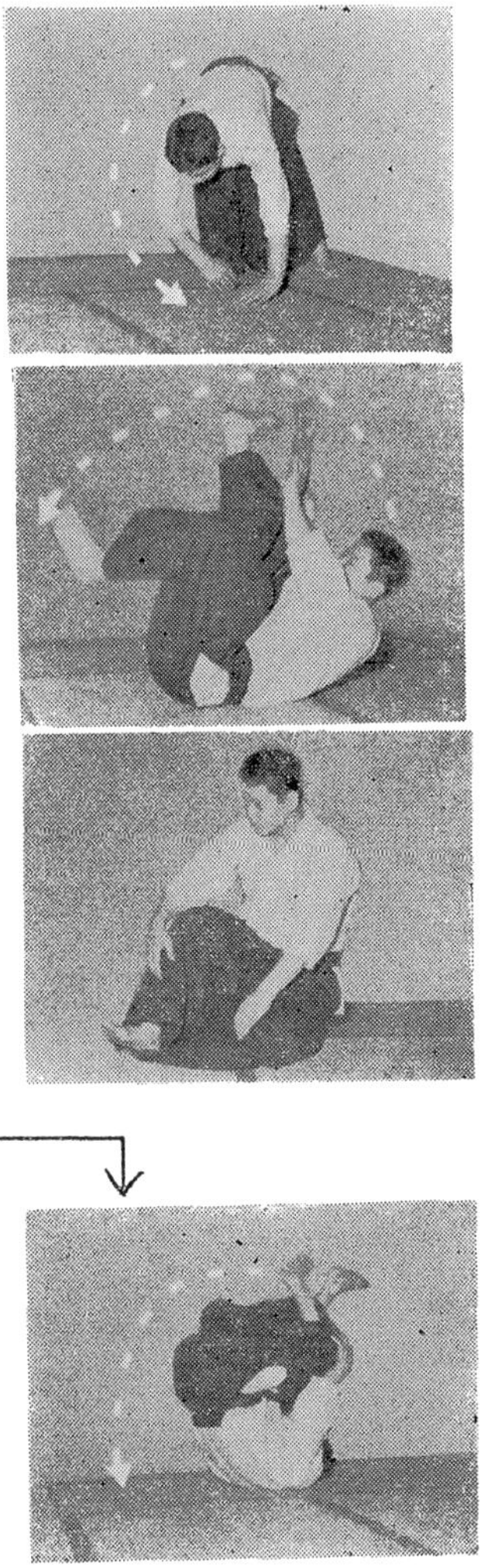

反対側下方に伸ばしつつ、これに従って体は輪のようにねじり、ついで肘、肩、腰と順次に地面につけて廻転する。（前頁写真参照）

後受身は顎を充分に引きつけ、足を曲げつつ臂部、腰、背中とスムーズに体を丸くしながら後方へ転がる受身を主とする（前頁写真A）。なお後受身では、背中まで地面についた際、後方へ転じ切らずに、反動をつけてそこから再び逆に前方へ起き上る方法もある（前頁写真B）。

横受身は右足を左足前方にすべらしつつ伸ばし、右側に倒れる。その際右手で畳を打ちながら、下から受ける抵抗に調子をあわせて、その衝撃を最少限に止める。

以上、いづれの受身も技の延長であるという意味で、自然に転る形をとり、ここではこと更に手で調子をとりながら地面を強く打つようなことはなるべく避けるようにしている。そのため、合気道の受身は上から落ちる横受身よりも、前方又は後方に回転する受身が大部分を占めている。これは、合気道の技法そのものが球体の理を体現しているからである。

〃受身三年〃という諺もある通り、受身はなかなか大切なものであるが、合気道ではその技の性質上、ことさらに受身の練習時間をとらず、技法練習の間に、いつとはなしに受身を身につける練習法をとることにしている。

第九項　坐　法

日本では中世以降、武士たるものは屋内では必らず正坐するということが立前であった。従って正坐膝行しつつ、如何なる相手に対しても対応できる身のこなしが、武士の表芸たる武道には必らず附随していた。それ故、日本民族の生活から自然発生的ににじみ出た武道の一面を母体とした合気道でも、その鍛錬法に坐技が大きく位置を占めるのは当然である。これはまた合気道でも足腰を鍛錬し、身のこなしを迅速にするものであり、柔道の寝技にも匹敵する鍛錬法である。合気道で坐技が自在にこなせれば、立技の動きは全く簡単だということができる。

坐ろうとする時は、先ず左足の拇指を右足の拇指に重ね、姿勢を正して坐る。その際、両膝の間かくは、自分の握りこぶし二つ位いとする。この態勢からおこす動作は、常に調和のとれた統一的動きでなければならない。そこには前述捌きの項で述べた通り、常に中心がしっかりと他を誘導するようになる。その中心は、何れか一方の膝関節ということになる。

第五章　基本準備動作

基本準備動作とは、技に移る以前の動作をいう。従って、当然体の動きその他の点で体操的となり勝である。しかし、この準備動作を充分身につけることにより、それ以後の技に対する動きが異ってくるのは当然であり、これによって技の基礎が固められるので、重大な意義があるのである。以下これを単独動作、相対動作に区分して説明する。

第一節　単独動作

単独動作とは、相手なしで、ただ一人で合気道の動きを練習する基本準備法をいう。これは一人で練習するため、その動きが往々にして単なる動作に堕し、最も大切な合気道の気力の充実に欠けることになりがちであるから、この点特に注意しなければならない。

単独動作も、合気道の技の本質からみて多種多様で、その数も無限に近いものであるが、ここではその中で最も必要と思われる五項目、すなはち体の進退、体の変化、呼吸の変化、呼吸転換法、手首関節柔軟法を挙げることにする。

合気道でいう呼吸とは、呼吸力を意味するのである。呼吸力とは、力、すなはち気力を主体とし、それに肉体的なあらゆる力を総合したもので、気・魂・体の三位一体によって現れた人間の真の力をいうのである。この力を自由自在に変化させ、転換させ、使用するようにならなければ、合気道の技を完全に自分のものとすることは難しい。

第一項　体の進退

体の進退動作は、技法の上でも非常に大切である。すなはち、進退によって体の位置を変える場合、平静な、安定した気持が母体にならなければならない。しかもその安定した気持の上に安定した体の態勢が必要である。それには常に体を安定に導く運《はこび》足法に充分留意しなければならない。

運足法は継足、歩足、転回足、転換足を基本にしているが、常に足の動きに従って体の安定した重心がその上にのって行かなければならない。この両足の動かし方は、丁度水の上を歩く様な気持で、地面すれすれに運び、足先、すなはち指の方から地につけることが大切である。

⑴　継足

継足とは右足を一歩進め、その足がまだ充分地面を踏みしめないうちに左足を一歩右足の進んだ方へ進め、左右両足がほとんど同時に地面を踏みしめ、体の安定を保つようにする。この場合左足は常

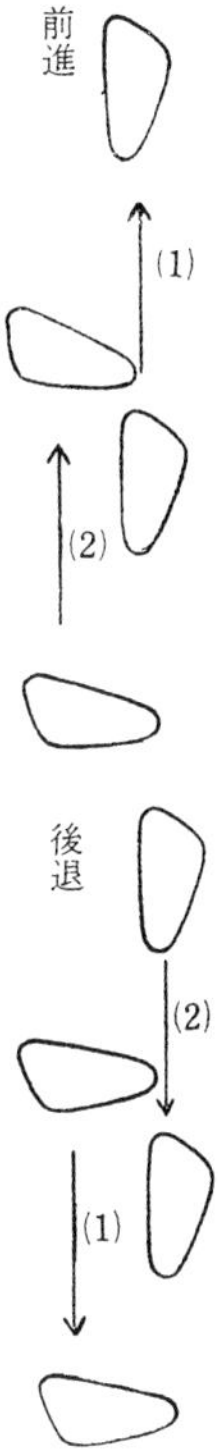

に右足に随従する形となり、前後左右に動く場合、常に一貫して同じ方則をとるものである。（右の図は動作の順序を示す）。

この継足は、四方投げの最後の切り下ろし及び入身投げの入身動作等によく利用されている。

(2)　歩《あゆみ》足

交互に足を運ぶ方法である。しかしながら、合気道の場合は、普通に歩く時と違って、後から出て

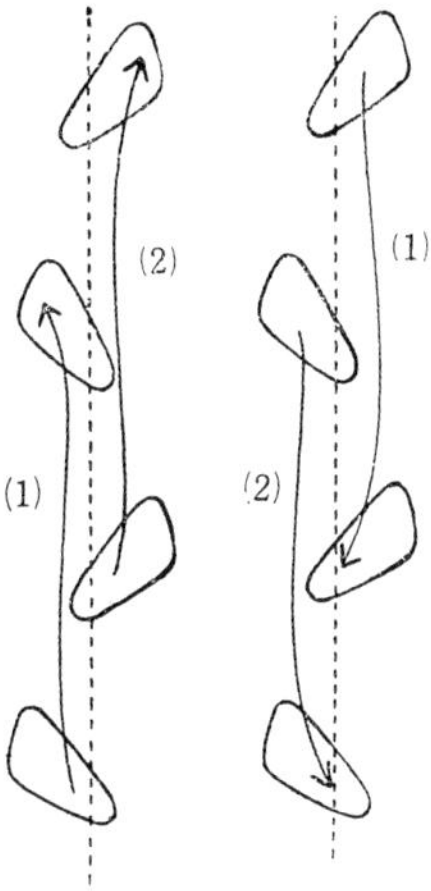

くる足先が上図のように自己の外側を向くようになる。（上図の数字は動作の順序、矢印は動作の方向）。

この歩足は合気道の基本技腕抑え（第一教）表技（入身）の動作に最もよく用いられている。すなはちこの足運びは基本技の根底であるともいえるのである。

(3)　転回足

前方に対している姿勢を後方に対する姿勢に変える足運びである。例えば左構えの場合、両足を軸として右に体を一八〇度廻し右構えとなることであり、この動作を会得すれば、自己の重心を崩さず

に相手に応じ、自在に構えを転回することができる。この体を廻す場合の要点は、両膝で体の調整をとる必要がある。

この転回足を常に使用するのは、合気道の基本技四方投げである。

(4) 転換足

体を前方或いは後方に転じて前方に対する姿勢を、直ちに後方に対する姿勢にかえる足の運び方をいう。この場合、前方に転じる場合と後方に転じる場合では、その動きがいささか異ってくる。

○ 前方転換足

左半身に構えた場合、後足を一歩前に出し、両足を軸として体を一八〇度左に廻し、左構えとなる。右半身より転ずる場合も、これに準ずる。上図により足運びを参照されたい。この足運びによって成り立っている基本技法では、入身投げ、小手返し等がある。

前方転換足

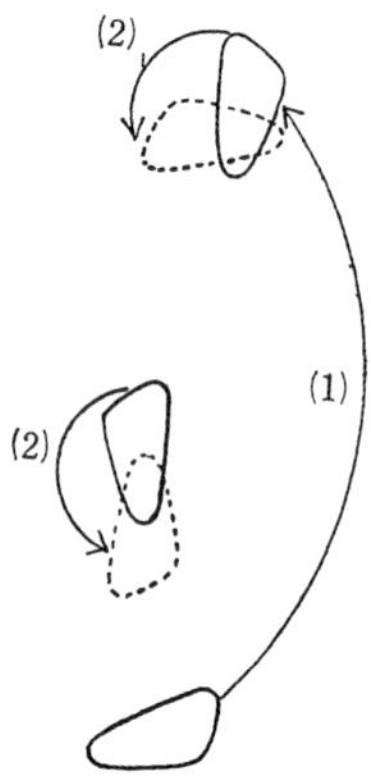

後方転換足

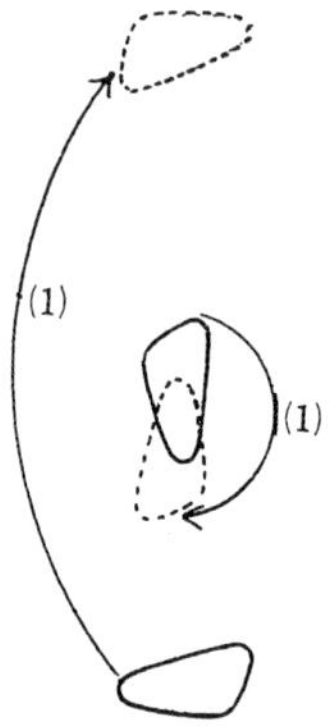

○ 後方転換足

左半身に構えた場合、左足を軸として、体を右に後転し、左構えとなる。右半身から転ずる場合もこれに準ずる（足運びは前頁下図参照のこと）。

(5) 膝　行

膝行とは、坐った姿勢を崩さずに体を移動することである。

合気道では基本鍛錬は坐り技を根幹としているので、この膝行は非常に大切な基本動作とされている。始めの構えは半身ということが合気道の原則であるため、膝行でも正面に対し、右、左と交互に半身になりながら進退するところにその特徴がある。

例として左から行動を起す場合を述べてみよう。坐った姿勢から両足先を立てて、右膝を中心として上体を正しく保ちつつ、左膝を自己の正面前方に進め、同時に右足を引きつけて左構えとなる。次ぎに左膝を中心として、右膝を自己の前方に進め、同時に左足をひきつけて右構えとなる。このように左右交互に膝を進めて体を移動するのである（左図参照）。始めは正坐から左構えとなり、次いで右構えとなる。①②③は動作の順序を示す。

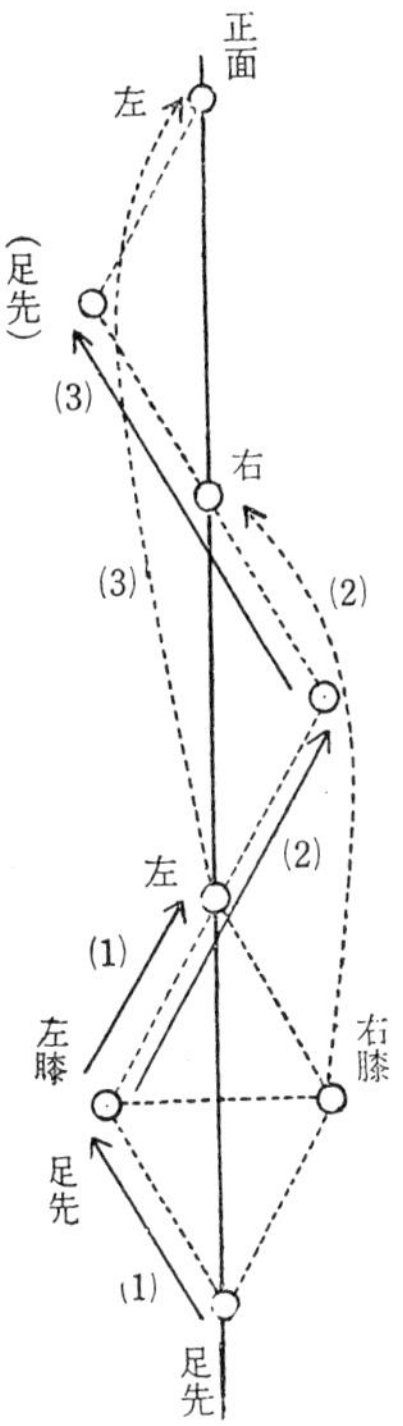

また膝行姿勢から前後に体を転回するには、例えば左半身の場合は左膝を中心として右膝を立

て右に体を廻し、右半身になりながら右膝を自己の後方正面に移し、前方に対する姿勢を後に対する姿勢にかえる。

この膝行については、常に安定した構えから出発移動し、いささかの崩れがあってもそれは正しい膝行とは言えない。

第二項　体の変化

〝体の変化〟とは、自由自在に体を転換し技法をこなすための基本的動作である。この体の変化は左右あわせて四通りとする。しかしながら更に一歩すすめれば、これから八通りとなり十六通りとなり更に発展変化する。

（写真　6）

左第一法

写真6のように左構えとなる。次に左足を軸として、右足を後方円形に引きまわしつつ、背面右廻りに体を一八〇度転換する（足の変化は次頁第一図のとおり）。手は左構えの時は左掌を下にして正面腹の高さに自然に出したのを、体の転換に従ってそのまま自然に変化

し、背面右廻りして正面を変えて構えた場合は、左手掌は上に向き、正面腹の高さにこれまた自然に出す。この際体全体の気力が、臍下丹田から五体を流れて手先から出ているような気持を充実させなければならない。

左第二法

写真6のように構え、次ぎに右足を一歩前に出して右構えとなり、左右両手は第一法で示した通り前に出し、自己の胸からやや低目の高さを保つこと（第二図参照）。

左第三法

左構えから右足を一歩右に出し、右に正対し右構えとなる。手捌きは第一、第二法と同じ（第三図参照）。

左第四法

左構えから第四図の通りの足捌きで左に向きを変え、左に正対し、右

（第一図）

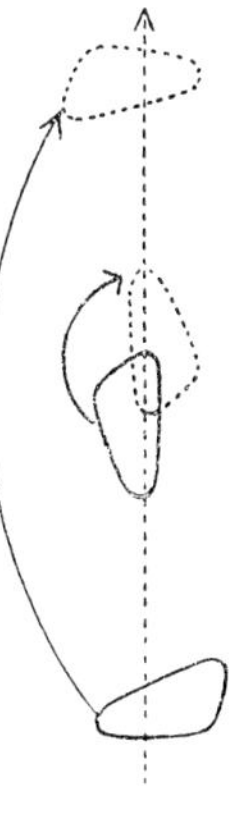

（第二図）

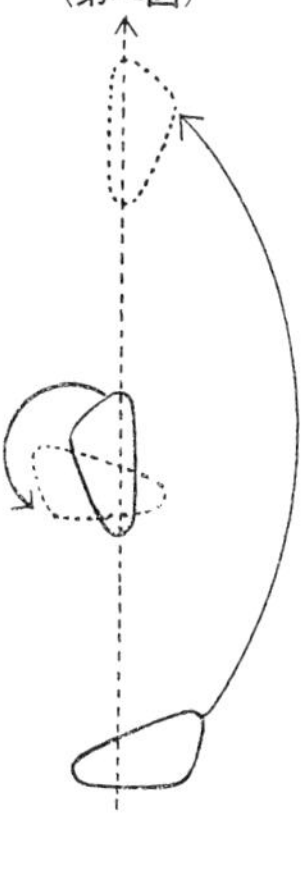

（第三図）

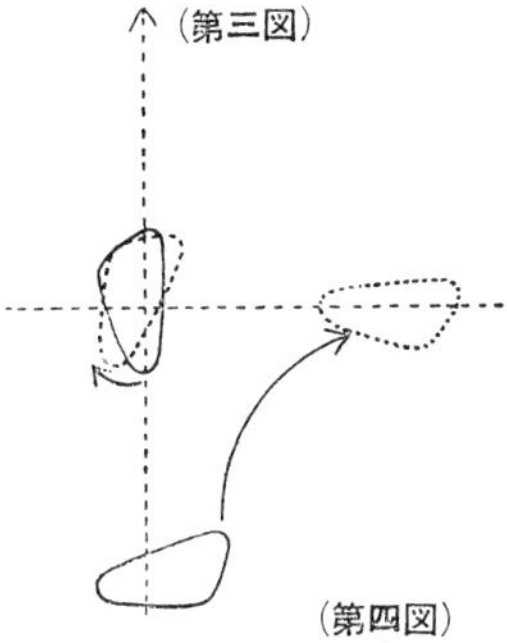

（第四図）

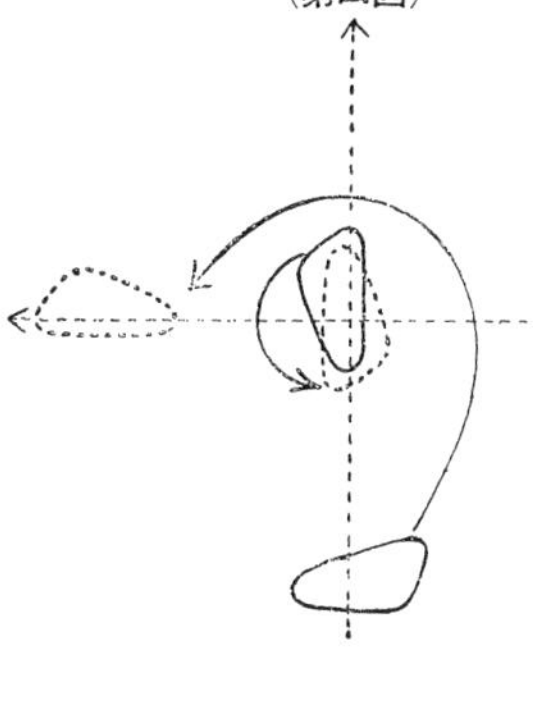

構えとなる。この場合左足を軸として、上下両体が調和のとれた形で円を描くように丸く廻るのである。

右第一法乃至第四法……左右を異にするほかは、前述の四法と同じ。

第三項　呼吸の変化（面打ち一教運動）

一般の人は〝力を出す〟ということについて、非常に簡単に考えているようである。「いざという時にはありったけの力を出せばよい」というように、何気なしに〝力を出す〟という言葉をよく使うものである。しかしながら、今一歩深く考えてみると、自己の力を完全に出し、完全に使いこなすということはなかなか難しいことであり、むしろ至難というべきである。

呼吸の変化とは、自己のもてる力を自己の体の変化と一致して、何の遅滞もなく完全に出し得るように鍛錬する単独練習法であって、合気道では、心身統一された力の出し方は、全身からの、一分のすきもない呼吸法と一致しなければならぬという見地から呼吸という言葉を使い、その全身から出される力を呼吸力と称している（前著『合気道』一五二ページ参照）。

左呼吸の変化（左面打ち一教運動）

写真7の通り左構えの姿勢から連続次の動作を行う。

（写真　7）

足捌き第五図の通り、右足を一歩前に出す。その際両手は全身の力を臍下丹田に集約し、そこから胸、肩、肘を通り、何のよどみもなく流れるように指先から出ていく力の方向にあわせて、両手先を開き、両手を螺旋状に廻しつつ、自己の目の高さまであげる。この態勢を側面から見れば、写真7の形となる。この時の中心はあくまでも左足であり、その基点は腰でなければならない。続いて両び左足を中心とし、右足をそれにひきそえて左に一八〇度向きを変え、右半身となる。足捌きは第六図に示されている通りである。

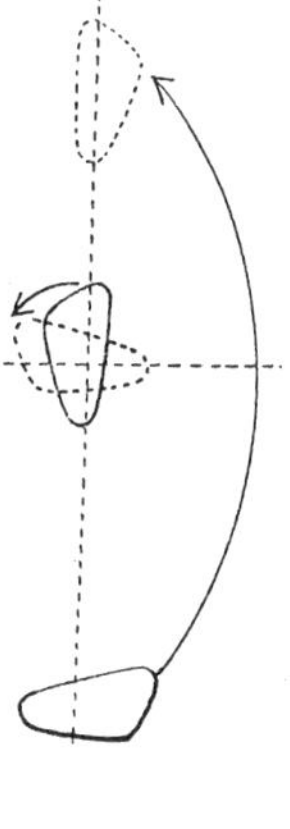

（第五図）

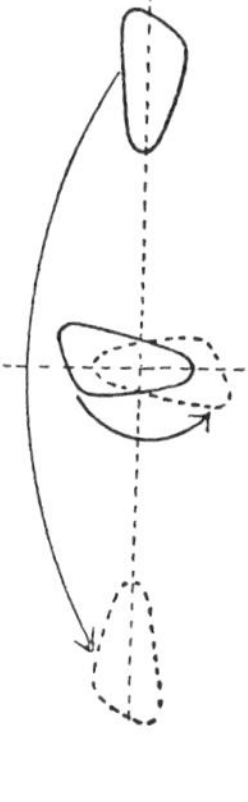

（第六図）

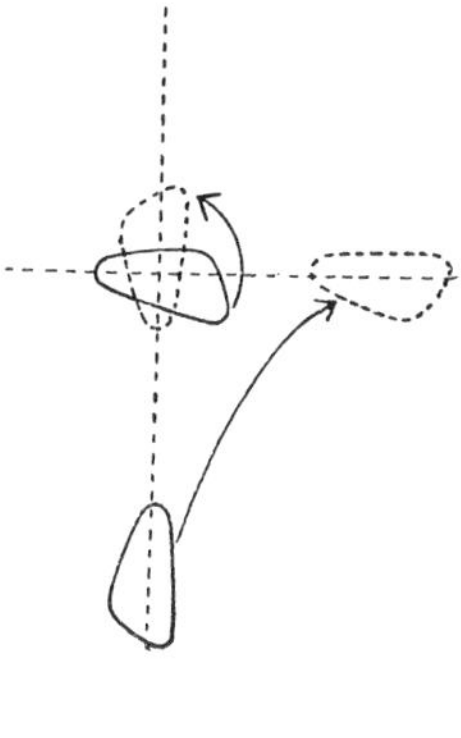

（第七図）

手は体の動きとともに写真8の態勢から下に抛物線を描きつつ向きを変えた方向に、前述と同様の

（写真　8）

力の出し方の要領で、大体自分の目の高さまでもってゆく。更に足捌き第七図の通り、左足を軸として、右足を一歩左に出し、右半身の態勢となる。両手はその態勢にそって呼吸力を出しながら目の高さにもってゆく。更に動作を続け、再び足捌き第六図の通り左に一八〇度向きを変える。その時の手足の関係は、足捌き第五図から第六図に移る場合と同様である。

これによって合気道の動作中、腰を基点とした手足の動きの統一調和、心身統一によって作られる力の出し方、いわゆる合気道呼吸力の出し方を練習するのである。そしてこの動きは、初めから終りまで、流れるように連続して動かなければ、呼吸力を養成し、呼吸力を出すということにはならない。

右呼吸の変化（正面打ち一教運動）……左右を異にするだけで前述の動きと同一である。

第四項　呼吸転換法

呼吸転換法とは、呼吸の変化より更に手捌きを立体的に用い、呼吸の変化の足捌きと同一の動きをしながら、手刀を振りかぶり、振り下しする運動を加味するものである。

これは合気道刀法の変化を体に現したものともいわれ、後述する代表的な投げ技〝四方投げ〟の基礎準備法とも考えられる。又、この呼吸転換法は、四方に斬り分ける連続技であり、動きの上では、気の流れが常に切れることのないように、特に注意しなければならないのは、呼吸の変化と同様である。

左呼吸転換法

左構えの姿勢から連続呼吸の変化と同様な足捌きによって次の動作を行う。

先ず右足を一歩前に出しながら、両手刀を振りかぶり振り下す（足捌き六三頁第五図参照）。続いて、再び両手刀を振りかぶりつつ左に一八〇度向きを変え、右足を一歩前に踏み出して右半身となりつつ手刀を振り下す（足捌き六三頁第六図参照）。次ぎに左に向きを変え、更に一八〇度向きを変える。その都度手刀を振りかぶり振り下す。体の動きは全く呼吸の変化と同じであり、手の動かし方だけが異っている。この際の手の動きは非常に重要であり、呼吸の変化の項で述べた通り、指先から呼吸力が螺旋状に流れ出るように動作しなければならない。なお、振りかぶる時は息を吸い込みながら親指を主体とし、振り下ろす時は息を吐きながら小指を主体としなければならない。

右呼吸転換法……左右を異にする他、前記に同じ。

第五項　手首関節柔軟法

人間の体は、頭のてっぺんから足の先に至るまで、常に有機的に動かなければならない。例えば人差指が右に廻れば、それに対応して体全体が動くという具合になる。それ故、腰の動き、足の運びなどを主体とした前項の運動に相関連して、それについてゆけるように、手首の関節等も柔軟に鍛えておかなければならない。今、ここでは単独で関節を柔軟に鍛える方法として、小手廻し法（二教運動）小手返し法（小手返し運動）及び手首振動法（毛管運動法）の三方法を挙げることにする。この関節の鍛錬法は、幾多の変化があり、決して以上の三つに限られたものではない。ただ、その中で比較的容易にできるものを取り出して述べることにしたのである。

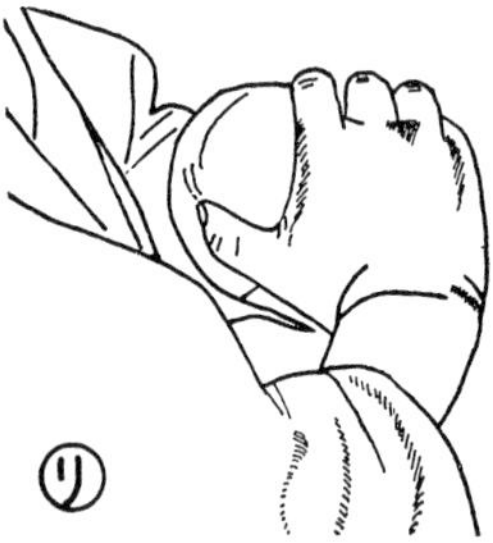

り

小手廻し法（二教運動）

上図りの通り、左手を軽く握り、胴体から約三十センチほど離し、胸の高さに手首をもってくる。次に左手首を図のように外向きに曲げ、右手で親指が左手拇指の付根を外側からおおうように掴み、右手で左手首を自己の外側に押し上げるように曲げる。それと同時に左肘を自己の体の方へ下げる。次に下から上に押し上げる力を抜けば、反射運動によって左手の状態はまた元に戻る。この運動を反復くりかえす。この際あくまでも両肩の力は抜き、右手で左手を押し上げる場合、左手を基点とした槓桿運動のような状態とならなければならない。

この方法は、常日頃あまり使用しない手の筋肉を刺戟し、腕の裏筋肉から肩、胸の筋肉にまで影響を及ぼすため、血行をよくし、一種の健康法ともなる。また合気道第二教小手廻しの手首鍛錬の基本技にも相通ずるものがあり、その技を覚える一助ともなるのである。

右手鍛錬の場合も全く同じである。

小手返し法（小手返し運動）

図ヌのように左手首を自己の胸の高さ約三十センチ離れたところにもってくる。次いで右手拇指を左手薬指、小指の付根やや下側、手の甲に位置させ、更に右手の他の四本の指で左拇指の付根を、左手の甲の側から手のひらの方に掛けて、右手のひらで左手の甲を抱くように持つ。次いで右手各指に力を入れ、左手のひらを自己の前方側にねじるように返す。その際、右肘は自己の体の方へ軽く移動させる。この方法も常に楽な態勢で力を抜き、僅かに左手首を返して刺戟を加えようとする時、右指先から力を出すように心掛けなければならない。この力の作用は、右手の拇指と他の指（主に小指）との間で左手首をはさみ、

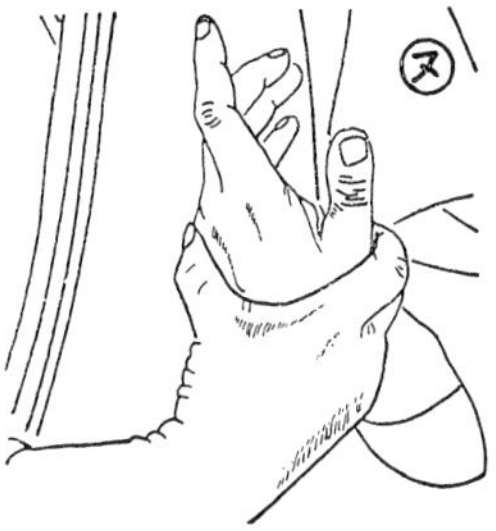

梃子状を呈するものである。しかも反射運動によって、右手の力を抜けば、左手首は元の状態となる。こうした動きを何回となくくり返す。

これによって手首関節を柔軟にすると同時に、腕の裏筋肉に刺戟を与え、また合気道投げ技の基本〝小手返し〟の準備法としても役立つものである。

右手鍛錬の場合も全く同じである。

手首振動（毛管運動法）

両腕を垂直に挙げ、そのまま手先を前後に細かく振り動かす。両腕がいささか疲れを覚えたなら、直ちに腕の力を全部抜き、両腕を下におろす。次いで腕を下げたまま腕の各関節を細かく振り動かす。この運動を何回となくくり返す。

以上挙げた三つの方法は、すべて健康法にも通ずるものがあり、関節を柔軟にし、丈夫にする効果をもっている。合気道の技術鍛錬に移る前に、こうした動きによって準備法を行うことは、医学上の見地からも必要であろう。

第二節　相　対　動　作

〝相対動作〟とは、相手と二人で合気道の動きを練習する基本準備法をいう。

この準備法は、技に移る一歩手前でその動作を停止することになるので、往々にしてその動きの中に、合気道独特の切れ目のない流れるような柔軟な心構えを忘れ去り、単なる一つの分離した動作という気持になり勝である。こうなってはかえって合気道練習上に害あって益ないものとなってしまう。それ故、自己と相手との間に常に見えない糸のような気持のつながりを切ることなく、又、それが連続する技とともにどこまでも続くという心構えで体を動かすことが、この動作の生命である。

このように合気道の相対動作は、自己の動きによって相手を自由に捌き、技の骨子となる柔軟な動きを身につけなければならない。

この相対準備法には、かなりたくさんの動作がある。しかしながら、ここでは具体的な技術に移る前に、どうしても会得しておかなければならない動きとしての、〃体の転換法〃〃回転法〃及び合気道鍛錬法終了の際行う調整運動としての背伸運動を取り上げることにする。

第一項　体の転換法

合気道の転換と入身とは、技術構成上の主要部門であり、非常に重要な役目を持っている。殊にこの体の転換が自由自在にできなければ、技術練磨上非常に支障を来たすものである。

この体の転換法とは、左右どちらかの足を軸として体を転ずることであり、いわゆる全身が一つの円状をなして転位することをいう。

ここでは転換法の中、片手取り転換法、両手取り転換法、後取り転換法、連続転換法の四つについて説明する。このほか外袖取り、肩取り、襟取り等々多種多様に亘るが、この動作に一貫して流れる原理は一つであり、前記四法を修得することによって、他は自然に会得することができる。

(1)　片手取り転換法

〃片手取り転換法〃とは、相手に左又は右手を取られた時、自己の左もしくは右の足を軸として転換し、自己を相手より最も安全な、しかも相手を容易に制し得る場所に移動する方法である。

両者は先ず（写真9）のように逆半身になり、相手が右手で自己の左手首を外側から掴んだ態勢となる。

（写真　9）

この際特に注意しなければならないことは、この動作はお互に手がふれ合う以前から始まっており、目に見えない心の糸によって動作は常に操られているということである。すなはち、気持のこもっていない動作は全く無意味なのである。この態勢から行う種々の転換法について説明する。

（写真　10）

（写真　11）

外転換

写真9の態勢となるや、充実した呼吸力で左足を軸として体を右に開き、約一八〇度背面転換し、同時に体にそって、自己の重心に集約された力を気力と共に両手先を通じて出すように、自然に前方へ出す（写真10参照）。この時、相手は自己の左後方に随従する。（足図b′参照）

図b′

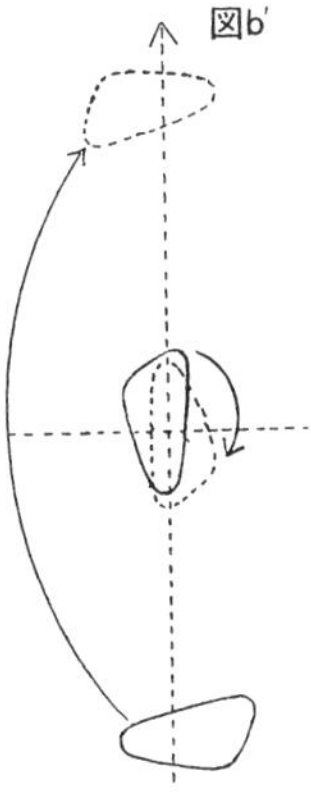

内転換

写真9から左足を軸として体を右に約九〇度開き、両指先を通じて流れるように力を前に出す。（写真11足捌きc′参照）

図c′

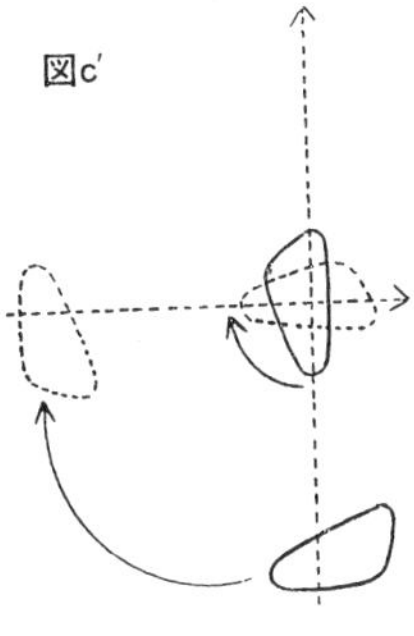

横転換

写真9から左足を軸として右に約二七〇度背面転換する。要領は内転換と同じ（足捌き図d′参照）。

後転換

写真9から左足を軸として右に約三六〇度背面転換する。この時の要領も前述の転換と同じ（足捌き図e′参照）。

以上四種の転換法は、合気道の技を練磨する時常に心掛けなければならないのであるが、気は充実させながらも体は柔軟に、腰を中心として最も安定した姿勢で動作を反覆しなければならない。

なお前記の動作は左足を軸とした動きについて説明したのであるが右足を軸とした場合、その動作は左右が異るだけで全く同じである。

⑵　両手取り転換法

両手取り転換法とは、自己の両手首を掴ませながら、左右どちらかの足に重心をかけて、両手を手刀のように振りかぶり、約一八〇度転換しながら手刀を切り下す動作をいう。この動作の持つ意義は次の四つに要約できる。

図d′

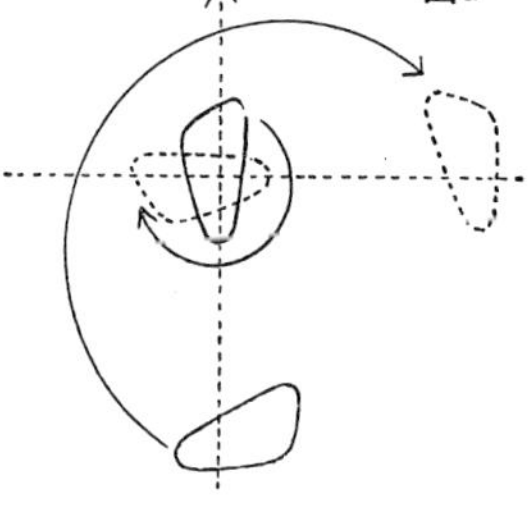

図e′

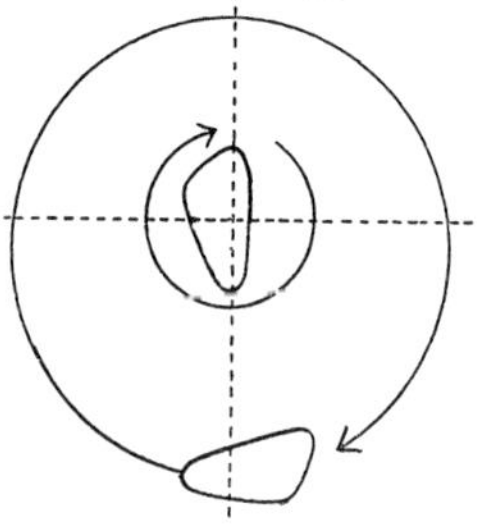

㈠　相手と自己との間の気のつながり。
㈡　呼吸力の養成、いわゆる合気道の力の出し方。
㈢　手足が常に一体となって動く合気統一体の表現。
㈣　剣は体の延長であるという考え方から発して、この動作に剣を持たせれば立派に剣の操法となる剣体一致の基礎表現。

今この転換法を前後左右の四つに大別し、その練習法を述べる。

（写真　12）

（写真　13）

前転換

左相半身に対し、相手に両手首を握らすや、左足を心持ち左前に踏み出し（写真12）、両手刀を螺旋状に、重心に集約された力が指先から流れ出るように振りかぶり、同時に右足をやや左前方に踏み出し、両足を軸として左に一八〇度転換、両手刀をちょうど物でも切るように下ろし、自己の肩の高さで止める。この時左手は伸ばし、右手はこれに従う。(写真13) この際相手は左側面にあって自己の体捌きに随従し、仰向けに反り身となる。(足捌き図a参照)

後転換

左逆半身に構え、相手に両手首を握らすと同時に、両手刀を振りかぶりつつ、同時に左足を軸として大きく右に一八〇度背面転換し、そのまま続いて両足を軸として更に右後ろに正面を変えながら手刀を切り下ろし、自己の肩の高さで右手を伸ばしつつ止める。相手の動きは前転換の時と同じ。(足捌き図b参照)。

左転換

左逆半身に構えると同時に、右足を軸として、左に約二七〇度背面転換する。この時相手の体は、

図a

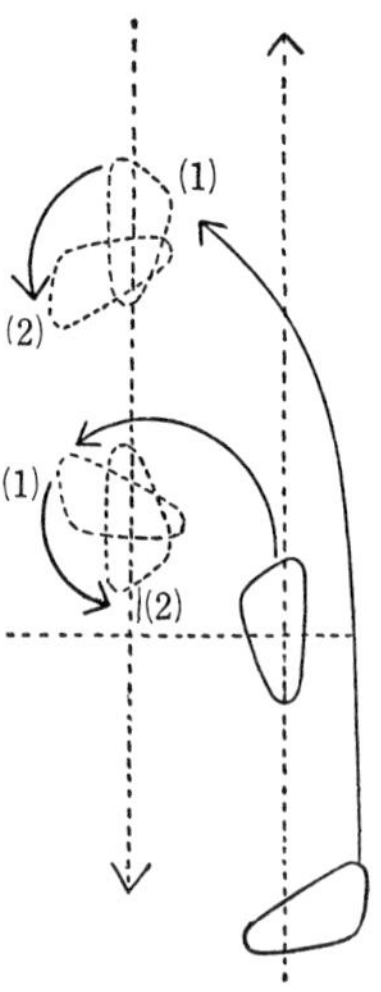

図b

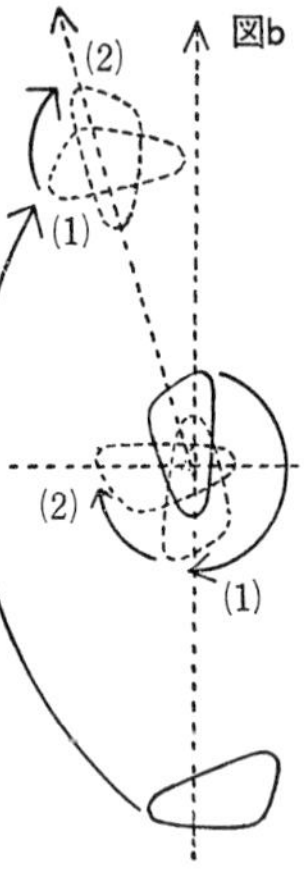

その両手を通じて丸く吸い込むように、誘導する。（足捌き下図参照）

右転換

左相半身に構える。両手を振りかぶりながら、右足を軸として右に約一八〇度転換し、続いて両足を軸として更に右に向きを変えつつ手刀を切り下し、自己の肩の高さで右手を伸ばしながら止める（足捌き図d）。

これら両手取り転換法は、左右いずれかの足に中心を置いて体を廻す方法であり、相手はその動きに随従して廻り、脊髄をのばすことになるので、一種の健康法にもなり、また柔軟体操にもなる。足捌きは自己及び相手の体格等の相異によって多少の相異は生じてくるものであるから、必ずしも図にこだわる必要はない。

図c

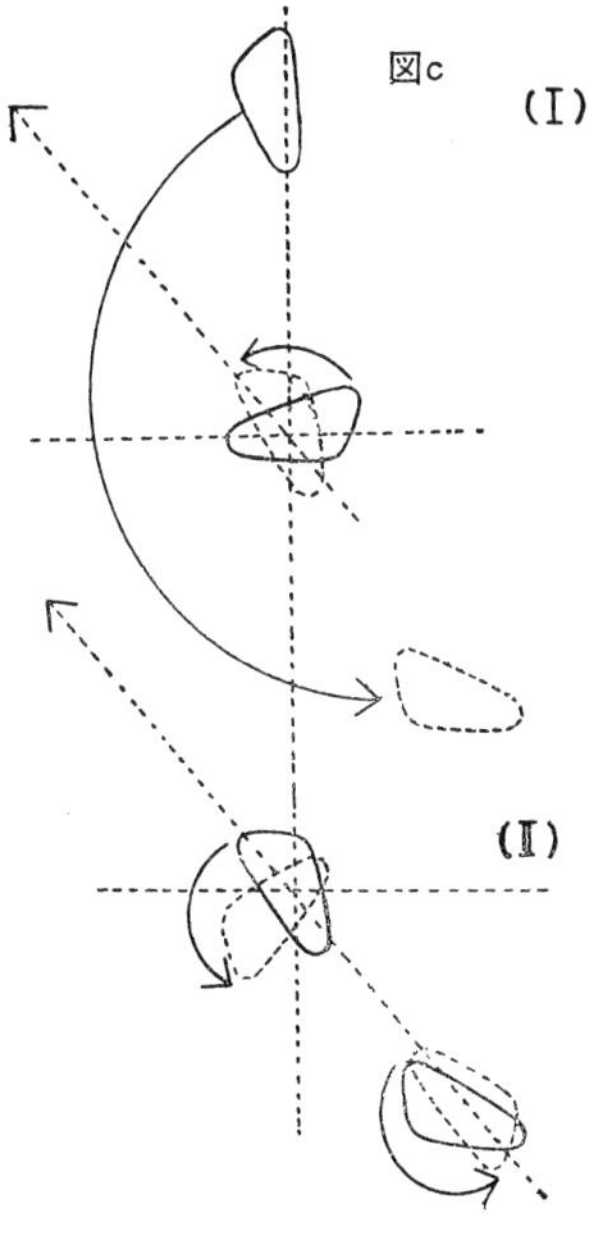

図d

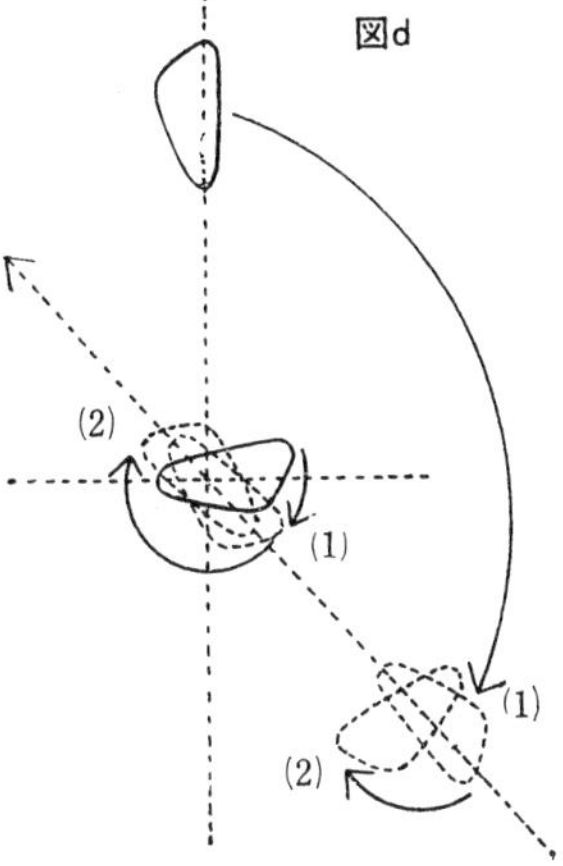

（写真　14）

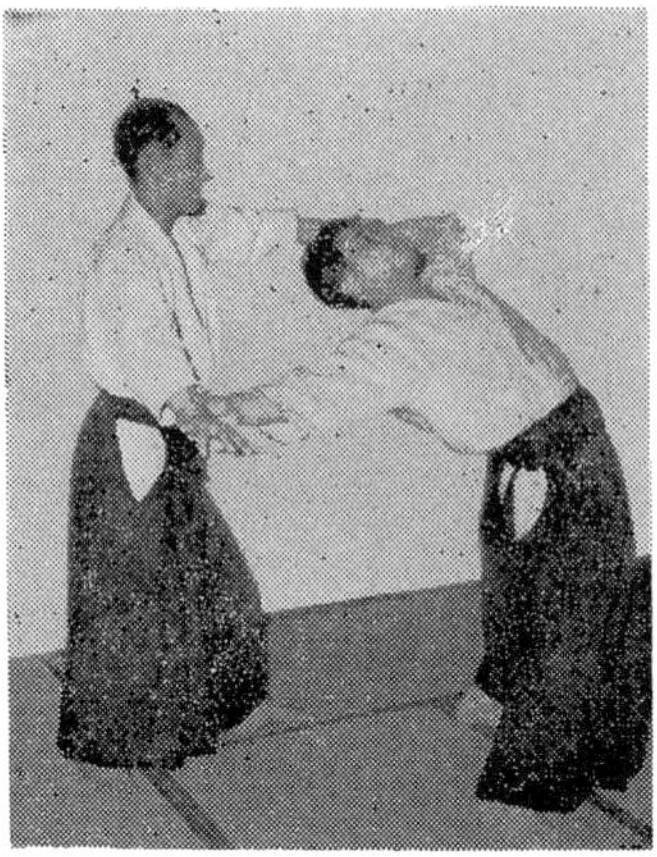
（写真　15）

(3)　**後取り転換法**

後取り転換法とは、後から両手首を掴まれた時に、自己の左または右足を軸として転換し、彼我の位置を全く入れかえ、相手の後に位置を変えながら、相手の体を柔かく後にそらして止める動きを言う（写真14、15）。

この後取り転換法は、後技の第一歩ともいうべき手、腰、足の関連で完全に一致した動きを示さなければ、後からの相手を随従さすことはできないのである。

最初体を転じようとする場

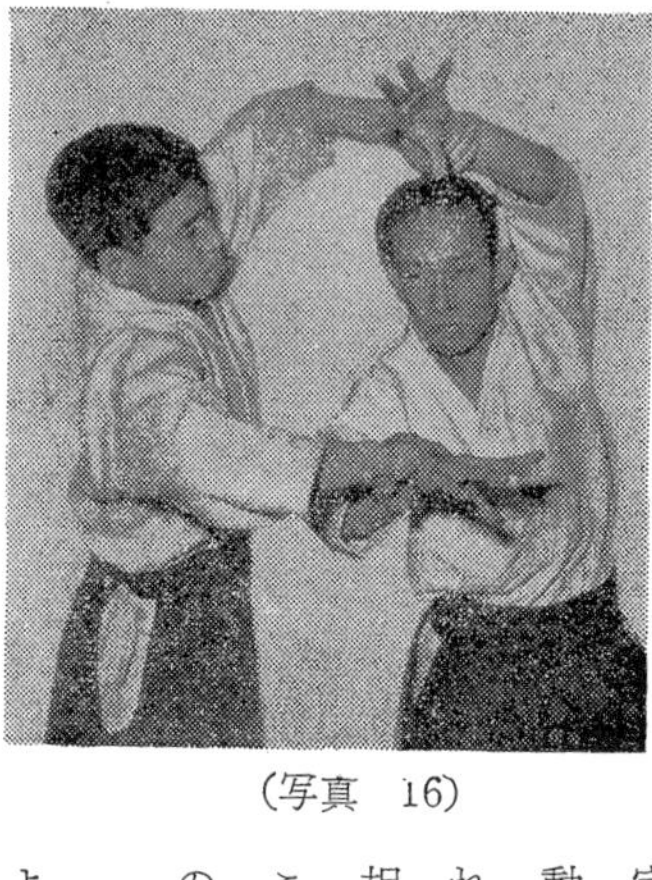
（写真　16）

合、自己の両手掌を上に向け、その手首を腰につける。ついで右足を一歩左前に踏み出す。これと同時に、自己の両手掌を両内に返しながら、螺旋状に上へ突き出す。次いで左足を自己の後方に転ずると同時に、左手もその足と全く一致した動きで左に転じ、右手も同時に内側にまわしつつ自己の後方にわづかに引き止める。この場合、相手は脊髄を後に伸ばした形となる。左、右異った場合の動きも又同様である。

(4) 連続転換法

両手取り転換法を一動作として止めず、自己を中心として相手に両手首を掴ませながら、何回となく一定方向にくるくる廻る動作を連続転換法という。すなはち、両手取り転換法を何回となく一定方向にまわりながら、その動作をくり返すのである。これは、あまり一定方向にばかり廻ると目まいを生ずるので、左右三回ぐらいずつ交互に、自己の運動能力に応じて動かなければならない。

この連続転換法は、転換法の連続動作であり、〃片手取り連続転換法〃〃後取り連続転換法〃〃腕取り連続転換法〃等がある。要領はいずれも同様であるから、ここでは〃両手取り連続転換法〃を説明した。

（写真　17）

（写真　18）

第二項　背伸運動

合気道の動きの中には、後に上半身を反らすような動きはほとんどない。しかしながら、体全体を柔軟にするために、合気道相対動作の一貫として、背伸運動を合気道練習の最後に反復して行う。これは脊髄を自己の後方に曲げ、俗に背を伸ばすという運動を指すのである。

写真17のように、相手に両手首を持たれるや、両手指先を通じてよどみなく気体一致の力を出しながら前方に振りかぶり、更に右に一八〇度転換、相手の背中と自己の背を合わせ、腰を下げつつ自己の背で相手を背負い、自己の体を前方に曲げることによって相手の脊髄を伸ばす。（写真18参照）。この場合、体の動きに手の動きと足の動きが良く調和されることを忘れないようにしなければならない。

第三節　呼吸力の養成法

合気道では、しばしば〝気〟〝気の力〟〝気の流れ〟という言葉が用いられるが、これが合気道の技の生命として流れる時、その力を呼吸力という。

合気道ではどんな技も、どんな動きもこの呼吸力がなくては絶対に正しい技とは言い得ないのである。

この呼吸力の養成法は、坐法、立法の二つに大別し、その両方から最も重要なものを一つずつ述べることにする。

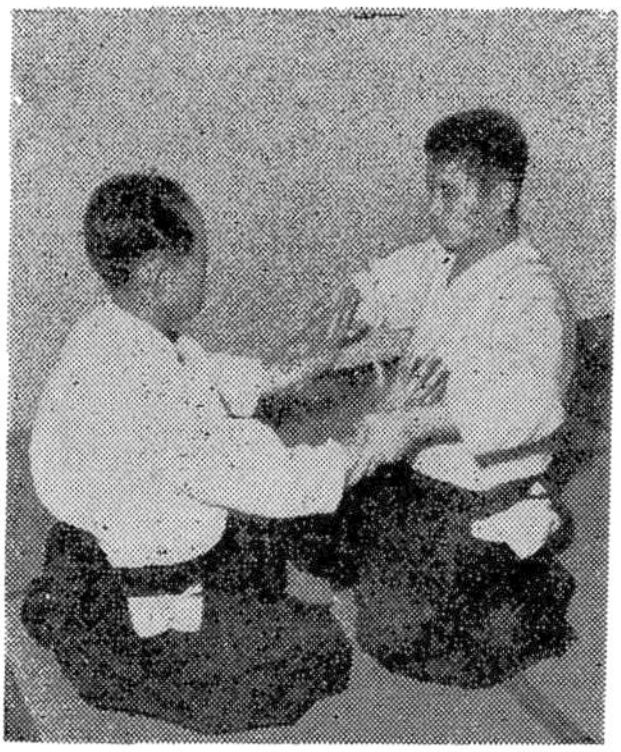

（写真　19）

第一項　坐　法

坐法とは、合気道の基本的姿である正坐から始まる。この正坐から始まる呼吸鍛錬法を〝坐り呼吸力養成法〟ともいう。いまここでは坐法の中、正面持ち呼吸法をとりあげることにする。

正面持ち呼吸法（正面より相手が自己の両手首を無理なく

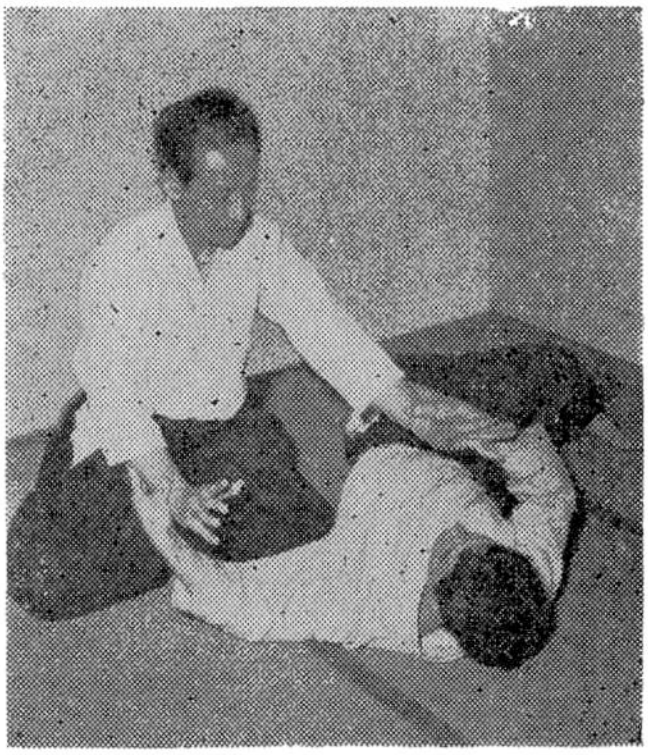

（写真　20）

上から握った場合）

相手に写真19のように両手首を握らせる。両手先を通じて力が流れ出るような形で相手の両肩の方へ、自己の両手を柔軟に伸ばし、両手内側へ螺旋状に突き上げる。更に右或いは左手を伸ばして、相手の体を左或いは右に倒し、倒れた相手に正対しながら、自己の気力を充実して抑える（写真20）。

この場合、左図㋹㋔㋻㋕の如く僅かではあるが、相手の手の持ち様によって呼吸力の出し方がやや違ってくる。ここでは図ルの場合を例にあげて説明したのである。

これ以外にも相手の持ち方は様々な場合があると思うがそれによって動きも千差万別というところである。

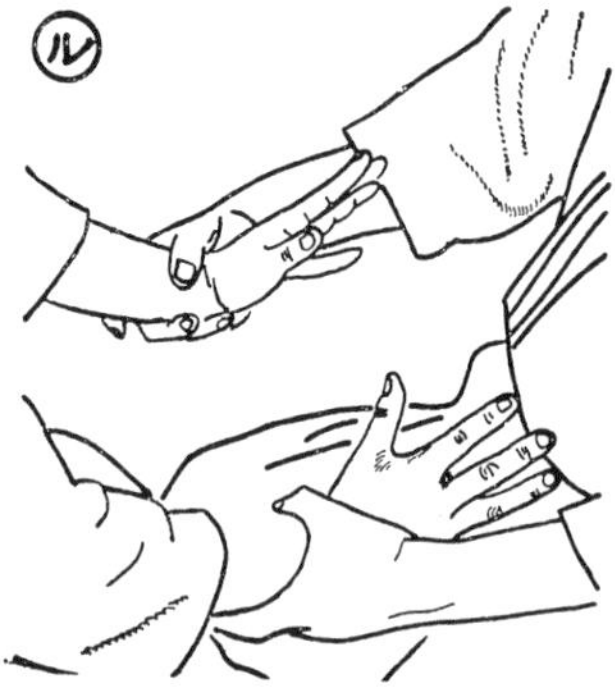

○普通に持たれた場合

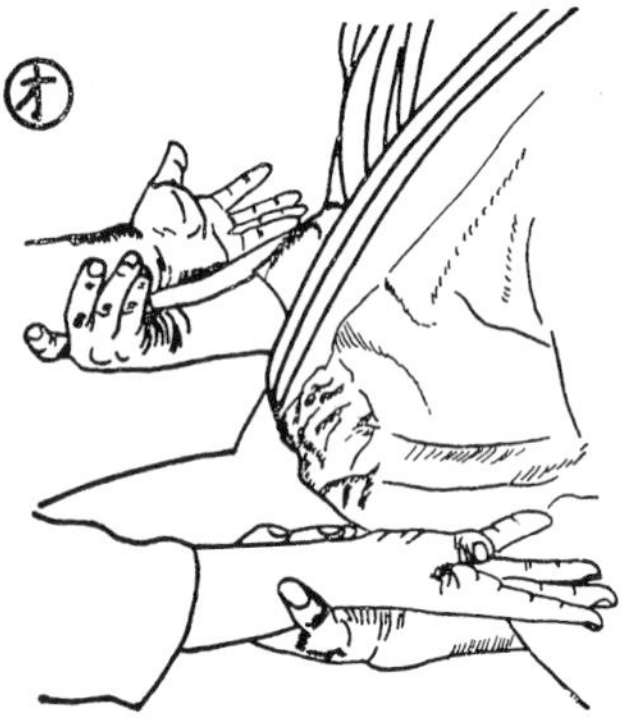

○受けて持たれた場合

（写真　21）

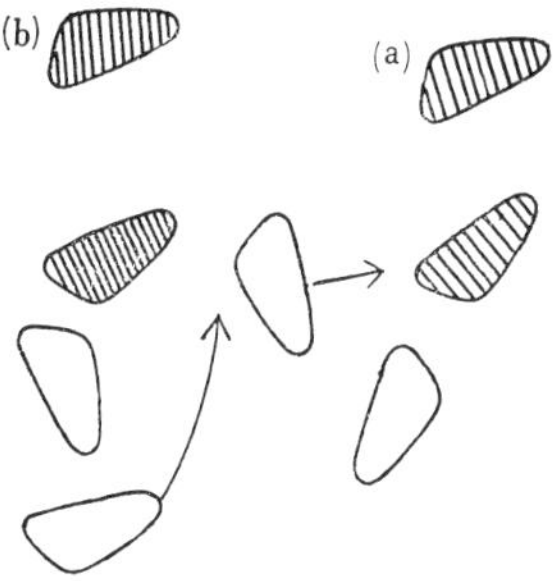

○上からかぶさって持たれた場合

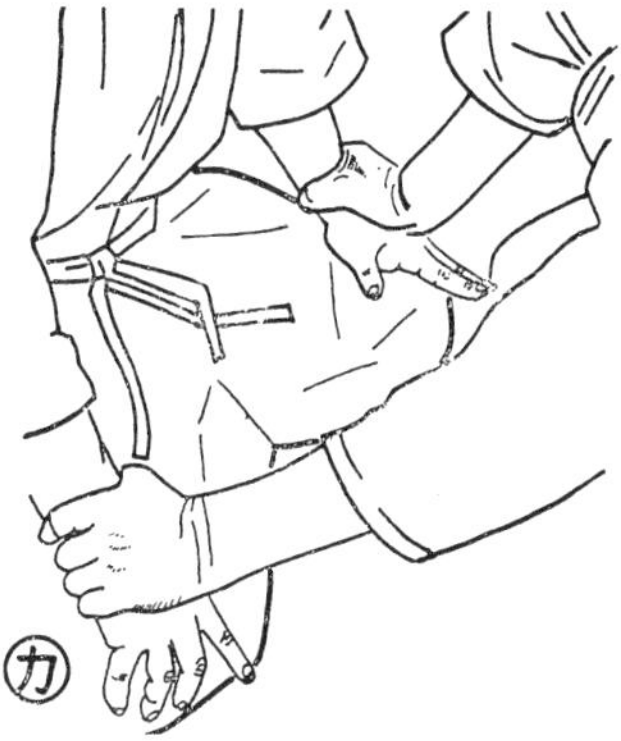

○突っぱられた場合

第二項　立　法

この呼吸力養成法は右半身に構え、自己の右或いは左手首を側面から両手で相手に握らせた場合の鍛錬法である。

この鍛錬法には、代表的な動きとして表（入身）、裏（転換）の二種類がある。

表（入身）技

写真21の態勢から左足を一歩相手の左足正面に転位、更に右足を相手の後に運ぶ。この体の動きと同時に、腰膝を基点として両手指先を通じて

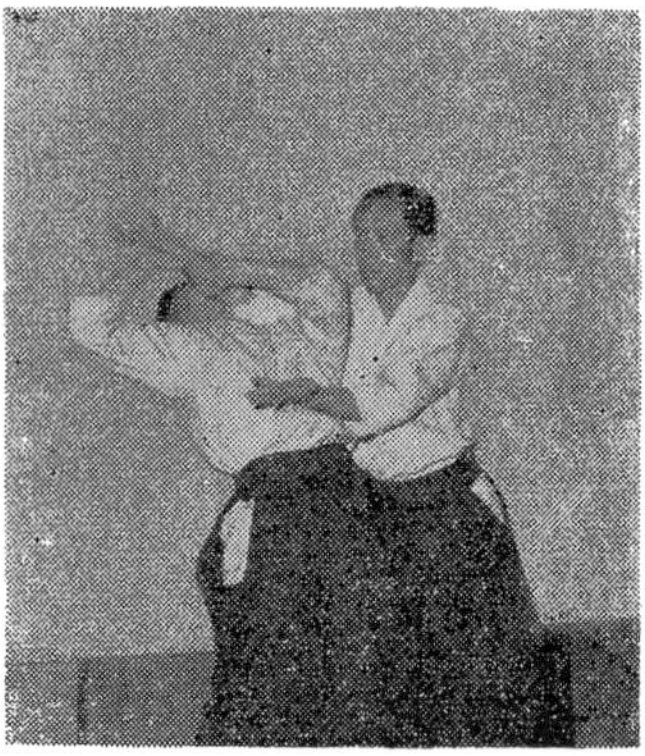

（写真　22）

全身の力を出しながら、右手を相手の正面に移行し、更に足の動きとともと右手掌を上に返しながら両手で写真22の通り相手を切り下ろし倒す。（足捌きは前頁a図参照、手の動きはa′図参照のこと）。

裏（転換）技

自己が右半身右手首をつかまれた態勢から、右足を中心として体を左に背転さす。その時、右手も柔軟に伸ばしつつ体とともに左に転じる。更に右足を一歩相手の後方に出し、腰を逆に右に廻しながら相手に正対しつつ、両手刀で相手を倒す。（手捌きの方向は図bの如き動きとなる。足捌きb図参照）

この呼吸力養成法（立法の部）でも、相手の一寸した手の持ち方の相異でその方法も異ってくるものであるが、その代表的な、どの動きにも通用する形として、前記方法をとり上げたのである。

この呼吸力養成法については、合気道の発力法として坐法の部を主としている。坐法の動作は、立法よりも更に困難であり、これを身につけることによって、立法の部も自らこなせるようになる。

この呼吸力養成法については、次の点に注意しなければならない。

㈠　相手と力較べの愚をしないこと。

㈡　体は丸く、手は螺旋状に、常に相手の力の抵抗を受けぬ態勢で身をこなすこと。

㈢　体全体の力を用い、片々たる小力を器用に使わぬこと。

これらの事を充分に尊守し、更に一段と進歩すれば、常に相手があって相手なし、という境地に到達するであろう。

呼吸力養成法の鍛錬は、合気道独特のものであり、しかも、この呼吸力の有無強弱で、技法、心境の深浅がうかがえるのである。それ故、この呼吸力養成法は、合気道鍛錬上の根本を握るものとも言えるのである。特に坐法の部を反復練習することが、これから解説する他の技法への最大の近道である。

第六章 基本の技

合気道基本の技を次の通り分類して、その各々の代表的な技について解説することにする。

基本の技

(1)投げ技

- (イ)四方投げ
  - 片手取り
  - 両手取り
- (ロ)入身投げ
  - 片手取り
  - 正面打ち
- (ハ)回転投げ
  - 内回転
  - 外回転
- (ニ)小手返し投げ
  - 片手取り
  - 正面打ち

(2)固め技

- (イ)腕抑え(第一教)
  - 片手取り
  - 正面打ち
- (ロ)小手廻し抑え(第二教)
  - 片手取り
  - 正面打ち
- (ハ)小手ひねり抑え(第三教)
  - 片手取り
  - 正面打ち
- (ニ)手首抑え(第四教)
  - 片手取り
  - 正面打ち

註
(1) 固め技は、すべて立技、半身半立技《はんみはんたち》、坐り技を包含する。
(2) 立技とは、両者立ち合って鍛錬する技。
(3) 半身半立技とは、自己が坐り、相手が立って鍛錬する技。
(4) 坐り技とは、両者とも坐ったままで鍛錬する技。
(5) この項の〝片手取り〟は、四方投げを除きすべて〝相半身〟の場合を取りあげた。

第一節　投　げ　技

投げ技は大別して、気の流れ、体の捌きが骨子ともなっている合気技げ、呼吸投げ、天地投げ、腰を利用する腰投げ、体の回転を利用する回転投げ、体の捌きと関節との相対的動作を利用する関節投げ等々があるが、その中、最も基本になるものとして四方投げ、入身投げ、回転投げ、小手返し投げをここに取りあげることにした。

第一項　四　方　投　げ

四方投げとはその名の通り、左右いずれかの足を軸として、四方、八方、更にその倍数と無限に刀を斬り分ける操法から出た投げ枝である。これは剣の理法を体に現すという合気道本来の動きを最もよく現したもので、この投げ技を反復錬磨していくうちに、合気道の本質的動き方、転換運動も自然と身につけることができる。

四方投げの鍛錬では、普通、半身半立ちの場合と、立技の場合に分けている。しかもこの二つの立場で、片手取り、両手取り、袖取り、肩取り、胸取り、後両手取り、後両肩取り、横面打ち、正面打ち等々およそ考えられるあらゆる場合を想定して技を構成している。

四方投げの基本としては、片手取り四方投げ、両手取り四方投げをとりあげておいたが、前著『合気道』とも重複するので、片手取り四方投げについてのみ説明することにした。

（写真　23）

片手取り四方投げ

表（入身）技

写真23のように相手が自己の左手首を右手で取るや、右手で相手の右手首を掴み、左手指先を通じて全身の力を流れる如く出しながら螺旋状に振りかぶり、同時に右足をやや右前方にふみ出し更に左足を相手の左側面に大きく踏み込み、両足を軸として右に約一八〇度転換し、右足を一歩前に踏み出

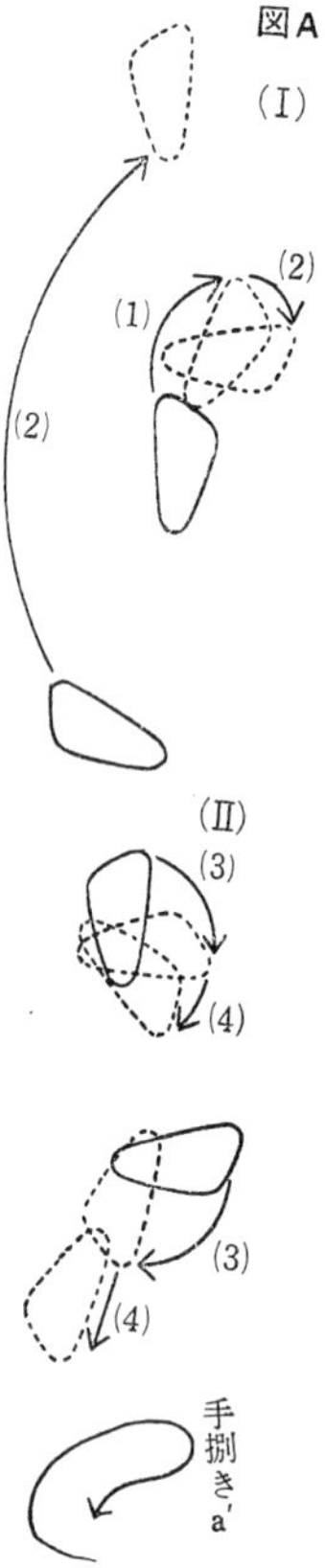

しながら切り下ろし、相手を倒す。（足捌き図AⅠⅡ、手捌きa'図参照のこと）。

裏（転換）技

相手が右半身、自己は左半身に構え、相手が右手で自己の左手首を持つや否や、右手で相手の右手首を掴み、左手を手刀として振りかぶり、左足を軸として大きく右に約一八〇度背面転換し、右足を一歩前に出しつつ、手刀で切り下ろすように相手を倒す。（足捌き図B、左手捌きb'参照）。

（写真　24）

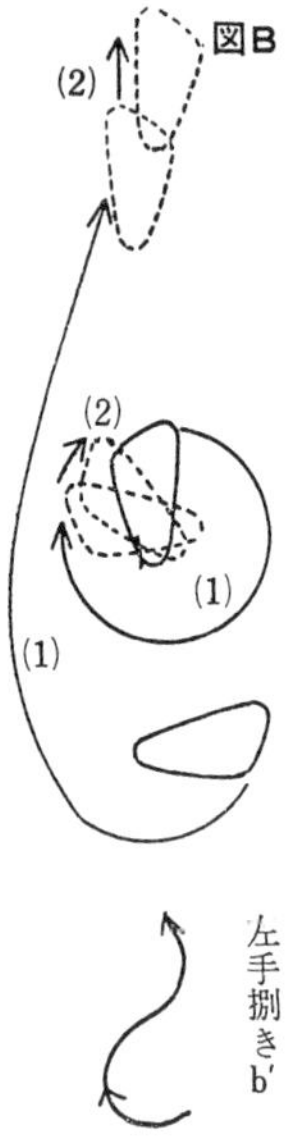

第二項　入身投げ

入身投げとは、相手の線をはずして相手の力を捌き、相手の側面に入りながら重心の移動によって相手を投げる技をいう。この入身投げの基本として、片手取りと正面打ちの二態をあげたのであるが、ここでは片手取り入身投げを解説することにする。

表（入身）技

前頁写真24のように、相手が自己の右手首内側を右手で掴むや、左足を大きく相手の右側面後方に踏み出し、左手で相手の後襟を掴む。同時に右手は軽く伸ばしながら腰を中心として右後に弧を描き相手の態勢を前に崩す。その際の右手の動きは、内に螺旋を描きながら、相手の右手を誘導して、相手の態勢を崩すように仕向けなければならぬ。

次に体を左に廻しつつ右腕を相手の顎にかけるような形で一歩右足を相手の後方に踏み出して倒す。（足捌き図a、手捌き図a′参照）。

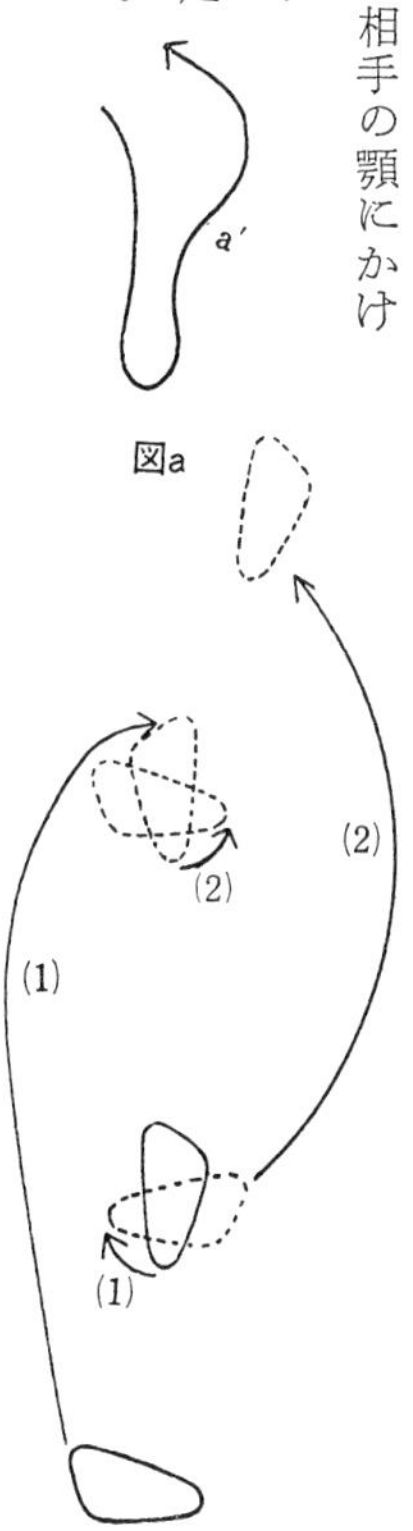

図a

裏（転換）技

前述の片手取り入身投げ（表技）と全く同じ状態で左手で相手の後襟を掴んだ時、相手の右手をうまく誘導しつつ、自己の右手で大きく弧を描き相手を崩すのであるが、この際更に左足を中心として右足を大きく自己の後方に一転し、その転換のスピードと、それにともなう重心の移動で相手の体を崩す。相手が前に崩れるのを防ごうとして後方に体を持ち直そうとする時、右足を中心として左足を左に転じつつ右腕を相手の顎にかけるような形に追い込み、相手を倒す。(足捌き図b、手捌きb′参照)。

図b

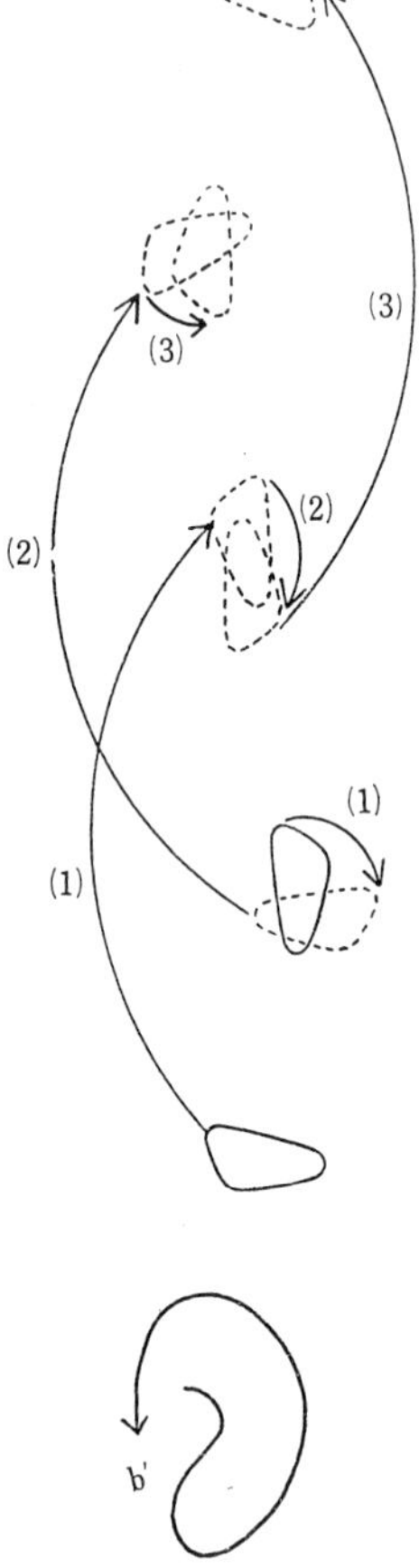

第三項　回転投げ

合気道の動きは常に丸く、圭角のあるものであってはならない。しかもその丸さは、単に平面的なものだけでなく、立体的な球状を呈することが要求されている。回転投げとは、相手となる方が玉のようにころころと前方に転がるところからつけられたのであるが、技そのものが転換性と同様に回転性をもたなければならない。これが特に投げ技の基本技として著者がここに採用した理由である。

（写真 25）

（写真 26）

回転投げも変化によってはまことに多種多様であるが、ここでは内回転投げ、外回転投げの二種を解説する。

内回転投げ

互に右相半身、相手が右手にて自己の左手首を掴むや右拳で相手の面を制し、左手刀を螺旋状に、呼吸力を出しつつ相手が掴んでいる手の外側を左前方に振りかぶる（写真25参照）。同時に左足を半歩相手の右前側面に踏み出し、更に右足を一歩相手の右後側面に踏み込みながら、右足を軸として左に約二二五度背面転換、左足を大きく自己の後方に引く。この体の動きにつれて、左手刀も大きく弧を描いて切り下ろし、同時に相手の右手首外側を下からその左手で、ちょうど自己の左肩がその手で描く弧の中心になるように大きく上げる。（写真26参照）。更に右手で前かがみになった相手の首筋を抑え、両手に呼吸力を加えながら前方に相手を回転状に投げる。その際、相手を投げると同時に、左足を更に一歩出し

図C

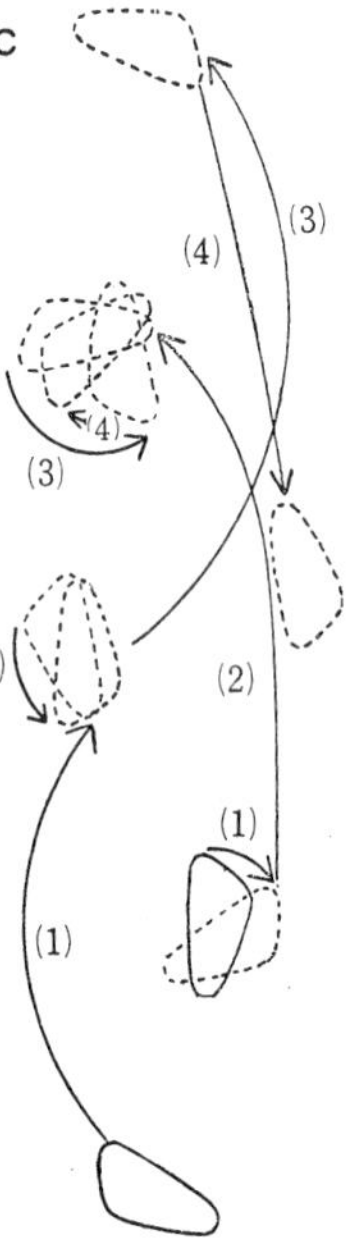

て自己の残身を失わず姿勢を正す（足捌きc図、左手捌きc図参照）。

左手捌きc'

この内回転投げは、別に相半身で自己の右又は左手を相手が右或いは左手で持った場合は、当然その動きは異ってくるが、ここでは基本という意味でこの例を示したのである。

外回転投げ

写真27のように互に逆半身に構え、相手が自己の左手首を掴むと同時に、左足を中心として右足を大きく後に約一八〇度、相手と並ぶぐらいまで背面転換をする。この時左手は手刀状に自己の左肩を中心として、掴んだ相手の右手外側（手の甲の側）の方向に大きく弧を描いて振りかぶる（写真28参照）。

（写真　27）

次いで左足を一歩後に引くと同時に左手も今一度自己の左肩を中心として、左手刀で相手の右手掌

（写真 28）

（写真 29）

をひっかけながら三六〇度大きく一つの円を描く（写真29参照）。次いで右手で相手の首筋を抑え、両手に呼吸力を加えながら、相手が前方に回転するように投げる。最後に左足を一歩踏み出して残身の姿勢を正す。（足捌き左図参照）。

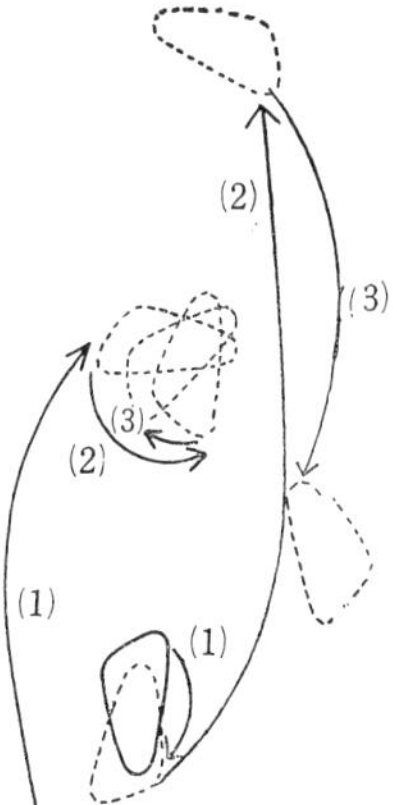

第四項 小 手 返 し

合気道の鍛錬は、体を強靭にすることが一つの目的である。それには無理のない自然の錬磨が必要である。もし不自然な錬磨を重ねたならば、やがて身体各部に目に見えない悪影響を及ぼし、知らず知らずのうちに身体を損うことになろう。合気道がそうしたものでないことは、前々から力説している通りである。

今、ここに小手返しという関節投げの技が登場してきたが、この鍛錬は、関節の曲る方向に順応して鍛鍛され、あくまでも自然の動きを基としたものである。この意味で小手返しを基本技の中に設けたのである。

合気道の中には、関節を逆に肩に掛け、或いは腰に掛けて投げるような技もある。しかしこうした逆技の練習は、このような逆攻めに対し、充分耐えられる関節なり、体なりを作るために用いられているものであって、合気道の技術としては、本質的にそれほど重視する必要はないものである。

片手取り小手返し

（写真　30）

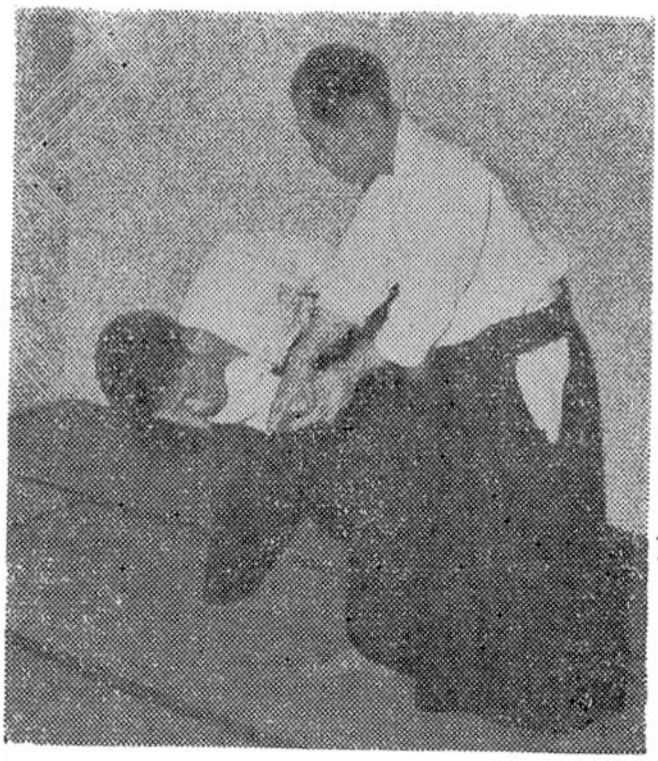

（写真　31）

写真30により、自己の左足を相手右側面後方に一歩踏み出すと同時に、踏み出した左足を中心として更に若干右に背面転換をする。相手の

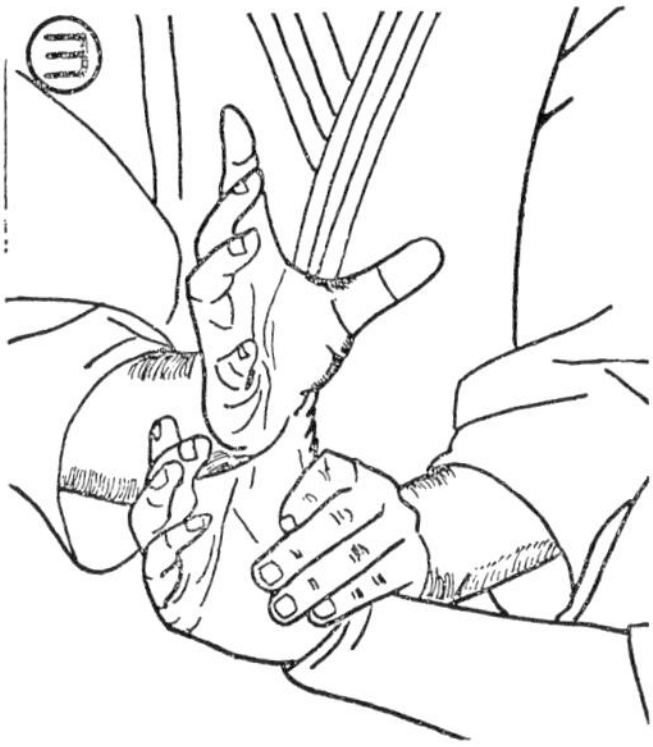

（写真 32）

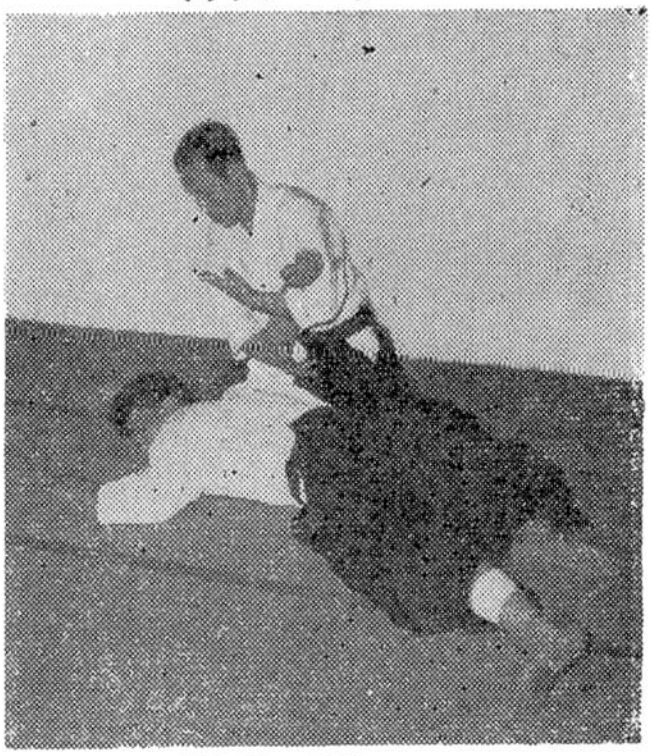
（写真 33）

右手で掴まれた右手はその体と同様に大きい弧を描いてついてまわる。この動きで相手の体を崩すとともに、左手で相手の右手の甲に自己の左拇指を、他の指はその掌にかけ、（写真31及び図ヨ参照）右足を軸として逆に左約一八〇度弱の背面転換をすると同時に、相手の右手甲の部分に自己の右手を添え、相手の右手首を左に返し、捲き込むようにしながら相手を倒す（写真32参照）。更に投げた相手を極め抑えるには、左手で相手の手首をそのまましっかり掴み、右手で相手の右手肘関節を腕の外側から手刀で抑え、相手の顔の方から廻って、相手を下むけに倒し、相手の右側から抑える（写真33、足捌きa参照)。

小手返しには正面打ち、突き、胸取り、後両手取り後肘取り、後両肩取り等、実に多くの技がある。しかし、その原理はこの項で説明した小手返しがすべてに通用するのである。

図a

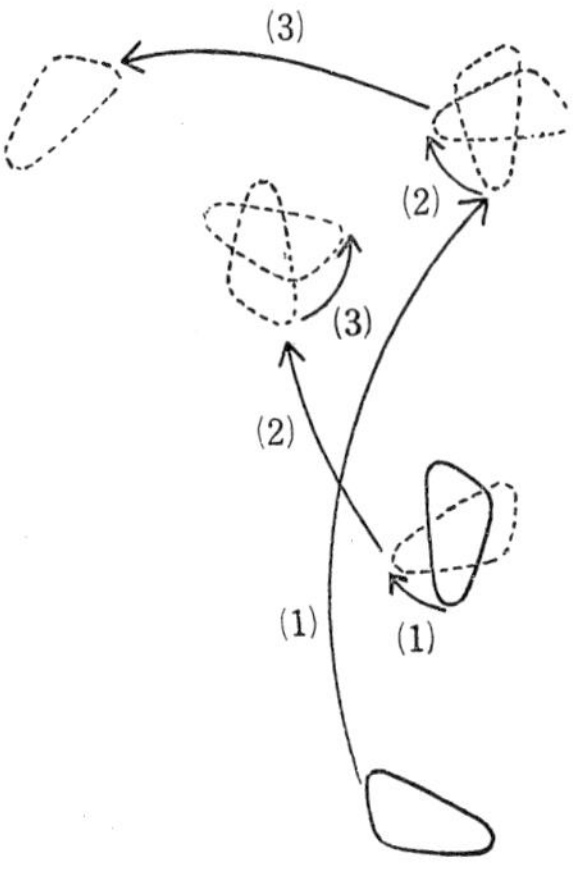

以上基本の投げ技を説明したが、これは相対した状態が左右反対になった場合には、左右の動きも反対になる。例えば、小手返しの場合は、相手に自己の左手首を掴まれたとすれば、先に述べた例の反対の形にもってゆけばよいのである。

第二節　固　め　技

合気道の技法は、投げと固めの両面を持っているが、殊に固め技の鍛錬法は、創始者植芝翁の修業が昔の柔術の過程を経て、次第に変化発展してきただけに、非常に微に入り細に入り、精妙を極めている。しかしこの固め技は必ず相手を投げ、倒し、加撃した後で用いられるのであって、しかも、相手を抑える場合は必ず相手を下向けに抑え、一触相手の動きを封ずるという鋭さを持っている。

投げ技の場合は、相手が受身さえうまければ致命傷とはならず、いくらでも起き上ってこられるが、固め技の場合は、そうはさせない。ここに固め技の秘めている意義の重大さがあり、投げ技とは違った鍛錬上の反面を受けもっているのである。

合気道の固め技もまた多種多様であり、その関節の取り方だけでも百に近いとされているが、ここでは最も基本的な四種を選び出して説明することにする。この四種については、今後説明を予定している他の技の最も基本になるものであり、その鍛錬法としては、〝正面打ち〟と〝相半身片手取り〟の二つの場合を想定して実施すべきであるが、〝正面打ち〟については、前著『合気道』でふれてあるので、ここでは〝相半身片手取り〟の場合だけを解説することにした。

第一項　腕抑え

腕抑え（第一教）はここに選んだ四種の中でも、最も大切な基本技であり、合気道では、これ一つ完全に修得すれば他の技はほとんど習わずして会得できるとまでいわれている。

すなはち、この修錬には、気の作用、入身、当身、体の捌き等、すべてが渾然として集約されており、殊に腰、膝の完全に調和された動きがその中心をなしている。昔はこれを第一ヶ条として初心者の第一に修得しなければならないものとされていた。一教は正面打ち、肩取り、胸取り、両手取り、

（写真　34）

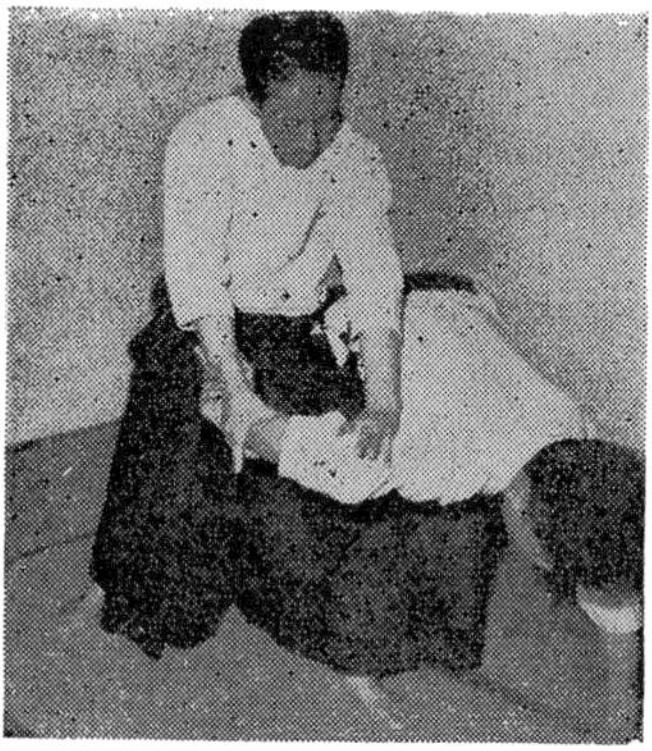
（写真　35）

後取りなど実に多い。特に坐技一教は最も大切な基本とされている。しかし、ここでは初心者が最も分りやすい相反身片手取り一教を代表的基本技として挙げることにする。

相反身片手取り腕抑え

表（入身）技

写真34の通り自己の右手首を持たれるや、左手を手刀状にしながら相手の右手下方から大きく弧を描いて正面を打つ。その時手刀は自然に相手の右手首を自己の右前方に圧迫することになる。同時に左手刀をそえ、相手の右肘をねじ気味に同じ方向に圧する。その場合、右足を相手の右足前方に若干移動させる（写真34参照）。

次ぎに左足を相手の左前方に踏み出し、両手で相手の右手を刀でも斬り下ろす様な気持で抑えつつ、右足を更に前進して抑える（写真35、足捌き次頁右下ａ参照）。

【要点】　1　最初右手刀を大きく弧を描いて外より返す場

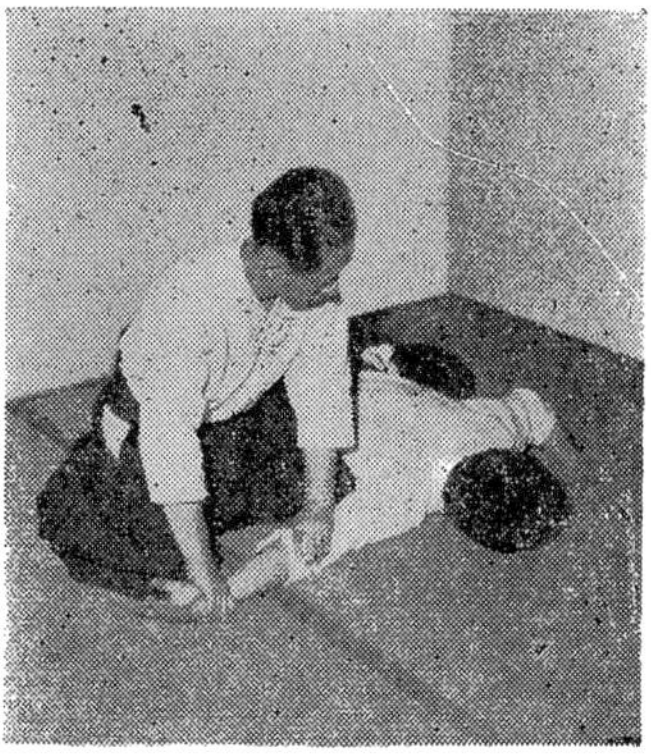
（写真　36）

合その動きは腰と膝を基点とした無心の動きでなくてはならない。

図a

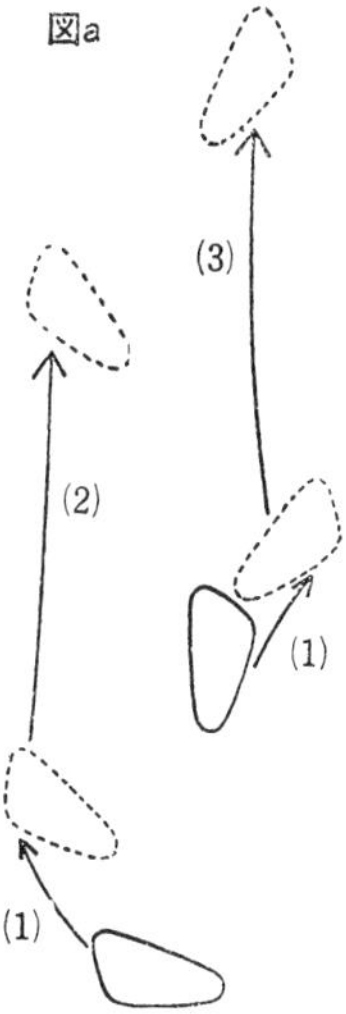

2　右手で弧を描き、左拳で相手の右あばらを突く気持を忘れてはならない。

3　両手は常に曲がることなく、軟く伸びるようにすべきである。

裏（転換）技

写真34から左足を相手の右足やや右側面に転じ、更にその左足を中心として約一八〇度背面転換する。手の場合はこの体と同じく行動をおこす。すなはち、右手を手刀状にしながら、相手の右手下方から大きく弧を描いて背後へ体に随従し、左手刀は相手右肘を抑え、身体が完全に一致した動き

図a

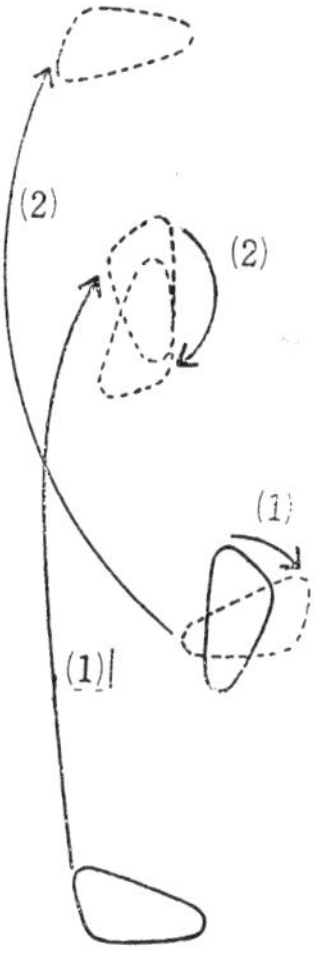

で相手を抑える。抑えた場合は表（入身）の場合と同じである（足捌きａ参照）。

【要点】 1　膝、腰を基点とすることは表（入身）の場合と同じ。

2　背面転換をした場合、大きく後へ弧を描いて切り下げるのであって、力に頼って引き倒すことは禁物である。

3　最後に抑えた場合は気で抑え、徒に力に頼らぬことが肝要である。

第二項　小　手　廻　し（第二教）

〝小手廻し〟とは、もと第二ケ条と称した手首関節及び肘、肩関節の鍛錬法である。この中でも、特に手首関節を主として鍛えるのであるが、この鍛錬は馴れるまではなかなか関節を刺戟するものである。

しかし、曲がる方に曲げるこの動きは、短期間の中にその関節を非常に丈夫にするものである。

小手廻しについては〝正面打ち小手廻し〟と〝相半身片手取り小手廻し〟を基本とするが、〝正面打ち〟の場合は、ここでも前著『合気道』で解説してあるから省略して、〝相半身片手取り小手廻し〟のみを解説する。

（写真　37）

（写真　38）

相半身片手取り小手廻し（二教）

表（入身）技

互に右相半身より腕抑え（一教表）と全く同様に抑えながら更に膝行して右膝で相手の右肩、首の付根を抑える。左膝は相手の右あばらについて、倒れている相手の体と正対する。更に膝行と相前後して、相手の右手首を自己の左腕肘関節内側の部分で内にかかえ、右手で相手の右手肘を手刀状にして抑え、相手の頭の方へその腕を攻める（写真37参照）。

【要点】　最後の抑えは、腰を基点にして姿勢を正し、〝気持〟で抑えることが必要。

裏（転換）技

互に右相半身、相手が右手で自己の右手首を掴む。相手に掴まれると同時に左足を相手の右足やや側面に転じ、更に右足を心もち左後に転じて、相手に対して左半身となる。同時に自己の右手首を相手の右手の下から大きく右に廻し、（写

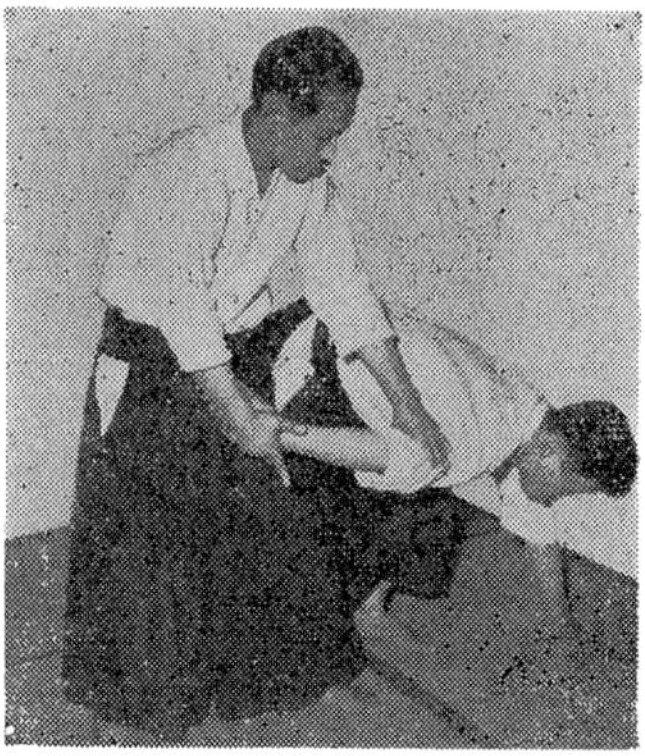

（写真　39）

真38参照）さらに手のひらを立て、ちょうど手刀で相手の右脇下に突込むようにねじりながら、突き気味に切り下ろす。その際自己の左手は相手が掴んでいる自分の手首の上から、相手の左手とともにそのまま握り抑えることが大切である（写真38参照）。こうして相手の態勢を崩すや、右手で相手の右手首、左手で相手の右肘を抑え、左足を中心として、右に一八〇度背面転換をして相手を抑える。相手を抑えた形は表（入身）の場合と全く同じである（足図a′参照）。

【要点】

1　小手廻し技は最初の腕抑え技の延長であるから、関節を攻める以外はすべて腕抑え技の要領で技術を修得することが必要である。

2　相手の正面からは絶対攻めず、側面から攻めること。何故ならば、正面から攻めた場合、相手の片手にだけ自己の注意が集中され、自己の態勢にすきが生ずる為である

図a′

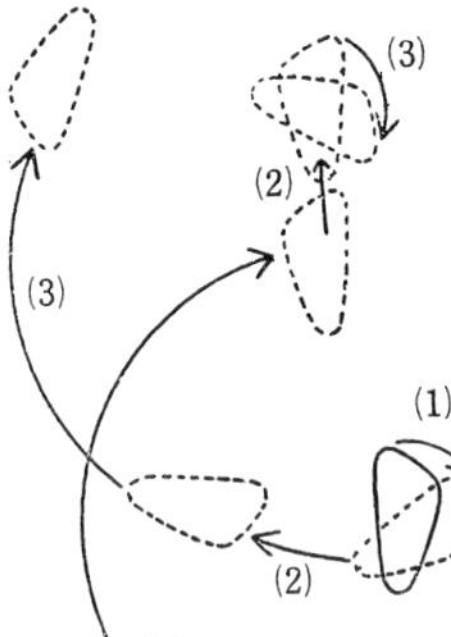

3　この技は最後の極め技であるから、行動を起す時、必ず最初に相手のあばらに左手で一拳を入れてから変化に移ることが必要である。

この技の鍛錬では、ともすると手首関節の利く、利かぬのみに興味を覚え、他の大きな動きを忘れ勝になるが、そうした末節にとらわれぬよう注意することが上達の秘訣である。

第三項　小手ひねり（第三教）

小手ひねり技とは、もと第三ヶ条といわれた手首、肘関節の鍛錬のためにある技である。この技法も腕抑え（第一教）を基本として成りたっているのは当然であり、腕抑えプラス関節技ということになる。そして、これも相手の出方、自己の動き方如何で、まことに変化の多いものである。

その中、基本としては〃正面打ち小手ひねり〃〃相半身片手取り小手ひねり〃の二種があるが、ここでも〃相半身片手取り小手ひねり〃を解説する。

相半身片手取り小手ひねり（第三教）

表（入身）技

互に右相半身。相手が右手で自己の右手首をつかむや、膝と腰とを調和させながら、右手刀で相手の右手首を右に捲き込むように手先を廻し、自己の右手肩、肘を基点として大きく弧を描き、相手の

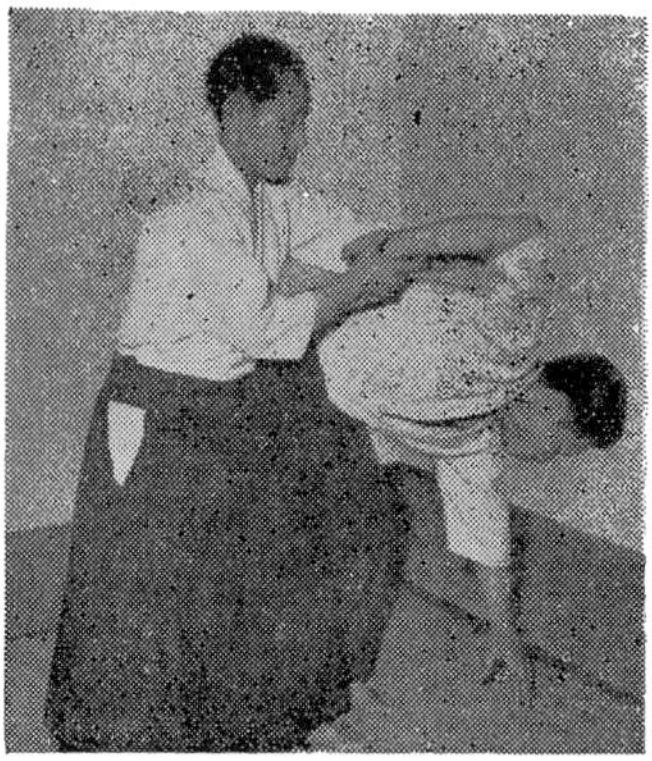

（写真　40）

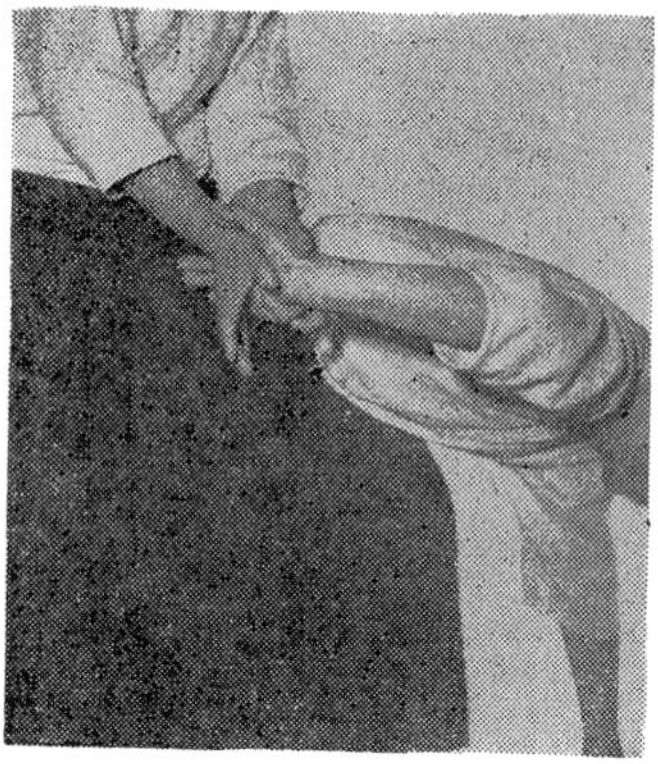

（写真　41）

正面を切るように相手の右腕を圧迫する。同時に左手刀で相手の右肘を正面から前方にねじ気味に抑え、更に左足を一歩相手の前方に移動して相手の態勢を崩す。次いで右手で相手の右手拇指を除く他の指を、相手の手の甲の側から掴み、肘にそえた自己の左手とともに、相手の肩の方向に左に捻り上げる（写真40参照）。次いで左手で相手の右手首を拇指が相手の拇指付根の部分にあたる様に、手の甲の上からしっかり掴み、相手の頭部の方へ捻り圧する（写真41参照）。更に右手で相手の右手肘関節を抑え、体を右に一転、相手の体を下に制し、倒れた相手の体に右から正対して相手を極める。（足図a参照）。

図a

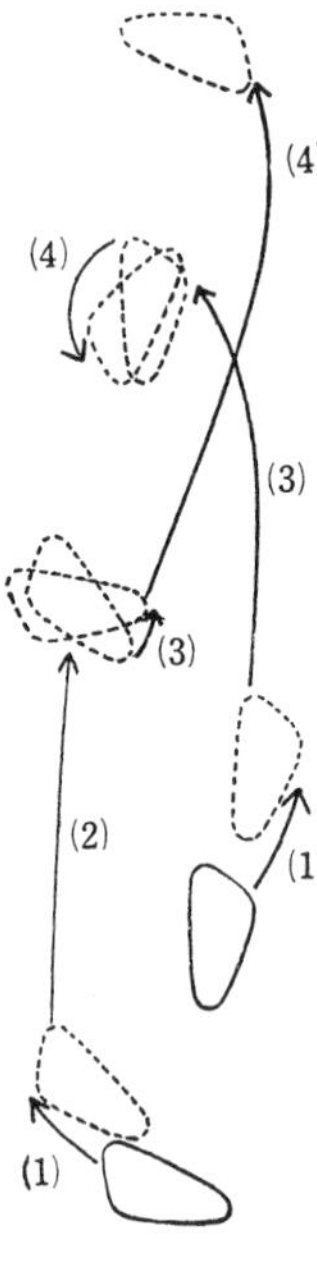

【要点】 1　関節技は手足の器用さのみで覚えようとすれば、なかなか難しいものである。すべて体全体の統一された力が指先に作用してこそ、相手を制することができるのである。

裏（転換）技

〃腕抑え〃 裏と同様に体を後に一転、〃表〃の場合と同様に左手で相手の右手を左にひねるように持つのであるが、その際頭の方へ捻り上げずに、後へ一転した力の方向を利用して、やや後へひねり上げるようにする。次に右手で相手の右肘を抑え、左足を一歩後に転じて相手を抑え極める。その極め方は、表技に準ずる（足捌きb図参照）。

【要点】 1　表技の場合も同じであるが、必ず相手の側面に位置してから関節をとること。正面から関節をとろうとすれば、相手にすきを見せることになり、満足な結果は得られないであろう。

この技は関節の鍛錬法であるが、しばしば護身術に応用されて、暴れる人を抑えたり、酔漢連行の役に立っている。しかしながら、これを鍛錬する人々は、その本旨をはき違えて、関節の遊戯に堕さないよう充分に気をつ

図b

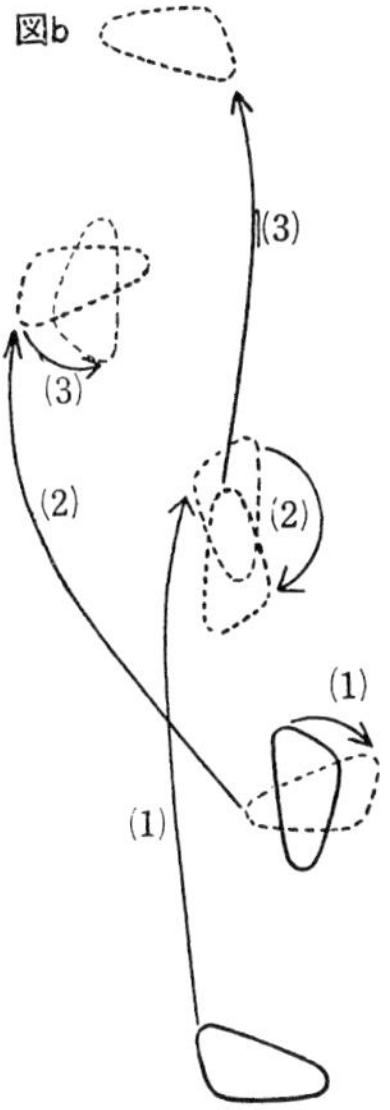

けなければならない。

第四項　手首抑え（第四教）

人間の体には、神経、或いは毛細管が密集していて、少し抑えられても体の抵抗力を無くす急所といわれるところがある。こうした急所は、おおむね外敵から護るように自然の措置が講ぜられているものであるが、これを更に鍛えることにより、どんな場合にでも充分衝撃に耐えられるようにしなければならない。この手首抑えという技も、人間が共通してもっている手首の弱点を鍛えることであり、これは鍛錬の仕方如何では、他からの衝撃を全然感じないまでになるものである。

〝手首抑え〟とは、もと第四ケ条と称したもので、表（入身）と裏（転換）によってその加撃する部分もやや変っている。

幾通りもある〝手首抑え〟の中で、最も基本とするのは、〝正面打ち手首抑え〟と〝相半身片手取り手首抑え〟の二種であるが、〝相反身片手取り手首抑え〟を解説することにした。

相半身片手取り手首抑え

表（入身）技

〝腕抑え〟（第一教）表と同様、相半身で相手に掴まれた右手を抑える。次いで右手でそのまま相

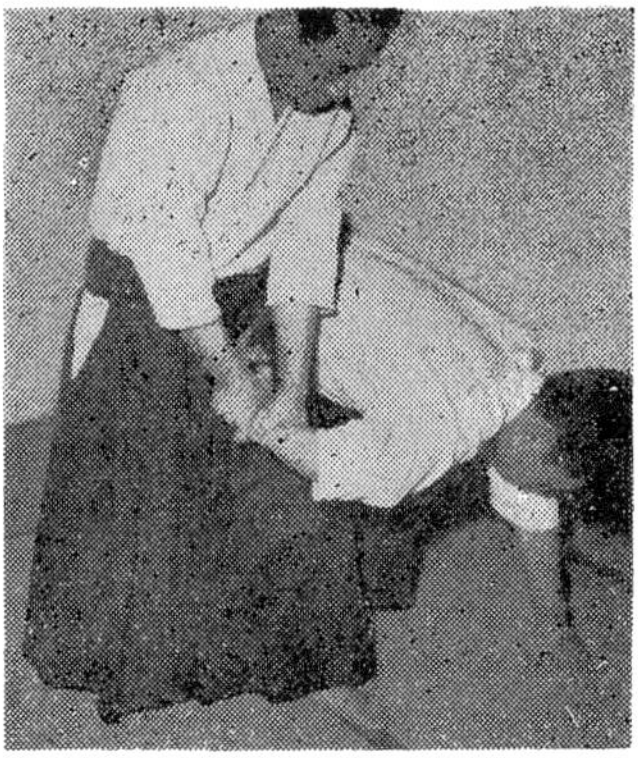

（写真　42）

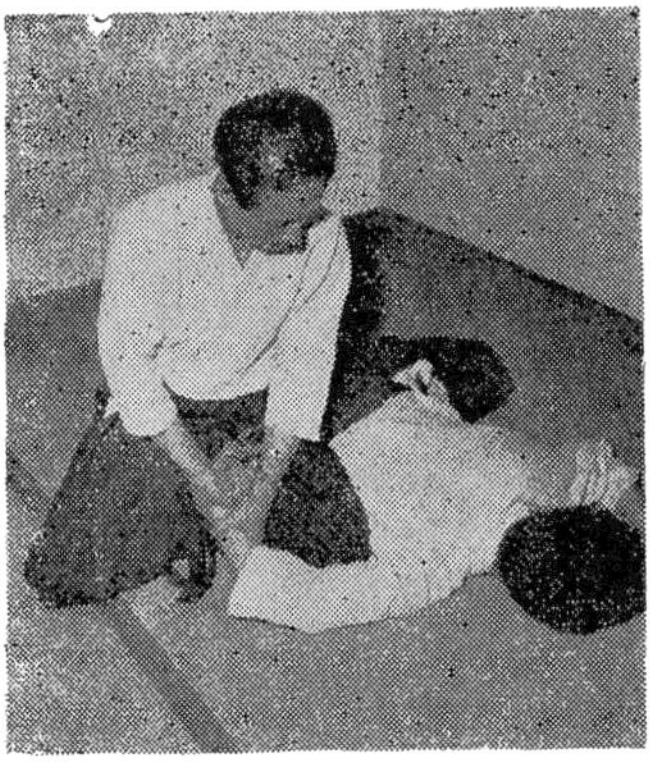

（写真　43）

手の右手首を掴み、左手で自己の右手で掴んだ位置の上方、相手の右手脈搏部が自己の左手人差指の付根にあたるように掴み、腰の回転、及び自己の統一された動き、すなはち重心からの力で自己の両手、特に左手の人差指の付根と小指に力を集中し、前方に抑え極める（写真42 43参照）。

【要点】 1　この技も他の技と同様、極め技として効果を発するのであるから、必ず動作を始める前に当身等を入れ、自己の最も動きやすい態勢を作ることが肝要である。

2　相手を痛めることだけを考えて、両手で相手の腕だけに注意すれば、勢い気力と自力とが一致した、いわゆる呼吸力の発揮が出来なくなり、少しも技が生きてこないから、この点は充分に注意しなければならない。

裏（転換）技

さきに解説した〃腕抑え裏〃すなはち、第一教転換の動きと全く同様に、後へ大きく背面転換し、右手で相手の右手首を掴み、更に左手で、右手にそろえて相手の腕の橈骨部に対し、自己の左手人差指の付根をあて、右手を支えとして、腰の転換力を利用しながら自己の集中力によって、自己の斜め右に極め抑えるのである。

【要点】 1　この技の表（入身）と裏（転換）の相異は、体の動きの相異によって現れるのである。そのため、表（入身）の場合は、正面に弧を描いても図aの形になるため、上から下に切り下ろす形となり、加撃場所は脈搏部となるが、裏（転換）の場合は図bのような弧を描くことになって、斜め下にゆるやかな角度で切り下ろすことになり、加撃場所も橈骨部となるのである。

2　この手首抑えに対する力の入れ方は、臍下丹田に集約した力を基点として、その力を自己の手の一点に集中するのであるから、この要領さえ会得すれば、相手の腕だけではなく、どこでも攻撃できるのである。しかし、こうした技そのものに対しては、常に鍛錬のためという気持を持ち続けなければならない。もしそうでなければ、本末転倒、相手の弱点だけをねらい加撃することにだけ興味を覚えるようになり、

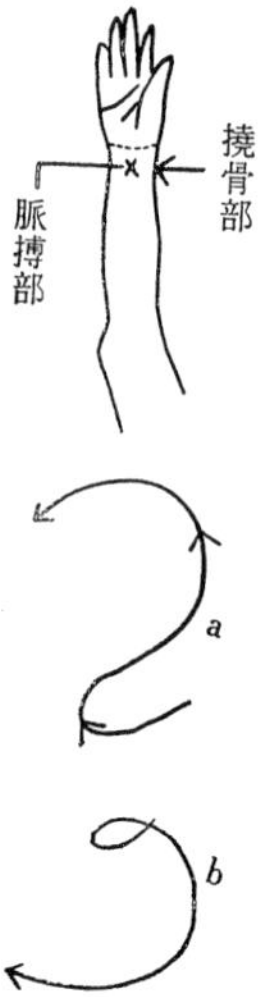

真の合気道の意義を会得したことにはならない。

以上が基本の固め技であるが、すべて右相半身の場合だけを説明した。これが左相半身になれば動作がすべて左右逆になるだけで、何等本質的に技の違いはない。またこの基本技はすべてが〝腕抑え（一教）〟で相手を抑えて後の関節、手首の変化であるから、他の各基本技の中でも、特に〝腕抑え（一教）〟の反復練習を怠ってはならない。

次ぎに「合気道の基本技は坐技にあり」ということは、常日頃創始者盛平翁が述べておられるが、最近は生活様式の変化からほとんどの人が坐ることには不得手であるので、ここでは立技を採用した。既述の坐法をよく玩味されて、立技を坐り技に応用すれば、坐り技のあり方は自ら了解されるであろう。

第七章　応用の技

合気道には基本技も応用技もないといわれている。すべてが基本であり、すべてが応用であるといわれている。或人が植芝翁に向って、「先生はどのくらい我々が修業すれば極意を教えてくれるのですか」と質問したのに対し、「日々の修業すべてこれ極意、極意と感ぜぬ中は極意を得る資格なし」と答えて呵々大笑したという。

しかしながら初心者修練の順序としては、先ず基本的の技を充分身につけ、その上で応用技に進むことになる。その応用に至っては数限りないのであるが、ここには前章の「基本の技」に対して、説明の便宜上「応用の技」ということにし、我々が日頃鍛錬するのに必要な最少限度の項目を、次のように分類した。この分類は、まだ不完全な点もあると思うが、一応こうして、今後の経験、研究により適宜手を加えて行きたいと思う。

応用技……徒手の部 ─┬ 投げ技
　　　　　　　　　　└ 固め技

応用技……**武器の部**
- 短刀の部
  - 投げ技
  - 固め技
- 刀の部
  - 投げ技
  - 固め技
- 杖の部
  - 投げ技
  - 固め技

右の表の投げ技、固め技の部を更に詳述して、それに属する技の中、主なものを順次挙げれば次のようになる。

徒手の部

一、投げ技

(イ)四方投げ（四態）
○横面打ち四方投げ　○肩取り四方投げ
○胸とり四方投げ　○後両手取り四方投げ

(ロ)入身投げ（六態）
○片手取り入身投げ　○両手取り入身投げ

(ホ)天地投げ（二態）

(ヘ)十字がらみ（二態）
○後両手取り十字がらみ　○後首取十字がらみ

(ト)合気落し（二態）
○後両肩取り合気落し　○前両肩取合気落し

○肩取り入身投げ　○両肩取り入身投げ
○横面打ち入身投げ　○正面突き入身投げ

(ハ)**小手返し**（六態）

○片手取り小手返し　○両手取り小手返し
○肩取り小手返し　○正面突き小手返し
○横面打ち小手返し　○後襟取り小手返し

(ニ)**腰投げ**（四態）

○肩取り腰投げ　○両手取り腰投げ
○後取り腰投げ　○肘がらみ腰投げ

二、固め技

(イ)**腕抑え**（一教）

○片手取り腕抑え　○横面打ち腕抑え
○両手取り腕抑え　○正面突き腕抑え
○肩取り腕抑え　○後襟取り腕抑え
○胸取り腕抑え　○後首締め腕抑え

(チ)**角落し**（二態）

○片手取り角落し　○両手取り角落し

(リ)**呼吸投げ**（三態）

○片手取り呼吸投げ　○両手取り呼吸投げ
○肩取り呼吸投げ

(ヌ)**合気投げ**

(ロ)**小手廻し**（二教）

○片手取り小手廻し　○横面打ち小手廻し
○両手取り小手廻し　○後襟取り小手廻し
○肩取り小手廻し
○胸取り小手廻し

(ハ)**小手ひねり**（三教）

○片手取り小手ひねり○横面打ち小手ひねり

○両手取り小手ひねり○正面突き小手ひねり

○肩取り小手ひねり　○後襟取り小手ひねり

○胸取り小手ひねり　○後首締め小手ひねり

(ニ)**手首抑え**（四教）

○片手取り手首抑え　○横面打ち手首抑え

○両手取り手首抑え　○後襟取り手首抑え

○肩取り手首抑え　○後首締め手首抑え

○胸取り手首抑え

武器の部

一、短刀取り

(イ)**投げ技**……小手返し応用　(ロ)**固め技**……腕ひしぎ（五教）

二、刀剣取り

(イ)**投げ技**……入身技応用　小手返し応用　(ロ)**固め技**……小手廻し（二教）応用

三、杖のあつかい方

(イ)**投げ技**……四方投げ応用　(ロ)**固め技**……小手廻し（二教）応用

以上の順序で解説をしてゆくが、ここに掲げた僅かな技は、合気道の全技術から見れば、正に九牛の一毛というに過ぎない。合気道の特徴は、変転自在、無限にしてきわまりない動きであり、変化である。今ここに掲げた技法を練磨することによって、更にこれ以上の技を悟られるよう願うものである。

なお、前述した応用技の分類については、次のことに注意して頂きたい。

1、便宜上立技だけで解説するが、一応坐技、半身半立技をもすべての技について考慮すること。

2、武器の部では、合気道技法のほとんどが武器の扱い、すなわち、武器対武器、徒手対武器に応用されるようになっているが、便宜上、ここでは二、三の例を挙げたに過ぎない。

応用技(I)徒手の部

自然の動きを、この小さい五体に表現し得てこそ、合気道の技を会得したことになる。大宇宙と一体となったかの様な滑らかな躍動は、美そのものであり、また凄じくもあり、激しくもあるのである。合気道の技術をここまで求めるために最も重要なのが徒手の技であって、これを充分に練磨すれば、武器を取っての技は自然に会得しうる筈である。すなはち、徒手の技を、真に応用自在に使いこなし得るまでに研鑽されんことを願うものである。

第一節　投　げ　技

合気道の投げ技は、おおむね丸く転るようにできている。側方の横受身をしなければならぬものも、多少はあるが、動きそのものが絶えず球体状に捌くのであるから、受身も自ら丸くということになるのであろう。こうした投げの動きを、十項目に分けて説明することにした。これは、一つ一つに夫々特徴があり、合気道独特の動きがすべてにわたって含まれている。

第一項　四方投げ応用四態

四方投げは基本技の項で述べた通りであるが、今ここでは応用技として、横面打ち四方投げ、肩取り四方投げ、胸取り四方投げ、後両手取り四方投げの四技を選んでみた。

(1)　横面打ち四方投げ

写真44の通り相手が右手で横面を打ってくるや、右足を軸として左足を自己の右後方に丸く転ずる。同時に右手で相手の面、左手で相手の打ってくる手を自己の右後方に丸く流す。次いで相手の右手首を右へねじ気味に両手で掴む(図タ参照)。つぎに右足を自己の右方向に少し踏みかえ、左足を大きく自己の右前方に踏み込むと同時に、両手を大きく振りかぶり、両足を軸として右に一八〇度転換、右足を一歩前に出しながら相手の右手を持ったまま切り下

（写真　44）

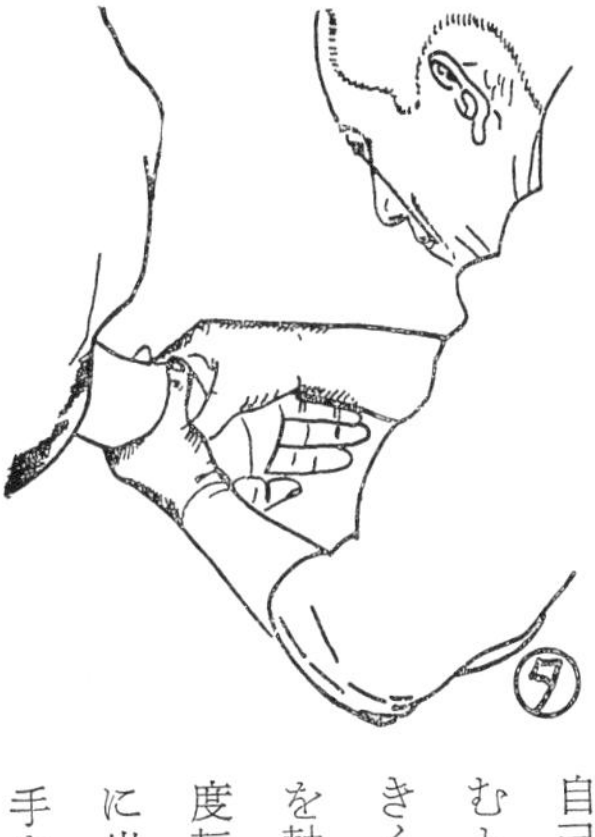

（写真　45）

図a

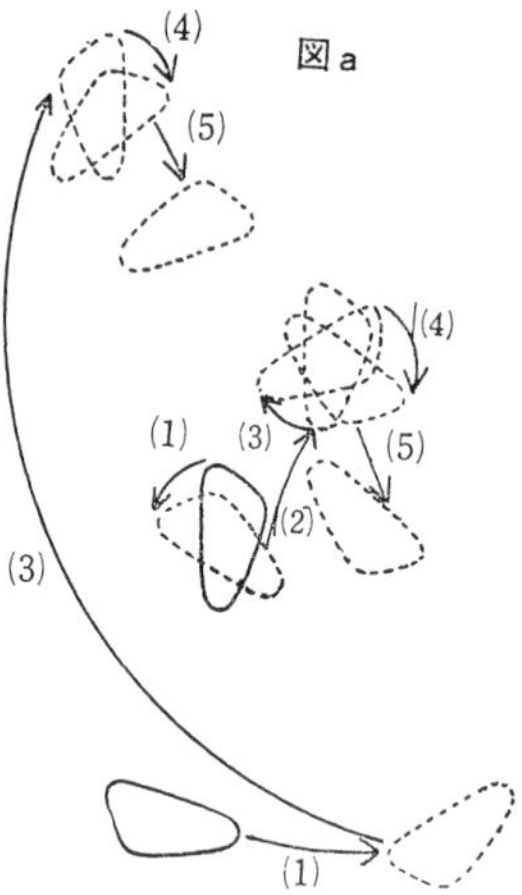

ろす（写真45、足捌きa、手捌き左図参照）。

【要点】　1　相手が打ってくる横面打ちの手の動きは、当然右足に重心がかかっているのであるから、右足を中心として一つの円を描いてくるのは確である。故にその円を描くように、自己がスピードをつけて助長すると、自己の中心が確かでさえあれば、相手の手が自己の中心である腰を中心として動く形に中心がすりかえられ、相手が崩れることになる。これがこの技の至妙な点である。例えばA円の運動がB円の動きの激しさにB円に吸収されたというような形である。

2　この技術における動きは、すべて丸く、従って相手の右手に対する持ち方も、自己の右手で相手の脈搏部をとりながら、丸く持ち込むというようにしなければならない。

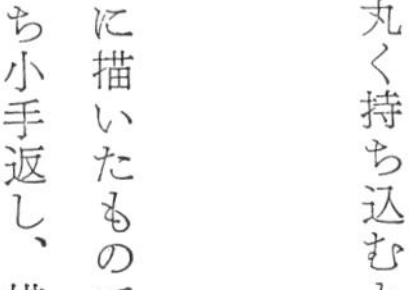

この四方投げは合気道捌きの極致を最も端的に描いたもので、これから発する変化技は非常に多い。横面打ち入身投げ、横面打ち小手返し、横面打ち合気投げなどがある。

(2) 肩取り四方投げ

（写真　46）

写真46のように相手が左手で自己の肩を掴むや、直ちに右手で相手の面を打ち、左手で相手の右あばらを突く。相手が右手で自己の右手を受けるや、左足を丸く自己の右後方に転ずるとともに、相手の受けてきた力を利用して、自己の左手を相手の右手橈骨部に添えながら、両手で大きく弧を描きつつ自己の右後方に流す。さらに相手の右手首を右にねじ気味に両手にて掴み腰を右に前転させながら右足を自己の右やや前方にふみ直し更に左足を大きく自己の右前方に踏み込み、

右に転換、ちょうど刀を振りかぶり、振りおろすようにして相手の右手を持って相手を倒す。

【要点】1　この動きは全く横面打ち四方投げと同じ動きである。

2　相手が一方の手で肩を持っているため、その手の下をくぐろうとすれば、手にひっかかってなかなかうまくゆかぬものである。そこで相手の求心力を利用して、相手の態勢を浮き上らす自己の重心の安定が必要となってくるのである。

(3)　胸取り四方投げ

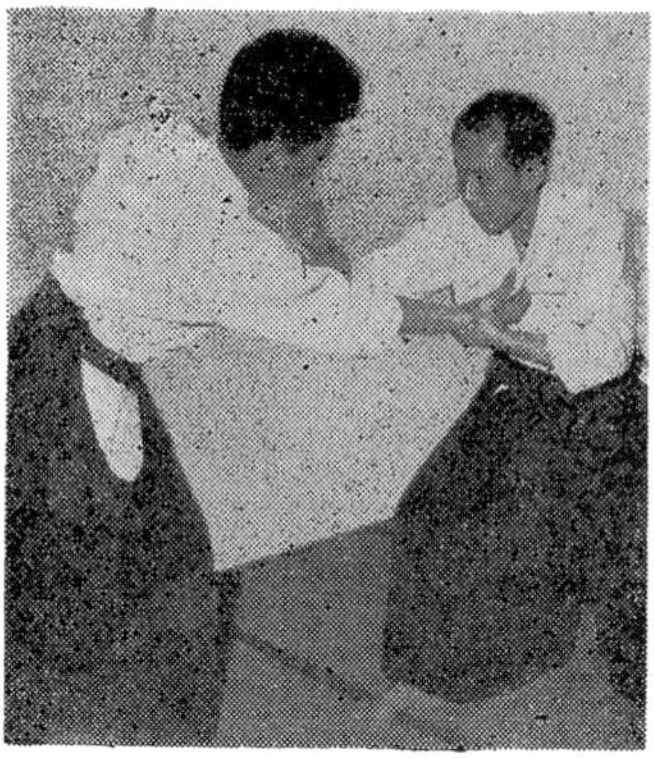

（写真　47）

写真47のように相手の右手で胸をつかまれた場合、右手で相手の面を打つと同時に、左手で相手の右手首を握り、左足を自己のやや右後に大きく転ずる。更に自己の右手をも左手とともに相手の右手首にそえ、自己の頭を左から相手の右手の下にくぐらし、左足を一歩自己の右前に大きく踏み出す（写真48）。次いで自己の両足を軸として右に約一八〇度一転、相手の右手をちょうど刀のような形で切り下ろし、相手を倒す。

【要点】1　この技も横面打ち四方投げの応用にすぎない。

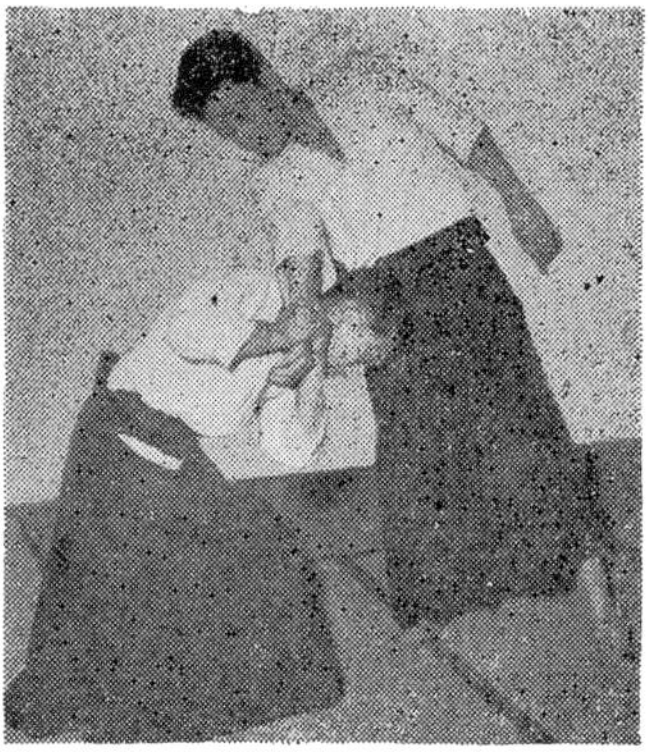

（写真　48）

（写真　49）

手足の動かし方は全く同じである。

2　相手の右手の下に自己の頭をくぐらした場合、相手の右手は、ちょうど逆に自己の肩にかつがれたかっこうになって、簡単に相手の手が自己の胸からはずれるものである。しかしながら、最初必らず相手の面を打っておかないと、こうした動作はなかなか困難なものである。

(4)　後両手取り四方投げ

写真49のように後から両手首をとられたら、体を楽にして下腹に力を入れ、掌を上にしながら両手首を自己の腰につける。次ぎに左足を一歩自己の右前に踏み出すとともに、両手をやや前に出し、内側へ螺旋状に廻しながら大きく振りかぶる。更に両足を軸として、右に一八〇度転換しながら相手の左手首を両手で持つ（写真50）。その左手首を右へねじ気味に持ちながら、更に左足を自己の右足前に踏み込み、一八〇

（写真　50）

図a

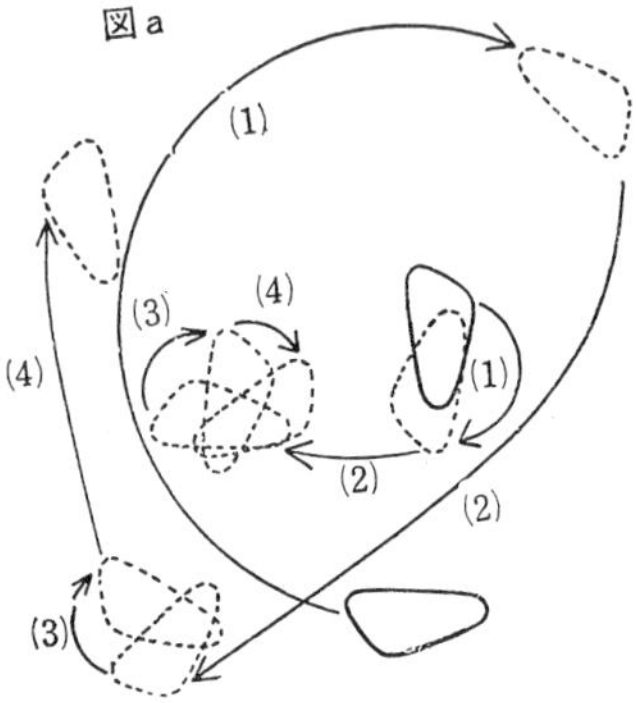

度右に転換するとともに相手の左手首を両手で持ちつつ振りかぶり、右足を一歩前へ出しながら相手を倒す（足捌きa参照）

【要点】　1　後から掴まったらどの部分を掴まえられても、上半身の力を抜き、臍下丹田に力を落ちつかせ、気力を内に充実させなければならない。

2　後から両手首を持たれた場合、螺旋状に内に廻しながら、やや前上の方向に自己の手を挙げることによって相手の拇指を攻め、相手が自然に重心を崩し、体を浮かす形に持ち込むものである。故にこの場合の両手の動かし方は最も大切である。

3　最後は横面打ち四方投げの反復にすぎないから、横面打ち四方投げを更によく研究する必要がある。

これで四方投げの応用技は終りであるが、体の変化にともない、無数に技が生ずるものである。合気道における四方投げの地位は、投げ技の基本であると同時に、剣理につながる基本動作ということができよう。

生理学的な面から筋肉の動きを研究して、小手返しまでも四方投げの中に入れて分類している人もあるが、ここでは四方投げにも又、無限の変化を生じ、しかも再び四方投げに帰納している状態から、別個の基本技として取り扱うことにした。

第二項　入身投げ応用六態

入身投げが合気道基本技の一つであり、合気道技術構成上の重大な一環をなしていることはすでに述べた通りである。ここでは、数ある多くの入身投げの中、片手取り入身投げ、両手取り入身投げ等合計六種を解説することにした。この六種から更に無数の変化をくみ取って頂きたい。

(1)　片手取り入身投げ

片手取り入身投げには左の三つの場合が想定される。

イ、相手が右手で自己の右手を掴んだ場合（相半身の場合）

ロ、相手が右手で自己の左手を掴もうとした場合（逆半身の場合）

ハ、相手が両手で自己の右手を掴んだ場合、更にこれを細く分ければ、次の通りとなる。

イの場合　○相手が右手で自己の右手脈搏部側、すなはち内側から掴んだ場合

○相手が右手で自己の右手外側（手の甲の側）から掴んだ場合

更にこれを細分すれば、引いた場合と押した場合に分けることができる。

ロの場合　○これはまた押した場合引いた場合に分けることができる。

ハの場合　○やや前から掴んだ場合と、後から掴んだ場合に分けることができる。

一寸挙げただけでもこの様に多くの場合が挙げられるのであるが、これをすべて解説することは、紙面の関係上困難である。恐らく入身投げの部門だけでも、細かく研究すれば、一冊の大部な本にまとまるのではあるまいか。それで、ここでは、イの場合は基本技の所でふれてあるので省略することとして、ロ、ハの場合を説明することにしよう。

相手が右手で左手首を摑もうとした場合（逆半身の場合）

写真51のように相手が右手で自己の左手首を掴むや、左足を中心として右足を約90度右に背面転換しながら、左手掌を上に向けながら相手の前方に突き出す。次いで写真52のように、相手の右手首を自己の右手で橈骨部の方から、拇指が相手右手首の脈搏部にさわる様に掴み、自己の右手で更に相手の前の方に、相手の右手を導く。同時に左足を一歩相手の右後側面に踏み込み、左手で首筋を掴む。

（写真　51）

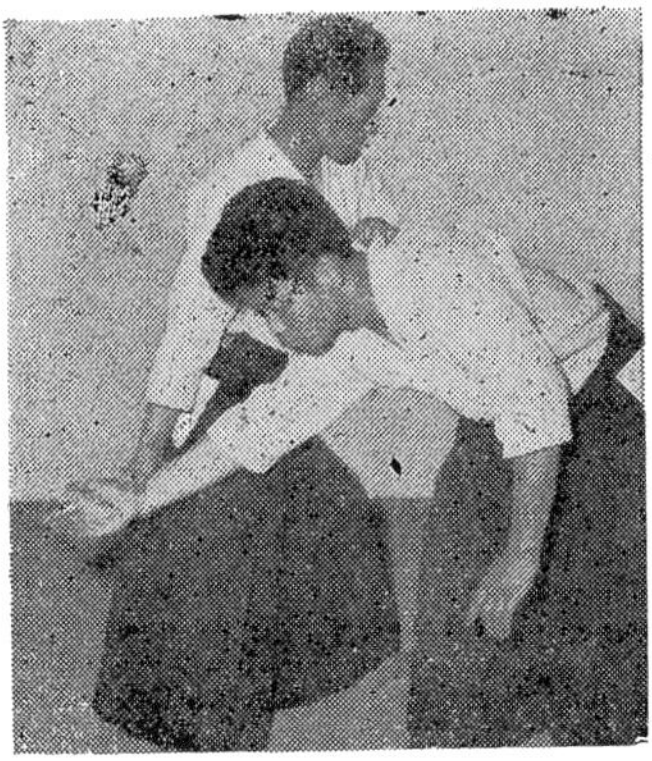

（写真　52）

（写真　53）

次いで右足を相手の後へ踏み込むと同時に、右手をやわらかく伸ばしながら前に廻しつつ、相手のあごに掛け、下へ切り下ろし倒す。（写真53、足捌きａ）

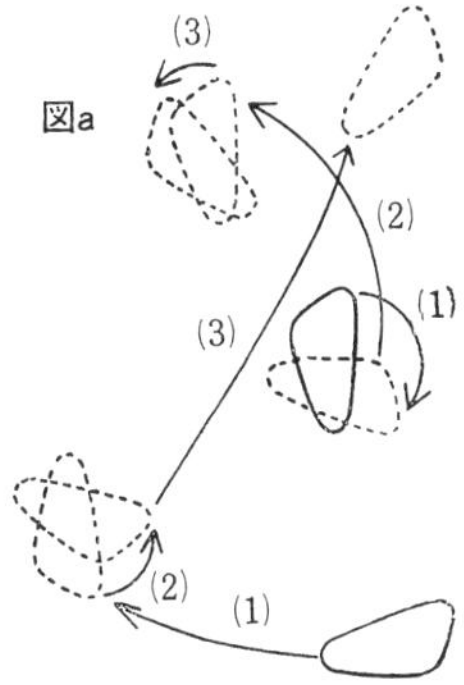

【要点】　相手の手首を掴む時は、必ず脈搏部に拇指があたるようにつかみ、左へねじ気味に相手の手を導かなければ、非常に動きづらい。

なおこの場合、前に〝片手取り転換法〟でふれた通り、左足

（写真　54）

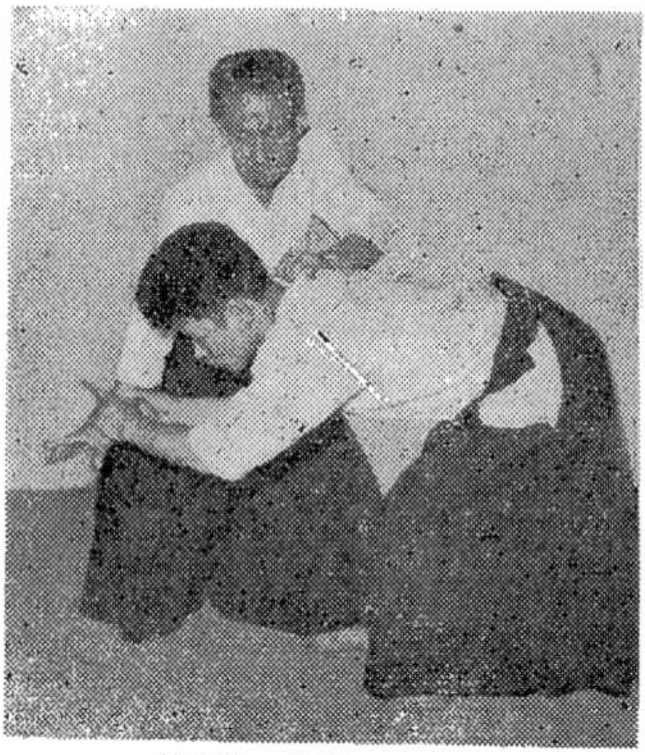

（写真　55）

を中心として一八〇度背面転換し、更に左足を一歩相手の後に出し、左手をやわらかく伸ばしながら相手のあごに当て、右手は随従しながら切り下ろし相手を倒す転換投げに変化することもできる。

相手が両手で自己の右手を掴んだ場合（やや前から掴んだ場合）

写真54のように、相手が両手で自己の右手をやや前から掴むや同時に、右足を軸として左足を一歩相手の右側面後方に踏み込み、左手で相手の首筋を抑える。更に左足を軸として右足を一歩自己の後方に開く。もちろん右手は相手に掴られたまま、その足の動きとともに大きく弧を描いて、自己の左後に廻す（写真55）。相手の体がまさに崩れんとするや、逆に左足を中心として廻り返し、右足を一歩相手の後方に踏み込み、同時に右手で相手の体を切り下ろし倒す（足捌きa参照）。

相手が後から摑んだ場合

写真56のように、相手が両手で自己の右手を後から摑むや、右足を中心として左に約一八〇度背面転換をするとともに、右手掌を上にしながら気力を充実させながら、自己の前方に突出し、その手を右に廻し、掌を外に向ける。ついで左足を一歩相手の右後方側面に踏み込み、左手を相手の首筋にかける（写真57）。更に左足を軸として右足を自己の左後方側面に転ずる。右手は掌を外に向け、相手に持たしたまま自己の足の動きに随従する。この捌きで相手が正に崩れんとする時、逆に左足を軸として廻り返し、右足を相手

図a

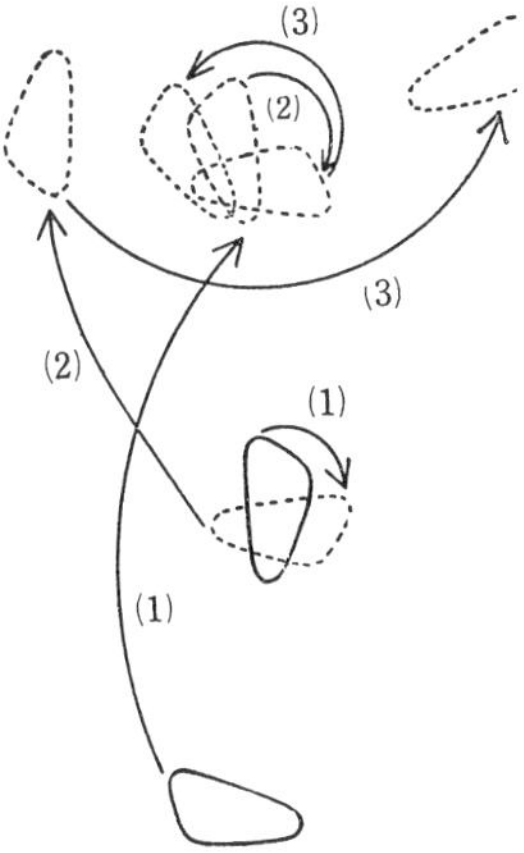

（写真　56）

（写真　57）

の後方に一歩踏み込み、右手をこれに随従し相手を切り下ろし倒す（足捌きa、手捌きa′参照）。

【要点】 1　相手が両手で一方の手を掴んでいるのであるから、充分呼吸力を出し、自己の体も充分動き、相手を捌かなければ技は極まらない。

2　両手で持たれている手の動かし方は、常に自己の体を中心として動く機械のようでなければならない。

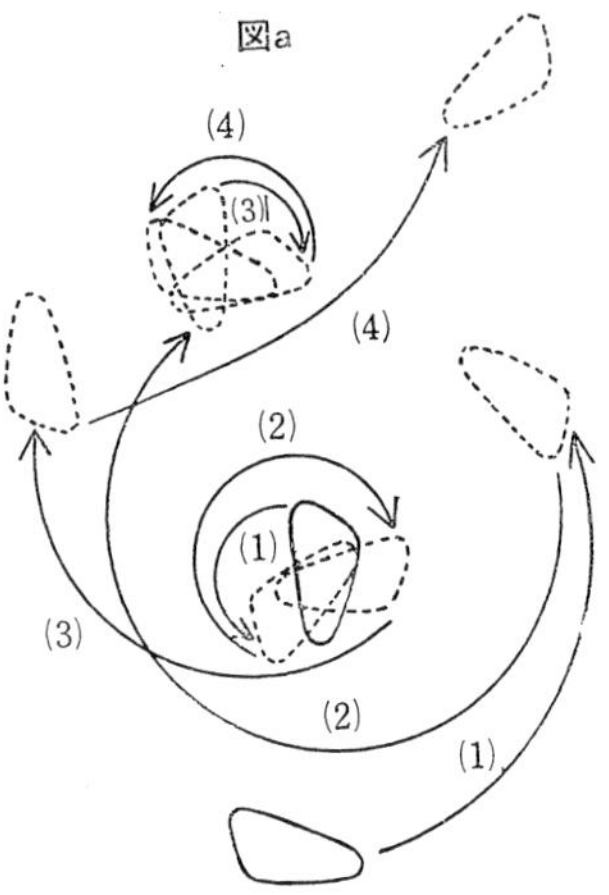
図a

右手捌き a′

(2)　両手取り入身投げ

両手取り入身投げにも種々の場合が考えられる。次にその例を挙げてみよう。

イ、前から相手が両手首を取った場合

ロ、後から相手が両手首を取った場合

このイ、ロの場合を更に深く考えると、相手の手の持ち方によって、当然自己の動きも異ってくるのである。しかし、この二種類に対する代表的な技を挙げてみることにする。

前から相手が両手首を取った場合

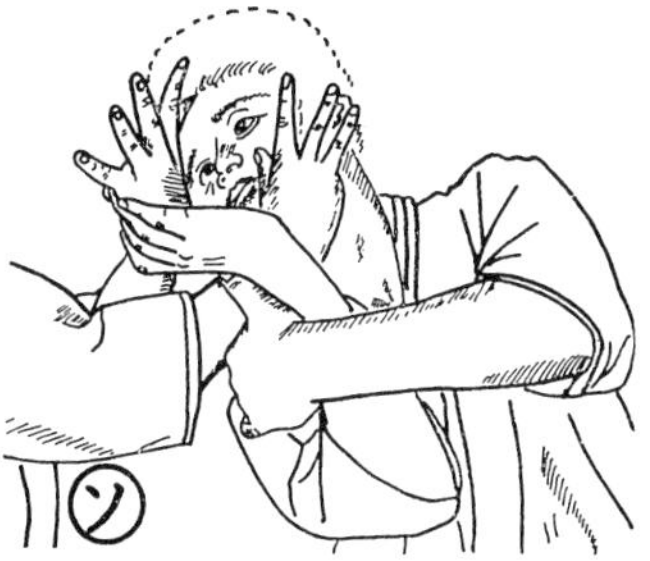

ソ

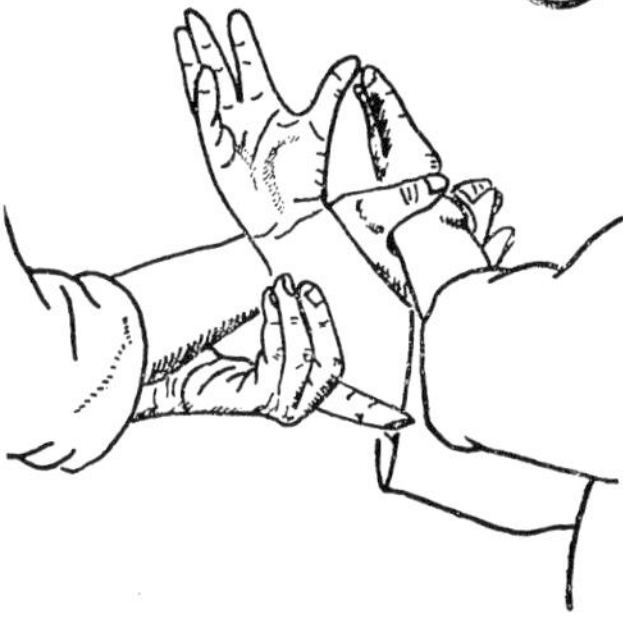

レ

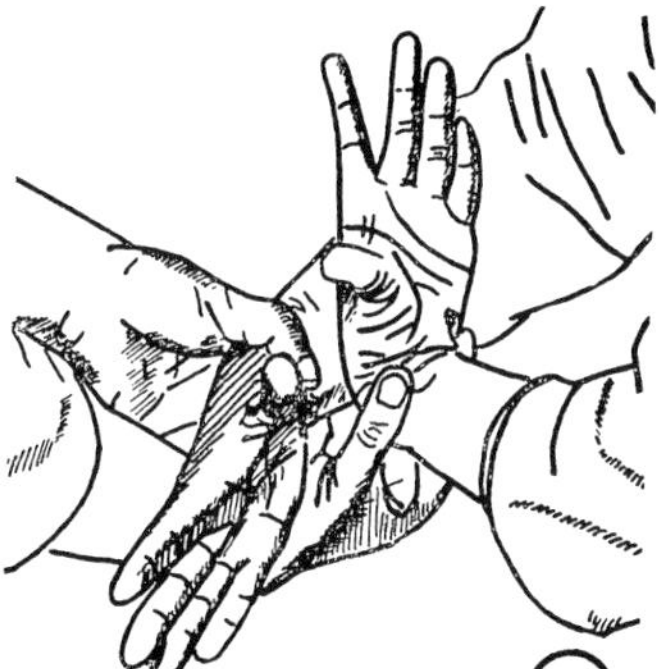

ツ

前から相手が両手首を取ろうとするや、左手掌を上にして相手の前の方向に動かし、相手の右手を誘導しながら、相手の右側面後方に左足を一歩踏み込む、同時に相手の右手と自己の左手の間に自己の右手を手刀状にしながら掌を自己の左手の方に向けて入れ（図レ参照）、更に右手の掌を左の方向に内側へ返しながら右腕を手刀状に作用して相手の前方に相手の右腕を導く、次いで左手で相手の首筋を抑えるとともに、更に右足を自己の後方に転じ、自己の右手の随従によって相手の態勢を崩す。次ぎに、逆に左足を中心として、廻り返し、右足を相手の後方に踏み出して、右手を相手の顔面から切り下ろして、倒す。

足捌き等は、ほとんど片手

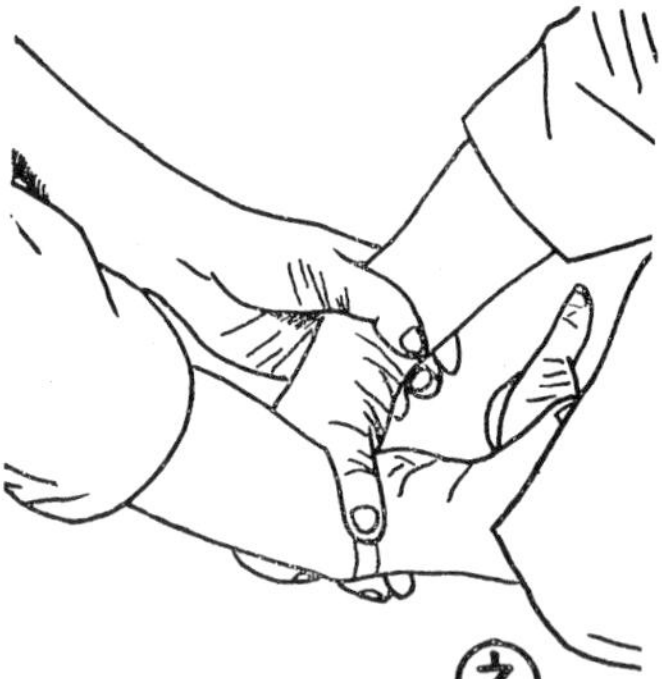

ネ

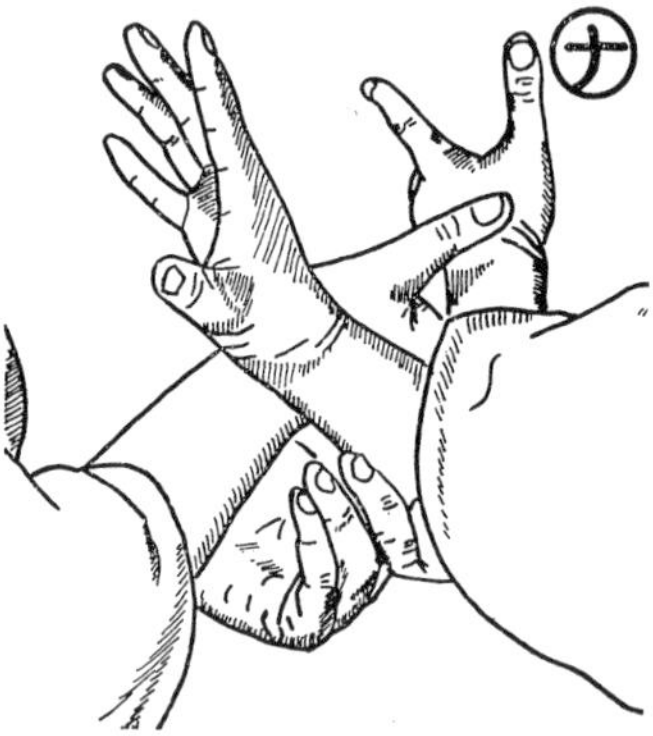

ナ

取り入身投げ（やや前から相手が両手で自己の片手を掴んだ場合）に準ずる。

【要点】 1　この入身投げは非常に手捌きが複雑である。この場合一寸した動きの相異で異ってくる手の捌きの、代表的なものだけ挙げても、図ソ・ツ・ネ・ナのようになる。これらは体の動きではそれ程大きな差異はない。ここでは、図レのとり方を代表的な形としてとりあげてみた。この入身投げは手の動きに充分注意しなければならない。

（写真　58）

後から相手が両手首を取った場合

後から相手に両手首を握られると同時に腰を基点とした安

（写真　59）

定した姿勢から、両掌を上に向け、手首で腰骨をするような形で両腕を内に螺旋状に廻しながら、自己の前上方に両手を出す（写真58参照）。次ぎに右足を中心として体を一八〇度右に転換する。その際左足は相手の右側面に踏み込む。同時に左手は大きく上方から右後に弧を描きながら、体の転換にともなって相手の右後に突出す。右手は大きく下から右に弧を描いて相手の前方へ突出す（写真59参照）。更に右足を相手の後方に一歩踏み出し、右手を手刀としながら相手のあご、顔面から下へ切り下ろす（足捌きa参照）。

【要点】 1　手足の動きはすべて腰、膝を中心としての丸い動きであるから、よく膝で調和を考え、柔軟な中にも芯の通った動きをしなければならない。

2　弧を描く時の腕の廻し方には一そう注意して、腰の廻る方向に手先を廻してゆかなければならない自己の腕の動き、廻し具合によって相手の体が崩

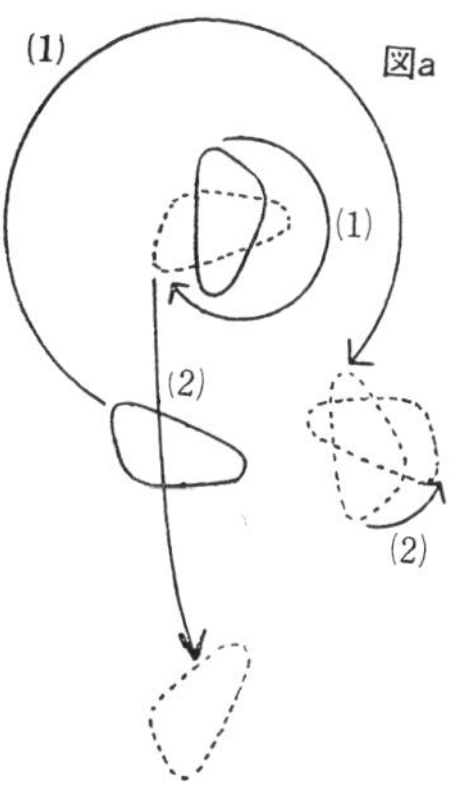

図a

れるかどうか決まるものである。

(3)　肩取り入身投げ

右又は左手で、左又は右肩を持たれた場合の入身投げは、相手がもう一方の手で自己の正面を打って来たと仮定して、その手の力を下から流す捌き方と、上から流す捌き方で、その動きが多少異ってくる。今、相手の手の力を上から流す捌き方を〃肩取り入身投げ〃（表）とし、相手の力を下から流す捌き方を〃肩取り入身投げ〃（裏）として説明してみよう。

肩取り入身投げ（表）

相手が左手で自己の右肩を掴むや、直ちに右肩で相手の面を打ち、左手で相手の右あばらを打つ。その時相手が右手で自己の右手を受けるや、その受けた力を利用し、自己の右手を手刀にして相手の手にこもっている力を誘導する。すなはち、自己の左足が相手の右側面後方に転ずると同時に、相手の右手を相手の前方、自己の右側方に下へ切り下ろすように突出し相手の体を崩す。勿論自己の左手は相手の首筋を抑えなければならない。更に右足を一歩相手の後方に踏み出し、右腕を大きく弧を描き前に廻しながら相手の顔面から切り下ろし、相手を倒す。

【要点】　1　〃正面打ち入身投げ〃〃片手取り入身

図a

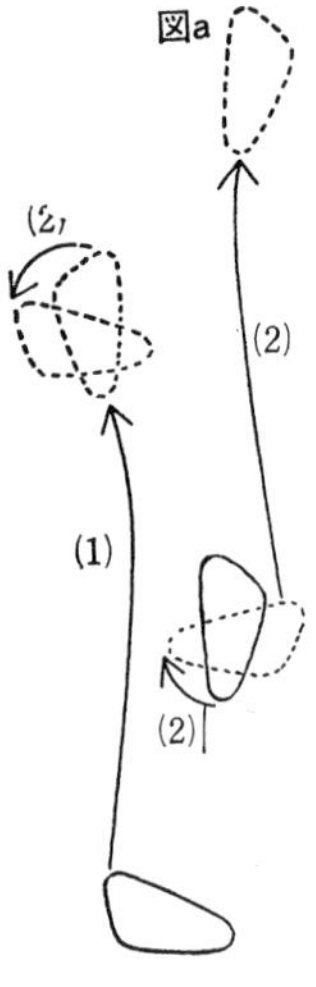

投げ〃等と何等変ることのない動きであるから、肩を掴まれた、という意識を捨て去らなければならない。

2　手刀で相手の手を誘導するぐらいに、掌、腕が自由自在に、思いのまま動くように鍛錬しなければならない。

肩取り入身投げ（裏）

相手が左手で自己の右肩を掴み、右手で正面を打つか、又は突いてきた場合、右手刀で相手の右を流すように受け、左拳で相手の右あばらを軽く加撃する。次に右手刀で相手の右手を自己の左下側方へ弧を描いて流すと同時に、右足を中心として左足を自己の右後方に左から背転する（写真60）。更に左足を相手の右側面に一歩出しながら左足を中心として右

（写真　60）

（写真　61）

足を自己の左後方に右から背転する。同時に左手で相手の首筋を掴む（写真61参照）。その場合右手は右に腕をねじながら自己の体の動きとともに、自己の右側方に大きく廻し、相手の末端である手刀の先を引っぱり込むことによって、全身の力の集約点である腰の備えを崩す。次で右足を一歩相手の後方に踏み込み、右腕を相手のあごから顔面にかけて切り下ろし、相手を倒す（足捌きa、手捌きa′参照）

図a

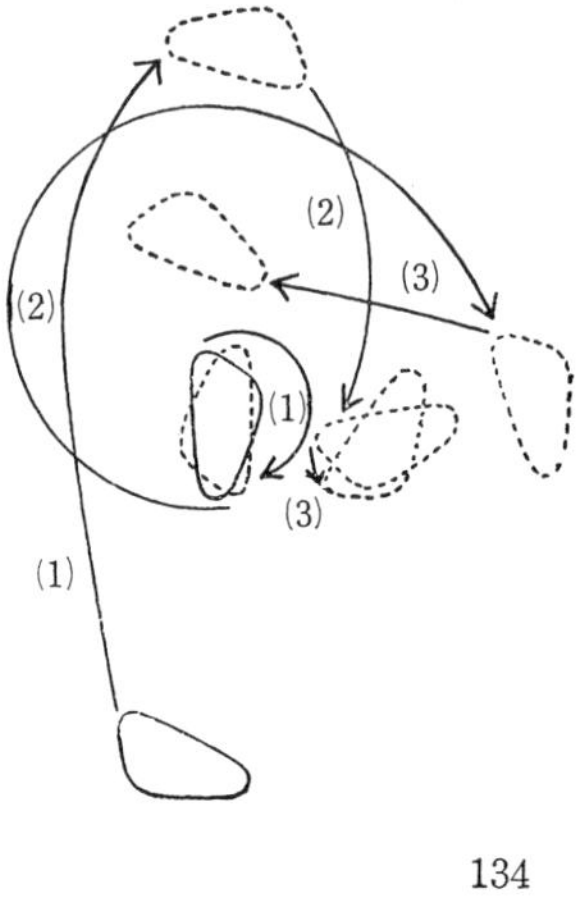

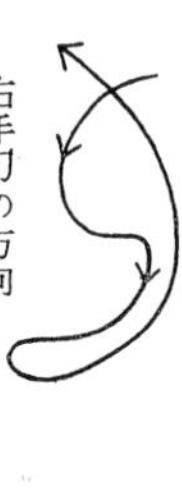

右手刀の方向

【要点】 1　夫々軸足をかえながら三度体を転換さすのであるから、腰膝の重心に充分安定感がなくてはならない。

2　手の先の力が全身の力の集約点である腰に帰納しているのであるから、手の先の調和が少しでも崩れれば、本体が崩れることになるから、充分注意しなければならない。

(4)　両肩取り入身投げ

両肩取り入身投げも、合気道技法の性格をうつして、無数の変化が考えられる。先ずこれを前後に分けてみると、

1　前両肩取り入身投げ
2　後両肩取り入身投げ
3　後両肩取り回転入身投げ

ということになり、更に相手の出方によっては、それだけ自己の体の動きが異ってくることになる。
先ず両肩を普通にもたれたと仮定して、右に挙げた三つの場合を説明してみよう。

前両肩取り入身投げ

相半身相手に両肩を持たれるや、相手の右足の前に自己の右足を、ちょうど相手と自己の右足でTの字を描くように一歩進み（写真62、足捌きa参照）、自己の両手を手刀状にし自己の頭首を前にかがみながら、相手の右手下方に入れ、左足を一歩相手の後方

（写真　63）

に踏み込むと同時に、左手刀を相手の左腕部に掛け、右手刀を相手の胸部に掛け、切り上げ切り下ろすように相手を倒す（写真63参照）。

【要点】　1　自己の頭部を相手の手の下に突っ込もうとすると失敗する。むしろ大きく相手を誘導するために、自己が大きくかがんで立ち上って見れば、頭部が相手の手の下になっているような状態でなければならない。

2　足の踏み方と腰の入れ方の関連をうまく保ち、タイミングを合わすことが肝要である。

もし相手が両手で突っぱって来た場合は、左足を中心として体を右に転換し、これに処するのであるが、相手に対する最初の入り方が異るだけで、他は全く同じである。

（写真　64）

後両肩取り入身投げ

後から相手に両肩を持たれるや、左足を一歩自己のやや左後方相手の左側面に転ずる。その際自己も両手刀で体をかこいながら、いくらか左に体を廻す（写真64）。次に、逆に体を右に廻しながら右足を相手の後方右側面に出し、体をやや前にかがませ、更に大きく体を伸ばすと同時に、両手を手刀にして大きく切り上げ、切り下げて相手を倒す。

【要点】1　相手の体と自己の体が入身で入った時に離れてしまっては、なかなかうまくゆかない。相手の側面に入る時は、相手の体とすれ合うぐらいにして入らねばならない。

もし両手で前へ突かれた場合は、左右どちらかに、やや転換気味に足を一歩前に出し、体を転じて相手の側面に入るのであるが、動きはほとんど同じである。

後両肩取り回転入身投げ

右半身相手に後から両肩を掴まれるや、右足を中心として右へ約三〇〇度近く前転しながら、左手刀で自己の右肩を掴んでいる相手の右手を右へしごくように切り払う。

次いで右足を自己の後に大きく転じ、約一八〇度背面転換する（写真65参照）。自己の両手刀は、当然それにつれて廻る。

相手は、両手で肩を掴んでいるのでほとんど体が崩れようとしている。そこで左足を相手の後方に出し、今度は逆に左へ転換しながら両手刀で相手を切り上げ、切り下げて倒す（足捌きa）。

この際の左手捌き（下図）は完全に一回転して、また九〇度廻り返すような形となる。

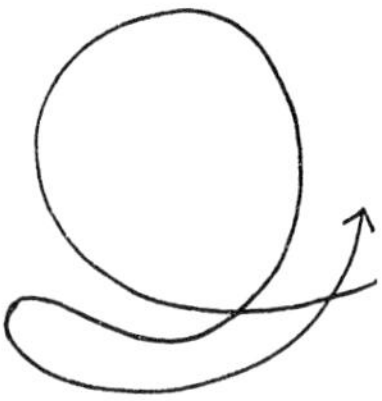

図a

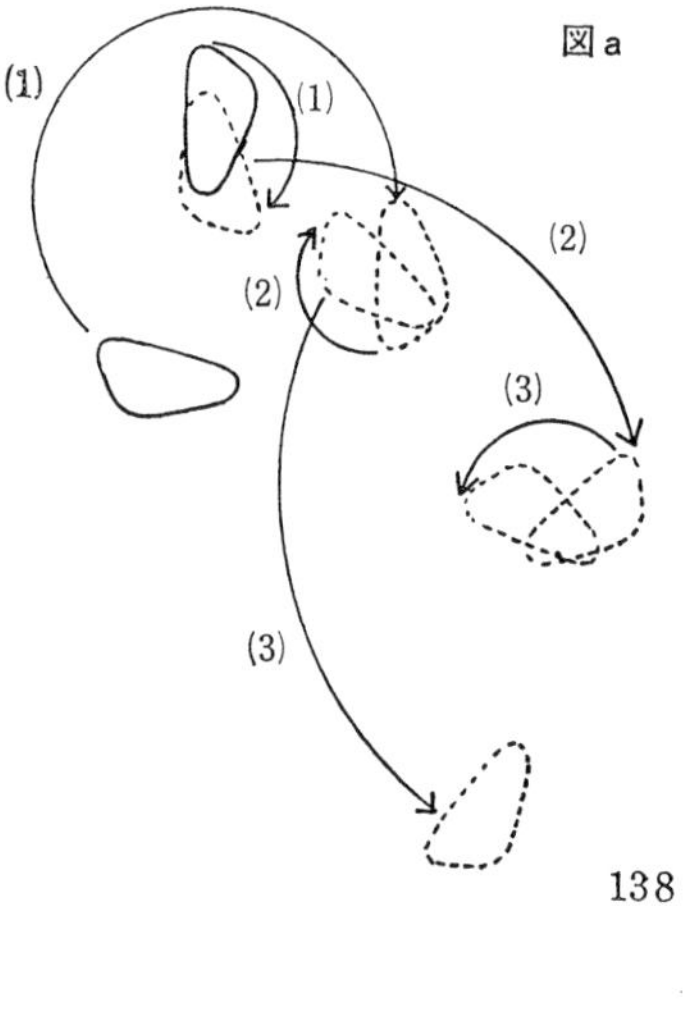

【要点】 1　合気道の捌きの極致を現す技の一つである。自己の中心がしっかりして廻れば、相手はそれにともなって崩れる最適例である。

2　この際も手刀の変化を充分気をつけ、体とともに手刀が動き、指先までもその都度動くことに気をつけなければならない。

相手の両肩に対する力の加え方で、技の出発に多少の変化は出てくるが、本質的な相異は全然ない

(5)　横面打ち入身投げ

横面打ちの入身投げについては、次の二つの場合が考えられる。

1　横面打ち入身投げ

2　横面打ち入身転換投げ

（写真　66）

（写真　67）

これ等の場合でも、相手の出方の一寸した違いで体の動きに多少の変化はみられるが、この二つを体得しておれば、おおよその理解はつくものである。

横面打ち入身投げ

相手が右手で自己の横面を打ってきた場合、左足を一歩相手の右側面前方に移して、写真66のように両手刀で、反対に相手の右手及び面を打つという攻撃的態勢と、写真67のように右足を中心として左足を一歩自己の右後方に背面転換しながら、左手刀で相手の右手の力を流し、右手で相手の面を打つ二通りに分けられる。これを表裏として解説する。

表（入身）技

写真66のように相手を打つや、右手刀で相手の右手首を十字にはさむようにし（図ラ）、右手刀で

ラ

相手の右手を相手の前方、自己の右側面に切りさげる。同時に左足を一歩相手の右側面に踏み込みながらその切り下ろした右手刀の方向に体をまわし、相手の体を崩す。勿論左手は相手の首筋を抑える。あとは、他の入身投げと全く同様で、右足を相手の後に出して、手刀で相手を倒す。

裏（転換）技

写真67のように体を転じて相手の力を流すや、図ラの手捌きで左足を相手の右側面に一歩踏み出すとともに左足を中心として右に体を大きく転じて相手を崩す。更に右足を中心として左に体を一転、右手刀で相手の顔、あごを払い上げ、切り下げる。

【要点】　1　〃気を出す〃という事は、なんでも相手を叩きつけること、と誤解してはいけない。一歩身を転じても、相手の体を崩すには気が充実して、相手を自己の動きの中に引き入れなければできないことである。

2　手捌きによくよく注意して動かないと、体の動きも鈍くなってしまう。

横面打ち入身転換投げ

相手が右手で横面を打ってきた場合、右足を中心として左足を自己の右後方に背面転換する。その時、自己の左手は相手の右手首、右手は相手の面を打つ。更に体を左に廻すと同時に、左手で相手の右手を強く自己の体の転換に随従するように導き込み（写真68）、更に右手で相手の右手首、拇指が

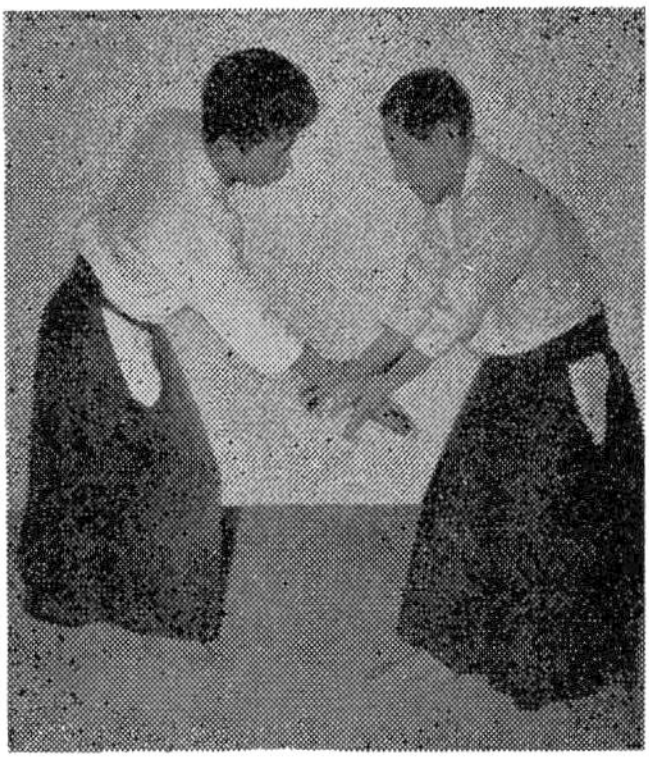

（写真　68）

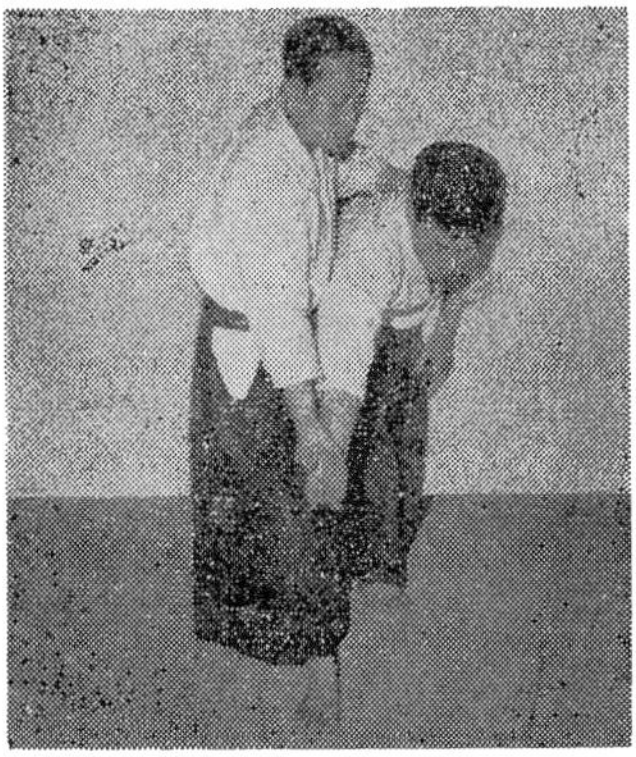

（写真　69）

脈搏部にあたるように、尺骨部の方から掴み、右にねじつつ右足を軸として左足を相手の後側面に転じ、左手で相手の首筋を抑える。更に左足を軸として右足を一歩自己の後方に転じ、相手を崩す（写真69参照）。次に右足を相手の後に出して自己の体を廻りかえし、手刀で相手を倒す。最後の倒し方はすべて同じである。

（足捌きａ参照）。

【要点】１　軸足が何度も変化するからその点充分気をつけること。

２　手刀尺骨部は左図参照

尺骨部

図ａ

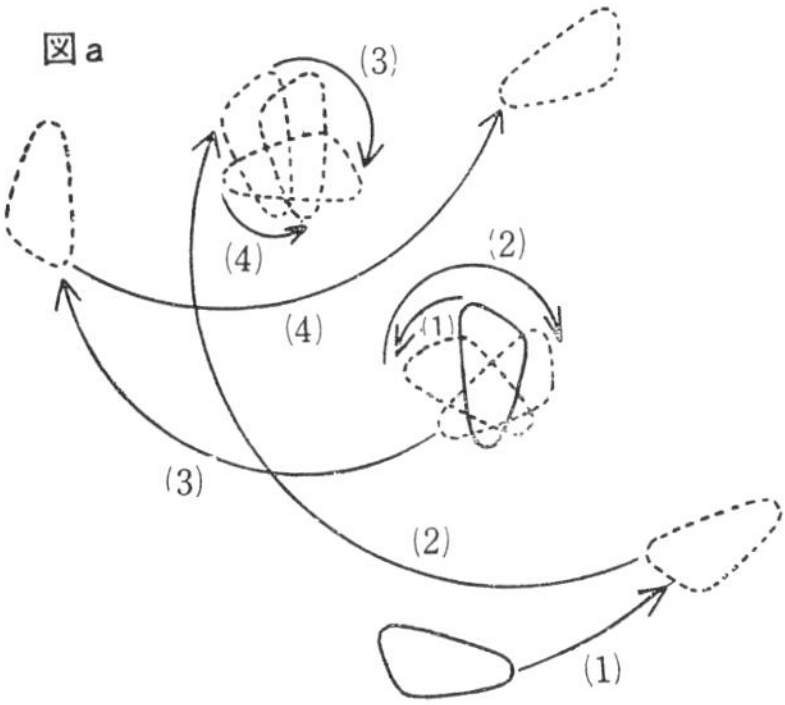

(6)　正面突き入身投げ

正面突き入身投げは、相手の突いてくる線をはずして、すれ違いざまに相手の側面に入るのであるから最も分りやすい。すなはち、相手が右手で突いてきた場合、自己は相手の突いてくる線をはずして、すれ違いに相手の右側面に左足を一歩前進しながら入り、左手で相手の首を抑え、右手で相手の面を打ち、右足を相手の後に踏み込んで倒す。今まで述べた入身投げと、その動きは全く同じである。

【要点】1　相手の突いてくる線をはずすこと。

2　突かれないだろうか、という疑念を持たず、相手を問題にしないで入身に入ること。疑念をさしはさめば必ず失敗する。

なお、相手の右手の突きに対し、間違えて相手の左側面にかわした場合、横面打ち入身転換投げと全く同じ捌きとなる。

これで入身投げの項を終るが、紙面の都合上、左右両方の場合を説明せず、すべてどれか一方だけを例に挙げてある故、よく考えて練習して頂きたい。

第三項　小手返し応用六態

小手返しは基本技で述べた通りであるが、相手の手を取って掌の方へ手の甲から手首を返す、いとも簡単な技であるけれども、その変化技たるや実に多い。それはおよそ体の各部どこをとられても、小手返しはかけられる、ということである。

ここでは、種々変った場面を想定して、小手返しを説明してみよう。なお、小手返しにはとり方が二種あることを注意しながら研究して頂きたい。

(1) 片手取り小手返し

片手取り小手返しにも、相手と自己の相対関係の変化で、ずい分いろいろな場合が考えられる。しかし、大体次に挙げる三つの場合が代表的なものとなろう。

1　相手が左手で自己の右手を掴んだ場合（逆半身の場合）
2　相手が右手で自己の右手を掴んだ場合（相半身の場合）
3　相手が両手で自己の右手を掴んだ場合

これらは片手取り入身投げの場合と全く同じである。この中、相半身に彼我相対して、相手が右手で自己の右手を掴んだ場合は、基本技で説明したのでこれは省略し、1と3の場合を解説する。

相手が左手で自己の右手を掴んだ場合

相手が左手で自己の右手首を外側から掴むや、右足を軸として左足を後方約90度ぐらいに転じ、同時に右手掌を上に向け、写真70のように自己の前に突出す。ついで、相手の掌に下から相手の手の甲

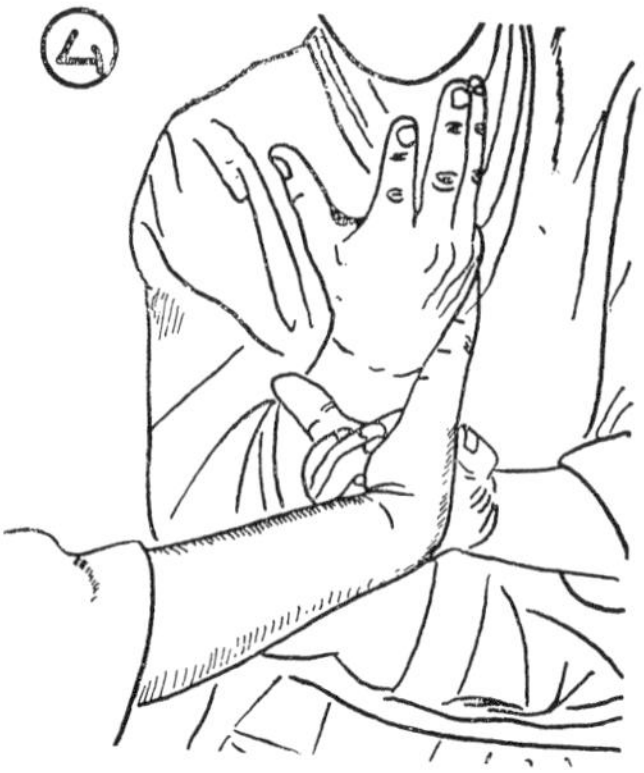

（写真　70）

を覆うような形で、拇指以外の四本の指をかけ、拇指は相手の薬指と小指の付根やや下方に手の甲の側からきちっとあてがう（図ム参照）。更に左足を軸とし、右足を自己の後へ背面転換しながら、左手で相手の左手を右にひねり、相手の手の甲の上から右手を副えて相手の小手を返して倒す。

【要点】　この取り方は、基本技のところに出た取り方とは別の取り方であるから、その掴み方を注意しなければならない。

相手の出方如何によっては、この場合左足を軸にして右に転じても、同様に小手返しをとることができる。しかし動作はほぼ同じである。ここでは右逆半身として、彼我相対した場合を説明したのである。

相手が両手で右手を掴んだ場合

相手の両手で右手を掴まれるや、右足を軸として左足を一歩自己の後方に背面転換する。同時に右手も掌を上に向け、呼吸力を出しながら相手に両手を掴ましたまま左に流し、相手の体を崩す。さらに左足を軸として、右足を自己の後方に右へ背面転換する。同時に右手掌を左に廻し、外に向けつつ右へ自己の体とともに廻し、相手を崩す。次に相手の右手掌に人差し指以下四本の指をかけ、拇指は相手の手の甲、薬指と小指の付根よりやや下にかけ、更に相手の拇指側の甲を覆うように持つ（図ウ参照）。ついで右足を軸として左に背面転換し、相手の右手を左にひねりつつ、右手をその甲の上にそえて捲き込むように倒す。

【要点】1　この技は呼吸力の出し方が大切であるから、腰と手のバランスについて常に注意すること。

2　相手に手を持たれた時、肘をあげることは禁物。

(2)　両手取り小手返し

両手取り小手返しは、要約して次の二つの場合が考えられる。

1　前から両手で自己の両手を取られた場合

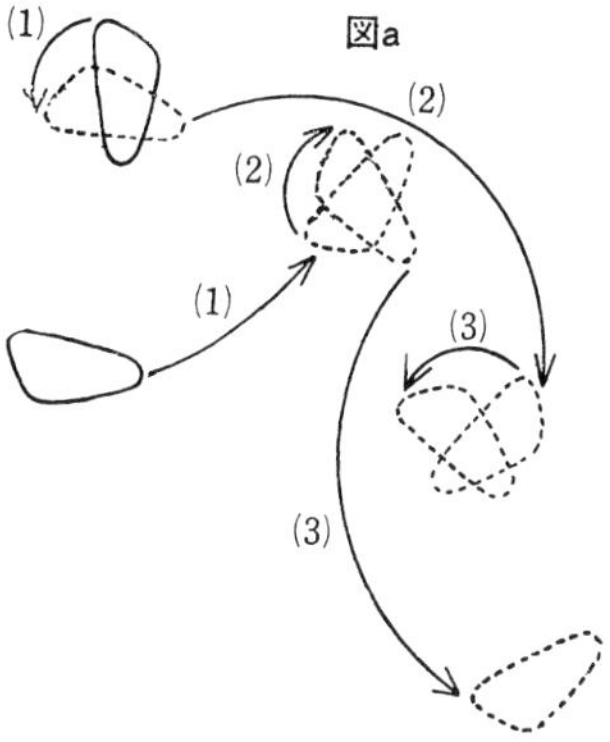

図a

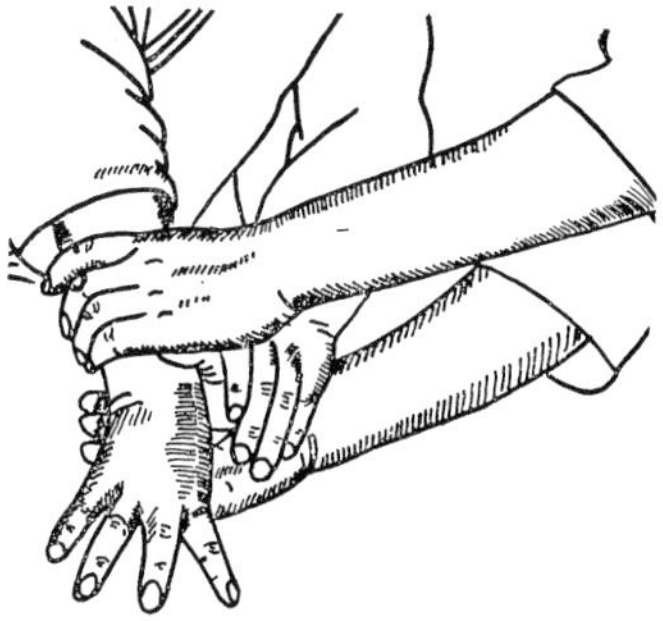
ウ

2　後から両手で自己の両手を取られた場合

1の場合は片手取り小手返しの項で説明した動き方とほとんど同じであるから、省略して、2の場合を説明することにする。

後から両手で自己の両手を取られた場合

相手が後から自己の両手首を握った場合、腰に自己の両手首をつけながら、右足を軽く一歩右前に出す。同時に図イで示した通り、相手の右手を相手の拇指側からかぶさる様に、左手で掴み、右足を中心として体を左にほとんど一回転せんばかりに廻る。それによって、相手は掴んでいる手を離す。

図a

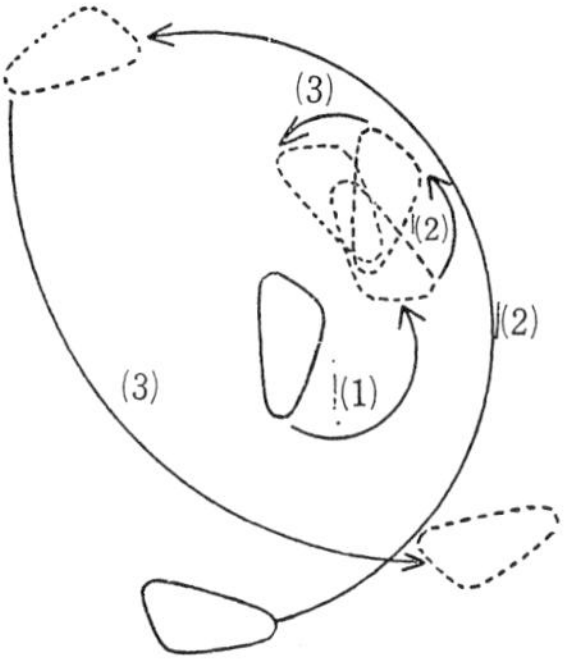

更に左足を一歩自己の後に転じながら、相手の右手を左手で左にひねり、さらにその甲を右手で捲き込むように左へ切り下ろす（足捌き a 参照）。

【要点】　体を転換する場合は、思いきりスピードをつけて廻る。そうしないと、相手の手が離れないことがある。この場合、相手が非常に力が強く、手が離れないように感ずることがある。その場合も相手の手と自己の手と腰の動き方を研究すれば、必ず離れるものである。働きそのものは何等前の例に変らぬため、細部は省略することにする。

(3)　肩取り小手返し

肩取り小手返しで考えられることは、

1　正面からどちらかの肩を掴まれた場合、2　後から両肩を掴まれた場合の二つの場合が考えられる。

（写真　71）

正面から相手の左手で自己の右肩を持たれた場合

相手の左手で自己の右肩を持たれるや、右手で相手の面を打ち、左手で相手の右あばらを突く。相手が右手で自己の右手を受けるや、その右手の正面に出ようとする力を導きながら（写真71参照）、右足を軸として左足を左へ大きく背面転換し、右手も相手の右手を導きながら、体に従って自己の左側面に大きな弧を描いて下げる。更に右足を自己の右後に一歩転じながら、相手の右手を左手で、拇指の付根をおおうように、自己の左手の拇指は手の甲、他は掌にあたるように持ち、更に左へ転じながら小手返しで倒す。足捌き手捌き等はすでにこれに似た動きのものが多く、その解説は省略する。

後から両肩を掴まれた場合

相手に後から両肩を掴まれるや、両手に呼吸力を充実させ、面をかこいながら左足を相手の左側面自己の左後方に移し、右足を相手の左後方、自己の後に大きく転じる。次いで右肩をつかんだ相手の右手を、自己の左手で小手返しの握り方で持つ。その時自己の頭は相手の両手の間に入る（写真72参照）。更に左足を一歩後に転じながら左手で相手の手を左下にひねり、右手刀で相手の腕を自己の左側面に切り下し倒す。

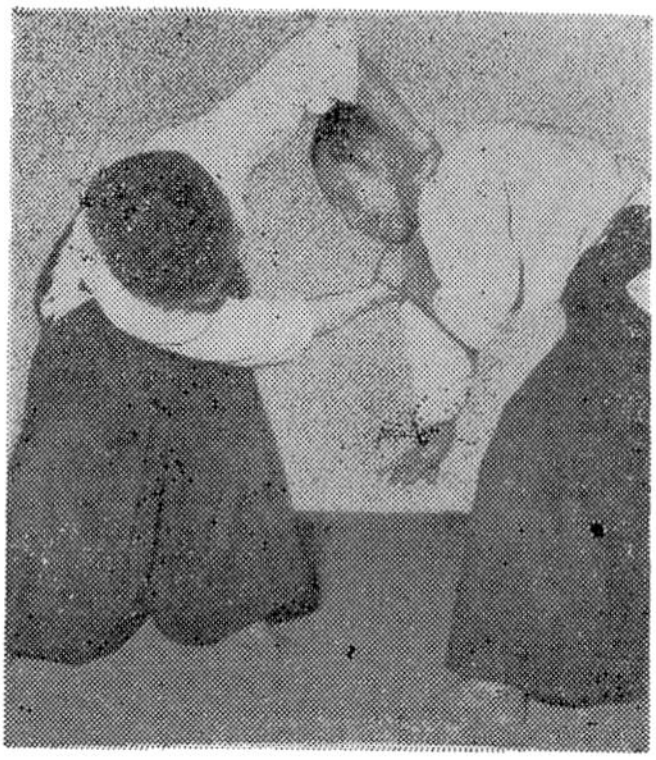

（写真　72）

【要点】　1　後へ一歩転じる時は思い切って後へ引き、むしろ相手の体を崩すぐらいにまで動くこと。

2　後から肩をつかんだ手に小手返しを掛けるのであるから、前例の場合は、自己の右手を手刀状にして相手の右腕を、体を転じながら切り下ろさなければ、小手返しは決まらない。なおこの場合は、必ずしも小手返しの基本のように相手の手の甲に右手を副えなくともよい。この点、臨機応変にやらなければならない。

(4) 正面突き小手返し

正面突き小手返しの場合は、次の二つの場合が考えられる。

1 相手が右手で突いてくるのを、相手の右側面によけた場合

2 相手が右手で突いてくるのを、相手の左側面によけた場合

1の場合は前著『合気道』の基本技で面打ち小手返しと、動作が全く同じであるから、説明は省略する。2の場合は次に説明する横面打ち小手返しと動きが一致する故、これを参考として頂きたい。

(5) 横面打ち小手返し

この技は〝横面打ち四方投げ〟の変化技である。すなはち、相手が右手で横面を打ってくるや、右足を軸として、左に体を転じ、相手の右手を取るまでは同じであるが、その右手を先に説明した肩取り小手返しと同様にして、さらに体を左に変じ相手を倒す。（一四七頁、正面から相手の左手で自己の右肩を持たれた場合参照）。

(6) 後襟取り小手返し

写真73のように後から左手で相手に襟、右手で右手を持たれた場合。

（写真　73）

（写真　74）

この場合、後から押されることと、引かれることが想定される。後から引かれた場合は、左足を自己の左後方に移すと同時に、体を左に廻し、相手を誘導する。ついで右足を自己の後方相手の左後方に大きく転じ、相手の持っている左手の外側に自己の頭を出す（写真74参照）。

次いで左手で基本技小手返しの要領で相手の右手をとり、右足を軸として左に転じ相手を倒す。なお、押された場合はそれに逆わず、左足を一歩前に出し、左足を中心として大きく右に背面転換し、写真74の形となる。このあとの動きは引かれた場合と全く同じである。

【要点】　小手返しの動きは、常に合気道本旨の通り、丸く大きく捌かなければならない。相手を崩してこそ始めて効果のあるものである。

以上で小手返しの項を終るのであるが、相手を崩す動きさえ間違わなければ、ほとんどどこをつかまれても小手返しになるのであるから、以上の二、三の例を完全に会得すれば、応用自在、非常に多くの技をこなし得ることになる。

第四項　腰投げ四態

相手の重心を腰にのせ、体の転換、腰のひねりによって相手を投げる技を腰投げという。合気道の腰投げは、基本技に対して応用的な動きであり、あくまでも副次的なものである。というのは、相手の体を完全に崩してから腰を使うのであり、腰を使わずとも、相手が倒れるように体を運ぶことが合気道技法の第一要件であるからである。しかし、この腰投げの練習によって、足腰のばねを強靭にし、重心の移動、転換に極度の安定性を付与する点、また大技のため、見た目が非常に華かである点など、腰投げの意義充分ということができる。

動き　腰投げにも〃表〃(入身)と〃裏〃(転換)がある。〃表〃の場合は、自己の中心軸足に対して、他の足が約一八〇度の転移を必要とし、〃裏〃の場合は約三六〇度、いわゆる完全転換の動きが必要である。すなわち、相手の体を、右腰側からのせる場合、足は次頁の図のような動きとなる。

位置　どの武道でも、間合の取り方が非常に大切であることは多言を要しない。ことに動き、変

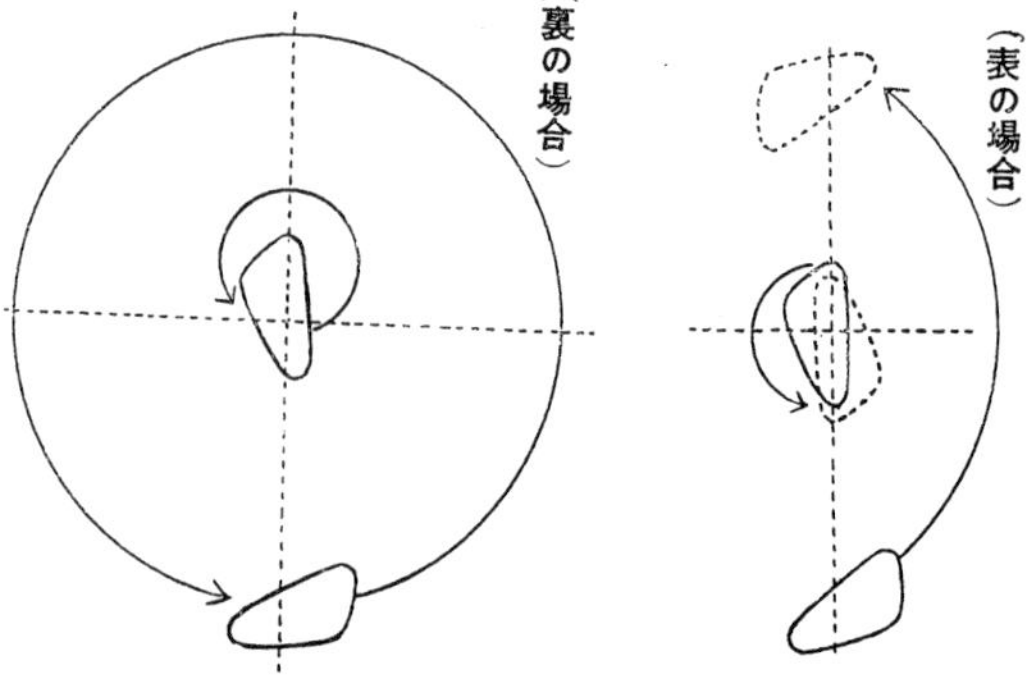

化の極致を現わす合気道では、その重要なことは他の武道以上であり、その中でもこの腰投げは、間合のとり方を少しでも間違えると、返し技が待っているから、相手との位置については充分気をつけなければならない。

先ずこの腰投げを掛けるには、相手の体格によって自己の動きに多少の差ができてくる。すなはち、肥満型、やせ型、長身型、短身型等々による差異である。しかしながらこれらの相手に対して共通して言えることは、相手の重心（臍の部分）よりやや下半身の部分を自己の腰に乗せ、相手の体勢を崩して浮き上らせるということであり、この体勢に持ち込むために最善の位置を占めることが大切であり、それは、自己の膝をやや曲げながら、相手の下半身と自己の下半身の側面が密着するよう、相手に対して自己の位置をきめることである。しかも、相手と自己の位置の角度は、下図の通り90度という形にならねばならない。

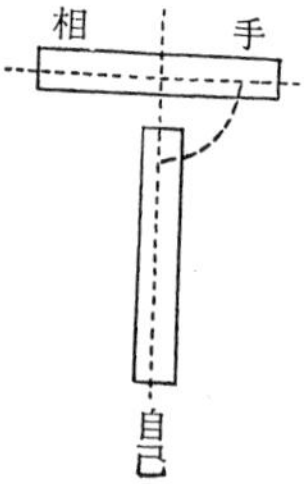

すなわち、90度の角度に自己の体を置き、自己の腰に相手の重心よりや

や下方の部を乗せることによって、腰投げの妙味が発揮できるのである。幾通りもある腰投げの中、ここでは代表的なもの四態を挙げることにした。これをよく玩味することによって、他の変化も自得して頂きたい。

(1)　肩取り小手ひねり腰投げ

相手が左手で自己の右肩を掴んだ場合の腰投げは、前記のように半転換による〝表(入身)技〟と、完全転換による〝裏(転換)技〟の二通りに分けられる。

表(入身)技

(写真　75)

相手に右肩を持たれると同時に、右手で相手の面を打つ。相手はその面をよけようとして、右手刀でそれを受ける。相手が受けると共に、写真75のように左手でその右手を、手の甲の側から掴み、右足を一歩相手の両足の間に弧を描きながら踏み出す。その動きに関連して、相手の右手を掴みながら左手は大きく弧を描きつつ自己の左側面に伸ばす。その際、両膝をやや曲げ、また上半身を45度弱に曲げながら体を左に転換させ、相手の体を腰に乗せ　体の転換と腰のひねり、す

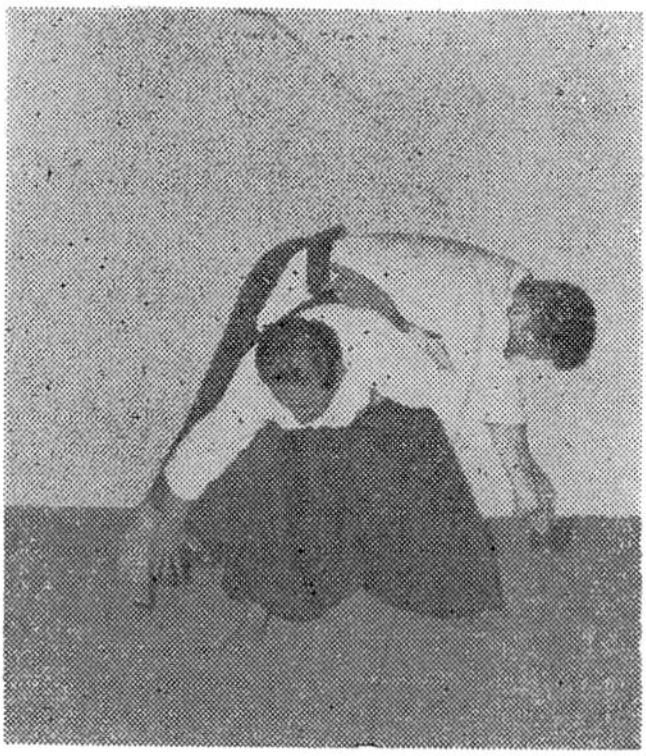

（写真 76）

なわち、相手の右手を掴んだ左手を内側に廻す作用、及び右手で相手の両足をはね上げる作用等、完全一致した動きによって相手を投げる。

写真76は、将に相手の体を腰に乗せんとする態勢を示す。また、その際の相手に対する足の位置は左図の通りである。

次ぎに裏（転換）技の場合は、左図の通り完全転換（九〇度）しながら相手を腰に乗せて投げ倒す。

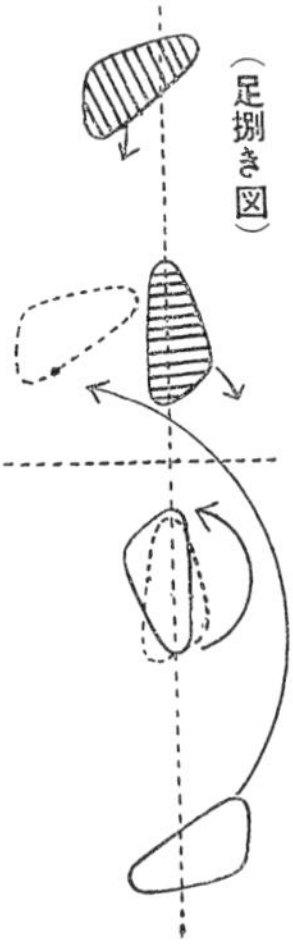

（足捌き図）

(2) 両手取り腰投げ

両手取り腰投げとは、相手に両手首を持たれた場合に掛ける腰投げをいう。この場合、体の変化によってその掛け方が多種多様に変ってくるが、その中で代表的な技といえば次の二法にしぼられる。すなわち、前記〃肩取り小手ひねり腰投げ〃

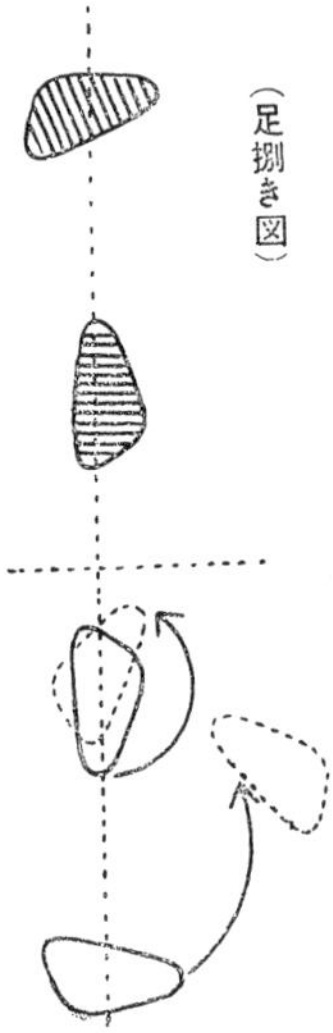

（足捌き図）

（写真　77）

（写真　78）

の場合のように、相手の手を自己の手で誘導して相手の体を崩す〃流し投げ〃と、相手の両手首を掴み返して相手の体を捲き込むようにして投げる〃捲き投げ〃である。ここでは、前記と異った動きを示す、相手の体を捲き込むようにして投げる腰投げについて解説することにする。

写真77のように、相半身で両手首を握られた場合、写真77のような手捌きで、左手は上、右手は下から相手の両手首を掴み、手の方向図の通り左手は自己の右後方に、右手は自己の右側面に伸ばし、相手の体を崩す。この手捌きと同時に左足をやや自己の前方、相手の右足前に出し、腰の左転とともにその足先の方向は左に回転する。同時に右

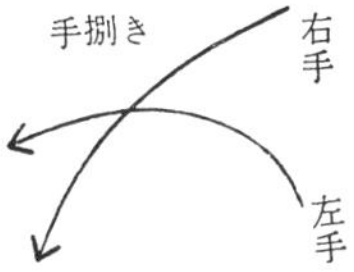

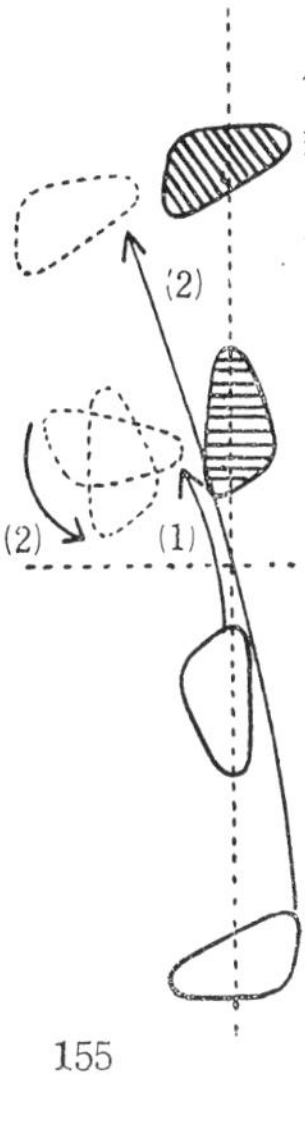

（足捌き図）

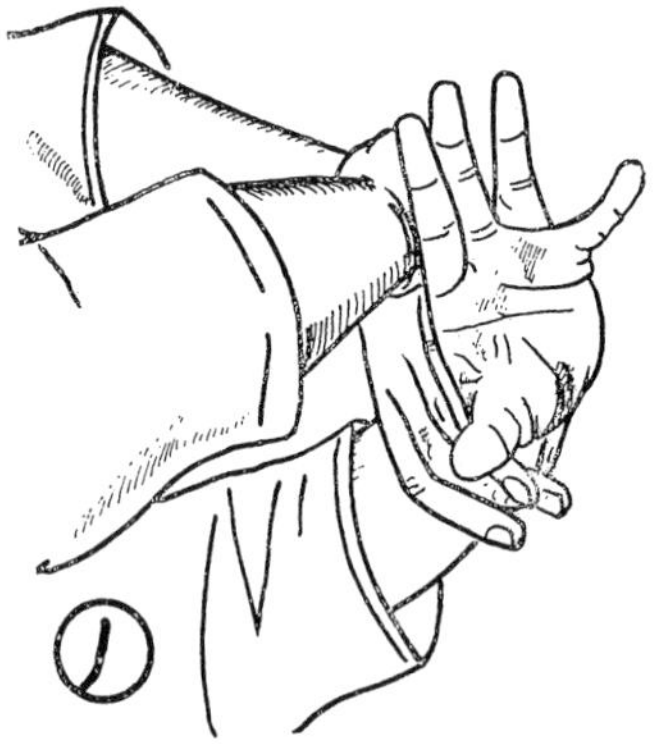

足を相手の右足の傾めやや前方に踏み込み（写真78）、両手の動きとともに腰を左に転換、相手の両手を捲き込みながら、相手を自己の左側面より腰に乗せて投げ倒す。その際の足捌きは前頁図の通りである。

次ぎに裏技の場合は、左足を軸として約二七〇度転換しながら相手の体を崩し、自己の動きの中心である腰に相手を捲き込み、相手を腰に乗せて投げるのであるが、前にもふれた通り、裏技の場合は表技の時の倍以上、自己の体を転換するところにその特色があるのであるが、動きとしては全く同じ型である。

(3)　後取り小手ひねり腰投げ

後取り腰投げには代表的なものとして、次の四つの場合が想定される。

イ、後から両手首を持たれた場合
ロ、後から抱きつかれた場合
ハ、後から相手に襟と手首を持たれた場合
ニ、後から相手に首を締められ、手首を持たれた場合以上の中からイの場合を説明するが、これらの中の一つを完全に体得しておれば、他は簡単に応用できるものである。

後から相手に掴まれるや、両掌を上に向け、自己の側面腰骨の部分から両手を内側に廻しつつ、自己の前方、顔の高さまで弧を描きながら突き出す。次ぎに左手首を掴んでいる相手の左手を、右手で相手の手刀の部分から手の甲にかけて掴む（図ノ参照）。

右手で相手の左手を左にひねりつつ、自己の足腰をその位置にしたまま上半身を右に廻す。その際右手は相手の右手をひねりつつ弧を描いて自己の右側方に伸ばす（写真79参照）。すると相手の体が崩れてくるので、自己の足腰を柔軟に、腰をやや前方にかがめ、左手で相手の足をはねつつ自己の左側面より腰の上に相手をのせ、体を左にひねりつつ相手を投げ倒す。

（写真　79）

この際、相手の左手に対しては右手で小手ひねり（第三教）を取った形となり、自己の頭の上を相手の左腕が通ることになる。

この技では、最初の手の動かし方が螺旋状

図イ

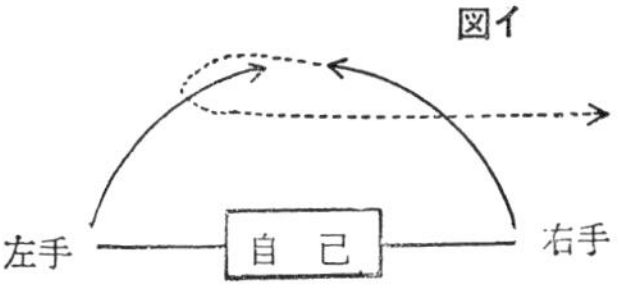

に前上方へ弧を描いて突き出し、左手に連なっている相手の体を崩すということが最も大切な点である。両手の動く方向図は前頁図イの通りである。

(4)　肘がらみ腰投げ

肘がらみ腰投げとは、相手の両肘をからませながら相手の体を崩し、更に腰を入れて投げ倒す技で、この技を激しく掛ければ、両手がからまっているので受身の取り様がなく、非常に危険をともなう技の一つである。この場合も代表的に見れば、次の四つの場合が考えられる。

イ、後から両手首を取られた場合

ロ、後から組みつかれ、前襟と手首を持って後へ締められた場合

ハ、後から両肩を持たれた場合

ニ、前から首を両手を綾にして攻められた場合（図ク）

ニの場合のみは、前から攻められた場合であるから、少しその状態が異ってくるが、肘をからませ、腰の転換によって相手を倒す動きには何等変ったところがない故、この四つの代表的なものとして、イの場合を説明する。

後から両手首を取られるや、両手首を自己の腰につけ、掌を

（写真　80）

（写真　81）

上に向ける。更に両手を内側に螺旋状に廻しつつ自己の前上方に弧を描いて突出す。その際、左足を自己の左後方、相手の左側面に踏みさがる。次に左手首を右へ廻し、相手の左手首を掌底部の方から掴む（写真80）。更に右足を一歩左後方相手の左側後方に大きくさがりながら、左手首を下から上に廻しつつ、相手の右手を掌底部の方から掴み、弧を描きつつ左手をさげ、右手を上げる。この際における左右両手の変化については左下図を参照のこと。

更に右足を一歩自己の右前方相手の前面に踏み出し、左右両手で掴んだ相手の両手を右にからませ右足を一歩出し、左足を軸とし腰に相手の体をのせ、左に約一八〇度転換、相手の両手をからみ、腰をひねって投げ倒す（写真82参照）。この際、技をかけようとする側の足捌き図は次頁の通りである。

以上で腰投げの部を終ることにするが

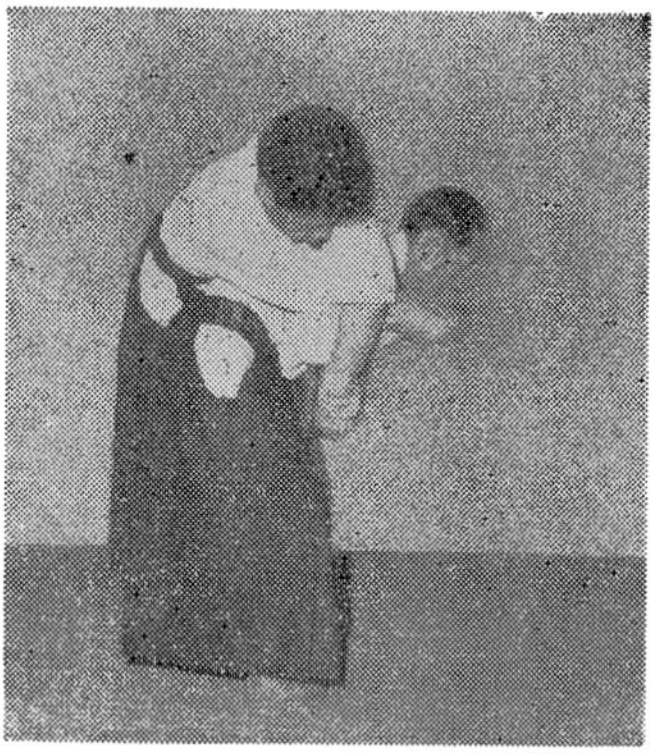

（写真　82）

合気道の腰投げの変化は、この四態にとどまることなく、これに関連して非常に多数生み出されてくるから以上だけが合気道の腰投げと思いこまない様、絶えず注意し、研究すべきである。

なおこの項では、自己の左側から相手を攻める法について述べたが、右側から相手を攻める場合については、左右を異にするだけである。

第五項　天地投げ

天地投げとは、両手を上下（天地）に大きく伸ばして相手を投げ倒すため、この名称がついたので

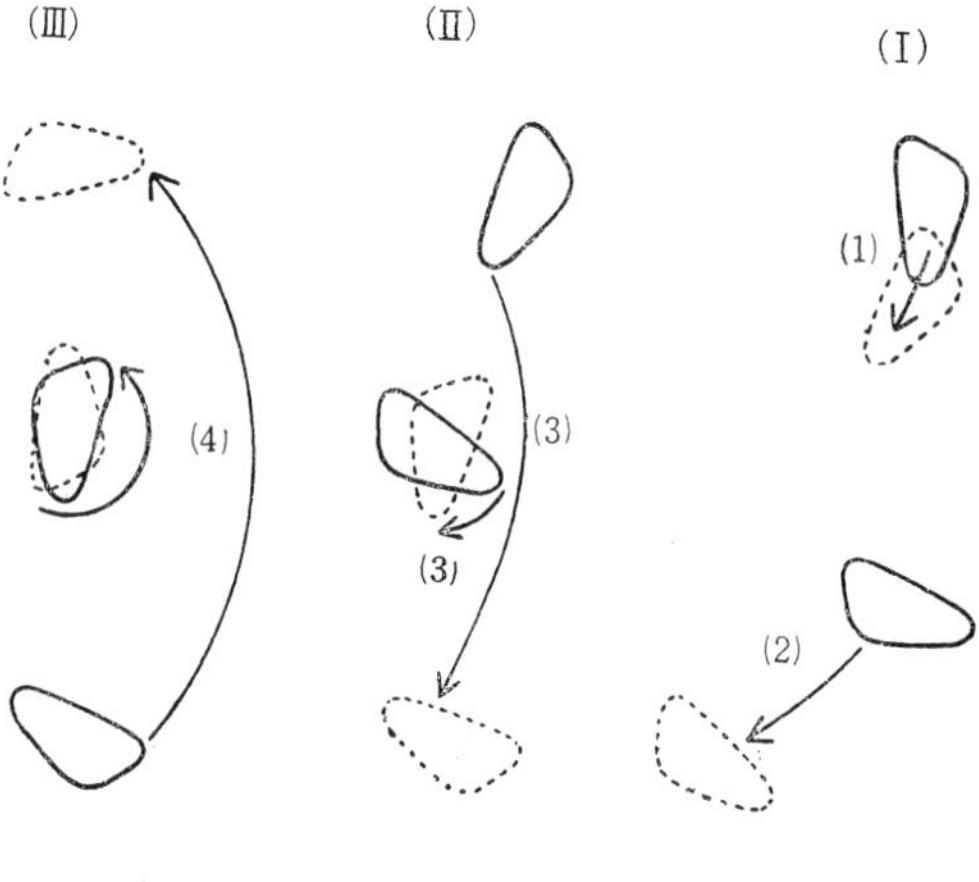

ある。この技法は、実に呼吸力そのものである。呼吸力を発揮することができなければ、かえって相手の返し技で逆に投げられることも考えられる。故に、気力を充実して、両手先から渾身の気力が流れ出るほどの勢いで相手に対さなければならない。

この天地に陰陽があるように、この天地投げにも陰陽（表裏）二通りの技がある。

表（入身）技

相手に両手首を持たすと同時に、右手指先から気力を出しつつ、相手の左手内側へ右手を螺旋状に上げて相手を圧迫する。同時に左足を一歩相手の右側面、自己の左やや前方に踏み出し、左手指先を通じて気力を出すように開き、やや右に廻しながら相手の右手を通じて相手の右側面から相手を圧迫する。次いで写真83の通り右足を自己の前方、相手の右後方に踏み出す。同時に右腕は相手のあご、顔から下へ切り下ろすように前へ廻しつつおろし、左手は自己の左前方から相手の右後方に廻すが如く伸ばし相手を倒す。

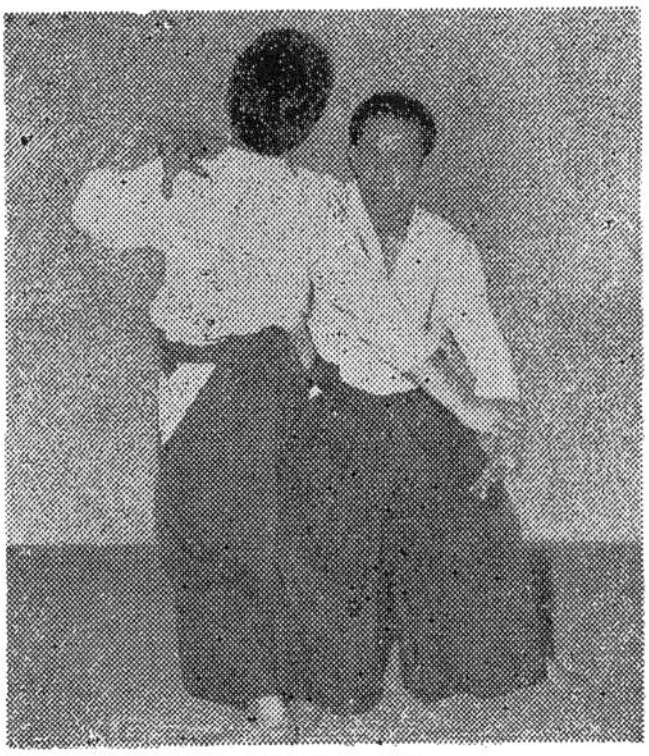
（写真　83）

裏（転換）技

相手が両手首を持とうとするや、左足を軸とし、右足を自

己の後方に右へ転換、相手を誘導し相手の体を崩す。その際の手の変化は次の通りである。

すなわち、右手は右足の動きとともに自己の右手首を持っている相手の左手を、内側から螺旋状に自己の右上へ誘導（図ヤ参照）、 左手は片手取り転換法のように右後方に移動して相手の右手を誘導する（図マ参照）。

更に左手を左に廻し、内から外へ右手を右に廻し、内から外へ互に伸ばし、右足を一歩相手の右側面に踏み込み表（入身）技と同様に相手を倒す。

左右どちらに変化しても、動きは全く同じである。修業中はこうした技で腰の鍛錬をし、強靭さを身につけ、呼吸力の発揮法を習うのである。

第六項　十字がらみ二態

前述した〃肘がらみ腰投げ〃と全く同じ型の技法である。す

（写真　84）

なわち、写真84のように相手の左右両肘を十字にからみ合せて相手を投げる技である。この技については、次の三つの場合が考えられる。

イ、後から両手首を取られた場合
ロ、後から組みつかれ、前襟と手首を持たれて後へ締められた場合
ハ、後から両肩を持たれた場合

この三つの場合については、すべて同じ動きであるため、この項ではイ、ロの場合を説明することにする。ハの場合及び他に考えられる幾つかの場合は、イ、ロの場合を体得することによって充分理解できる筈である。

(1)　後両手取り十字がらみ

後から両手首をとられるや、〃肘がらみ腰投げ〃の項で述べた様に、自己の体を相手の左側面後方に抜けながら、自己の各手首を持っている相手の手首を握り返し、更に右足を自己の右側面前方、相手の前方に踏み出し、左手を下へ、右手を上へ、ちょうど相手の両腕を肘部のところで十字にからみながら前方へ投げ倒す。

（写真　85）

(2)　後首取り十字がらみ

後から前襟を取られ、左手を掴まれるや、左足を一歩左後方に踏み退き、同時に左手掌を上方に向けて左腰骨につけ、更に左へ螺旋状に手をかえしつつ顔の高さまで突き出す。更に写真85のように体をやや右後に転換しつつ、右足を一歩大きく後方に転じ、左手首を右に廻しながら相手の左手首を掌底部の方から掴む。次いで自己の前襟を持っている相手の右手首を下から掴み、左手を下に、右手を上に、相手の両腕肘部がちょうど十字にからみ合うあうように廻しながら、更に右足を一歩前に出して相手を投げ倒す。

十字がらみ中、前記二法は、すべて表（入身）技に相当するものである。裏（転換）技に相当する技法は、右足を中心とし、右に大きく一転しながら相手の体を自己の前に導き、十字がらみを掛けるのである。これは、表技さえ会得できれば自ら会得できるので省略した。またここでは左に抜ける技のみ解説してあるが、これによって、左右いずれにも抜け、技をかけることができるように練習することが肝要である。

第七項　合気落し二態

合気道を身につけたならば、どんな受身でも出来るようにならなければならない。相手を投げるだけで受身の術を知らない者は、技の精妙を味うことができず、どのように相手を投げることが、最も自然に無理なく相手を飛ばす所以であるかということもわからない。これから解説する合気落しの、その受身は側面から落ちるものであり、その点合気道の中では数少ない受身を要求される技であるとともに、〝十字がらみ〟の投げ技、或いは〝肘がらみ〟の腰投げ等とともに特殊な受身の練習にもよく使われる技である。

合気落しとは、相手の側面から両足をはね、相手の腰を浮かして落す技である。この技に移るには次に挙げる二つの場合が想定されるが、この他にも種々の変化のあることは当然である。

イ　後から両肩を掴まれた場合

ロ　前から両肩を掴まれた場合

(1)　後両肩取り合気落し

後から両肩を持たれ、後へ引かれた場合、身体を楽に柔らかくすると共に、全身に気力を充実させる。次に体をやや左に転換しつつ左足を自己の後方、相手の左側面に転じ、更に左足を軸として体を

（写真　86）

右に転じ、右足を自己の右後方、相手の後方に移し、右手刀で相手の両膝やや上を抑え、左手で相手の左足側面を抑える（写真86参照）。更に体を左にひねりつつ相手の両足をはね、相手の腰を浮かし落して投げる。この際両手は常に体に随従し、掌を下から上に廻しつつ手刀状に気力を充実させることが肝要である。その足捌きは左図の通りである。

以上の説明は〝後肩取り合気落し〟の表（入身）技である。裏技の場合は、後から相手が両肩を持って突いた場合に対するもので、下図の足捌きⅠに於て、右足を大きく自己の前に、左足を軸として体を左に転じ、次いで左足を相手の後方に移し体を右にひねりながら相手を倒す落し技で、表技を会得すれば、その操作はいとも容易というべきである。

(2)　前両肩取り合気落し

互に右相半身で前から両肩を持たれると同時に、体を右にひねりつつ、右足を相手の右足前方に、足先を自己の右に向けつつ踏

(Ⅰ)　(Ⅱ)

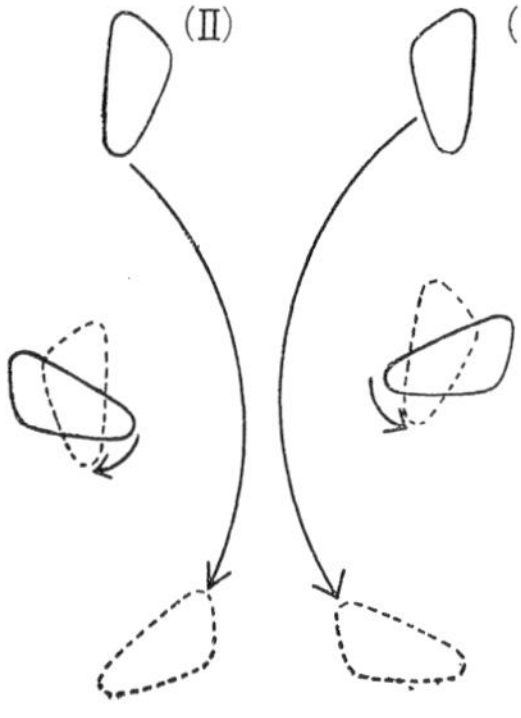

みかえ、更に左足を相手の右側面後方に踏み出す。その際、手は自己の体に随従し、左手刀で相手の両膝やや上を抑え、右手で相手の右足側面後方を抑える。次に体を右にひねりつつ、相手の両足をはね、相手の腰を浮かせ、落して投げる。その時の足捌きは下図の通りである。

以上は表（入身）技であるが、裏技は彼我逆半身になった場合に応ずる技法である。すなわち、自己が左半身の場合であるならば、左足を中心として大きく右に一八〇度背面転換し、更に右足を軸として左へ背転、相手の側面に移して倒すことになり、その動きは何等表技と変らない。要するに体の転換によって生ずる遠心力、求心力の理によって相手を倒す技法である。

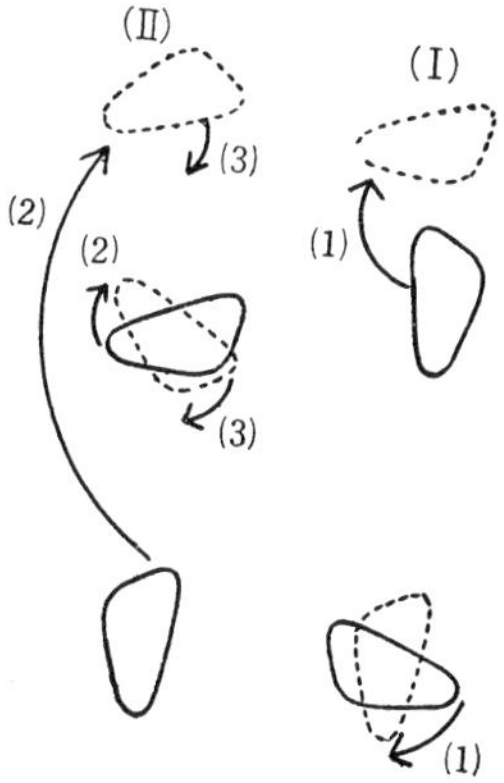

以上〝合気落し〟の技法についても、この説明にこだわらず、左右どちらでも自由にできるように心掛けなければならない。

第八項　角《すみ》落し二態

角落しとは、相手の左右どちらかの後側面を攻めて倒す技である。すなわち、次頁の写真のA点と

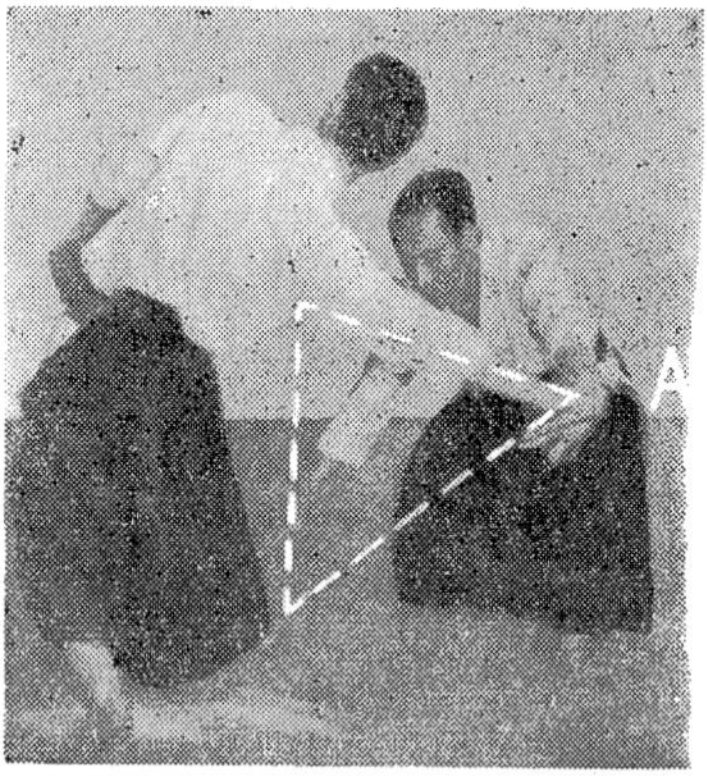

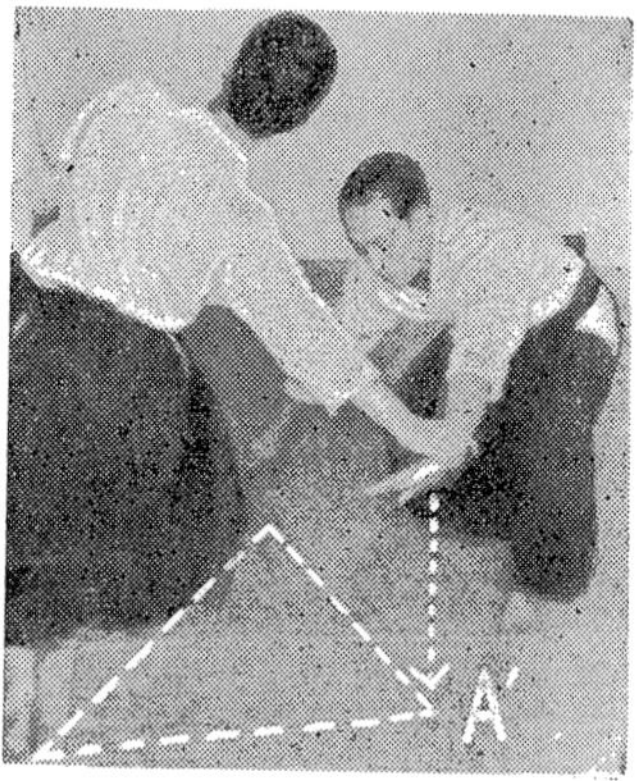

A′点が一致した場合、この点を攻めて右足を抑えれば当然相手の重心は崩れる。換言すれば上に示した写真の三角形の一頂点A、すなわちA′を相手の右手、右足の関係から攻めるということである。

この角落しは、次の三つの場合が考えられる。

イ、相手が左又は右手で自己の右又は左手を掴んだ場合　ロ、相手が両手首を掴んだ場合　ハ、相手が両手で片手首を掴んだ場合

(1)　片手取り角落し　**表（入身）技**

相手に右手にて左手首を掴まれるや、気力を充実させ、両手先を通じて気力が流れ出る様な姿で、左足を一歩自己の左前方、相手の右後方に踏み出し、更に相手に掴まれた左手を充分相手の右後方下に伸ばしながら、右手で相手の右足を払う（写真87参照）。相手は当然重心の安定を失って倒れる。

（写真　87）

裏（転換）技

相手が勢よく前に進んで左手首を右手で持ちに来た場合、基本動作にある外転換によって相手を誘導し、次ぎに一転して左足を自己の左後方、相手の右後方に踏み込み、両手の作用によって表技と同様に相手を倒す。

裏技は表技に基本動作外転換を加えればよく、原理は全く同じである。

この角落しの原理は、非常に簡単なところから来ている。例えば電車が急停車した場合に、立っている人は惰力のためによろめくが、その時足の運びがともなわなければ倒れてしまう。角落しの技は、この理を活用したものであって、相手に掴まれていない手で、相手の足を抑えてその足の動きを失わせるのである。

(2)　両手取り角落し

両手取り角落しの場合は、前述したように二つの場合が考えられる。

相手が両手首を摑んだ場合

表（入身）技

（写真　88）

（写真　89）

相手が両手首を掴むや、充分気力を充実発揮しながら、左足を自己の左前方側面に踏み出し、更に右足を自己の前方、相手の右側面後方に、体を左に転換しつつ踏み出す。この足の動きに随従して、両腕を自己の前方、相手の右側面後方下に突き出す。そうすれば、写真88のように自己の体の転換の動きによって相手は重心の安定を失って倒れるものである。

裏（転換）技

片手取り角落しと同様、表技に基本動作外転換の動きを加えるだけである。

相手が両手で片手首を摑んだ場合

表（入身）技

相手に左手首を掴まれるや、左足を自己の左前方、相手の右側面後方に踏み出すとともに、その足の方向に左手を伸ばし突き出す。更に写真89のように右手刀で相手の右足側面を払う。相手は重心の安定を失い倒れるものである。

裏（転換）技

外転換の基本動作をこれに加えればよい。この両手取り角落しは、どの場合でも間髪を入れず、動作をおこさねばなかなかきまらないものである。それ故、相手を自己の動きの中に吸収し呼び込む程の気持が必要である。

第九項　呼吸投げ三態

合気道の呼吸投げは、日頃の鍛錬を充分に積み重ねて、始めてよくなし得る技であり、自然と一体となった呼吸力の発揮によらなければならない。

この呼吸力は自然の動きに順応し、あらゆる形であらゆる変化をともなって湧出する。故に合気道の呼吸投げは、あらゆる技法の極致の第一歩ともいうべきであろう。

この技法の中で、常々修業者が鍛錬するにあたって、その礎石ともなるべき代表的なもの〝片手取り呼吸投げ〟〝両手取り呼吸投げ〟〝肩取り呼吸投げ〟の三態を挙げて解説する。この三態を充分習得することによって、更に無数の技に発展し得ることを銘記して鍛錬に励んでもらいたい。

(1)　片手取り呼吸投げ

片手取り呼吸投げとは、相手が片手で手首を掴んだ場合、体の動きと呼吸力の作用によって相手を投げる技である。この技について、相手が右手で出て来た場合次の二が考えられる。

イ　相手が右手で、自己の左手を掴んだ場合

ロ　相手が右手で、自己の右手を掴んだ場合

相手が右手で自己の左手を掴んだ場合

相手に掴まれると同時に、最もよく使われる呼吸投げでは二つの型が想起される。

イ　体を転換し、相手の勢いを利用しながらそのまま呼吸力で投げる動き

ロ　体を転換すると同時に、自己の手を掴んでいる相手の手首を捲き込みながら、呼吸力で投げる動き

（写真　90）

イの場合は、相手に掴まれると同時に左足を中心として右に一八〇度背面転換し、それと同時に左手を手刀にして弧を描きながら、自己の前面に突き出し、相手を投げる（写真90参照）。これは、前へ出ようとする相手の勢に、掴んでいる相手の右手を手綱として、自己の呼吸力を加えた形となり、相手はひとたまりもなく自己の前へ倒れる。

ロの場合は、相手に掴まれると同時に左足を中心として右に

（写真　91）

一八〇度背面転換し、それと同時に自己の左手首を右に廻し、（図ケ）の通り相手の手首掌底部の方から、手刀状に弧を描きつつ自己の前面に突き下ろし、相手を倒す。この技は、イと比較して手首の作用が異るだけで、その他はほとんど変るところがない。

要するに相手の気持を自己の呼吸力で誘導し、相手を投げる技で、タイミングと共に気の流れ、勘の働きが非常に大切である。

相手が右手で自己の右手を掴んだ場合

相手に掴まれるや、左足を一歩自己の右側面に出し、写真91のように両手に気力を充実し、両手先を通じて呼吸力を出しながら更に左足を中心として、右足を右に背面転換すると共に、相手の右腕をその転換の方向に、右に自己の両腕で圧迫、相手の体を崩し倒す。

この際、体の転換とともに両腕も呼吸力を出しながら一緒

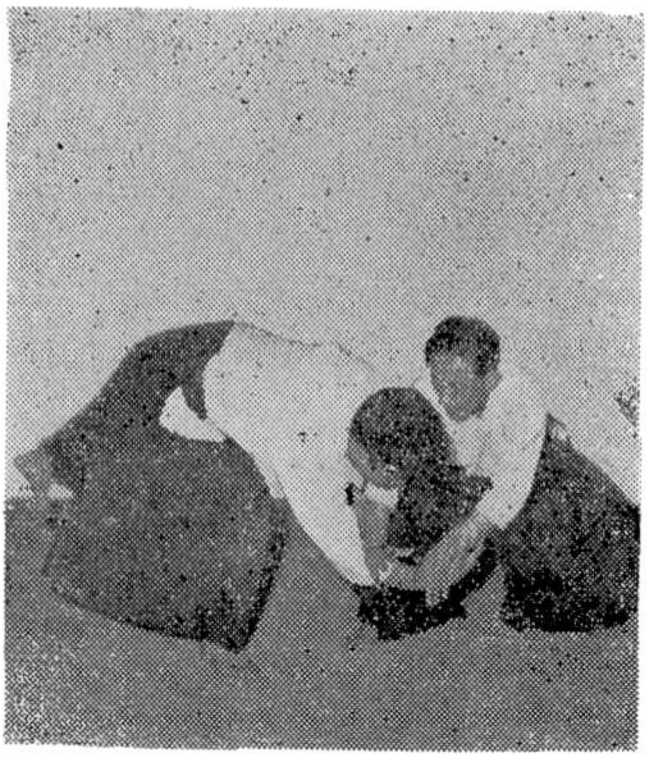
（写真　92）

に転換しなければならない。これによって、相手の右腕は右肘のところで逆をとられた型となる。

(2)　両手取り呼吸投げ

両手取り呼吸投げとは、相手に両手首を掴まれた場合の動きと、呼吸力の発揮によって相手を投げる技である。

相手に両手首を掴まれると共に右足を中心として、左に背面転換する。その際の左足の位置は、自己の斜め右後方にまで大きく転じなければならない。手は同時は手刀状にし、左手刀は左に廻しながら掴んでいる相手の右手首掌底部の方から、右手刀は相手の右腕を体の転換とともに相手の前方、自己の後方へ切り落して相手を倒す（写真92参照）。

この技も相手の前へ出ようとする気持を巧みに利用し、その勢に自己の呼吸力と体の動きを加えて相手を倒す技で、非常にタイミングの取り方が大切である。また、この技をかける時、左手を相手の手首に手刀状に掛けず、そのまま下へ突き出す方法もあるが、これは単に手の一部の作用の相異であるため、説明をはぶくことにした。

両手取り呼吸投げは、この外にまだ多数変化するが、体の転換と手刀を使用し、呼吸力の発揮で投げることは共通しているから、前記の技をよく修練会得し、種々の変化に応じ得るように心掛けてほしい。

(3)　肩取り呼吸投げ

肩取り呼吸投げとは、相手が肩をつかんだ時、間髪を入れず相手を前へ誘導し、相手を投げる技である。すなわち、相手に肩をつかまれると同時に右手で相手の面を打ち、左手で相手のあばらを突く。相手は面を打たれまいとして右手でこちらの右手刀を受け、更に突かれまいとして激しくその右手刀を抑えようとする。ちょうどその時、自己は右足を中心として左に背面転換をする。その際の左足は自己の右後方にまで転ずる。転換と同時に、右手刀で相手の抑えようとする勢を誘導、大きく弧を描いて相手の前方、更に転換した自己の前方へ切り下ろし、相手を倒す（写真93参照）。

（写真　93）

呼吸投げは、呼吸力と崩れることを知らぬ体の動き、それに心の動きの三拍子が一体とならなければなかなか自在に使いこなすことは困難である。平素の鍛錬、殊に不断の呼吸力養成が要求される所以である。

第十項　合気投げ

合気投げとは、相手の気持を誘導、相手にふれず、ただ動きだけで相手の体を崩し、動きの極致を体現して相手を投げる技をいう。

触れずして相手を倒すとか、指一本ふれた時、すでに相手は飛んでいたとか、そうした極致にまで鍛錬し磨き上げることは至難中の至難であるが、合気道では、気心体一つとなった、何の滞りもない境地の中にこうした動きが体得されるのである。

巻頭写真に掲げた合気投げは、相手の出ようとする先を、呼吸力と気力で相手を呼び込み、相手を自己の右後に投げ飛ばしたところである。合気投げは変化自在、前記の動きに従って相手を投げるのであって、未だ定った型はない。

以上で投げ技の項を終るのであるが、合気道の投げ技は、その基本としては前述の通り四方投げ、入身投げに帰納する。他の投げ技は、すべて必ずといってよい程この二つの投げ技の動きの変化であり、発展であるということができる。しかし、その変化発展は、自在であり、かつどこまでも奥深いのであって、呼吸投げ、合気投げまでも完全に会得するには、今まで挙げた投げ技の練磨とともに、心の修練と、それから発する気の養成が最も必要である。習者はよくこの点を考えて、工夫鍛錬を重ねられるよう願うものである。

第二節　固め技

これまで述べた基本の固め技を充分に鍛錬し会得すれば、それによって無数の応用技が、自然に湧出する泉のように、適時適切に出て来るものであるが、ここでは〝腕抑え〟〝小手廻し〟〝小手ひねり〟〝手首抑え〟等の技法における〝片手取り（逆半身の場合）〟〝両手取り〟〝肩取り〟〝胸取り〟〝横面打ち〟及び後技若干を解説することにした。

固め技とは、多数の技法中、抑え技、絞め技、関節技、当身などに関連した技の総称であるが、前記のように、ここでは腕及び腕の関節についての技だけを取り上げることにしたのは、合気道の固め技の本質がこれによってよく理解され得るからである。

第一項　腕抑え（第一教）

基本技の項でもふれたように、〝腕抑え〟とは左右何れかの腕を抑えることによって、相手をうつ向けに抑え、その抵抗力を無くす極めて効果的な技であるが、これには相手の出方によって、非常に多くの場合を想定することができる。今ここでは次に列記する場合を解明して、これに関連して起る他の場合をも理解して頂きたいと思う。

〃片手取り〃〃両手取り〃〃肩取り〃〃胸取り〃〃横面打ち〃〃後首絞め〃〃後襟取り〃〃正面突き〃等を解明してみよう。

(1)　片手取り（逆半身の場合）

片手取り腕抑えの場合は、少くとも次の二つの場合が考えられる。すなわち、相手が右手で自己の右手首、或は左手で自己の左手首を掴んだ場合、次ぎに相手が右手で自己の左手首、或は左手で右手首を掴んだ場合である。この中、前者は基本技の項で片手取り腕抑え（相半身の場合）として解説済みであるから、ここでは後者の場合のみ解明する。

相手が左手で自己の右手首を掴んだ場合、直ちに腕抑え（第一教）の技に移るのであるが、基本技の項で説明した通り、この技にも表裏（入身、転換）の二つが考えられる。

表（入身）技

相手の左手で自己の右手首をとられると同時に、左足を軸として右足を自己の左後方に右へ大きく背転する。同時に両手はその体に従い、右手はゆるやかに伸ばしながら指先を通して気力を出すように拡げ、体とともに右へ転じて相手の左手を誘導する（その際掌は下に向ける）。左手は相手の面に一撃を加えた後、手刀状に働かせながら、相手の左腕を自己の体の動きとともに右へ弧を描きながら切り流し、相手の体を自己の右へ崩す。

次ぎに下図フのように左手で相手の左手の甲の部分から掴み相手の肩及び体の中心部の方向へ、左に相手の手の甲を廻し上げる。その際、図コのように、右手は手刀状に働かせながら、相手の腕、肘の部分へややねじ気味に切り上げる。その時、両手の動きと同時に両足をそのままにして腰が左へ回転しなければならない。

（写真　94）

次ぎに写真94のように右足を一歩相手の左側面前方に踏み出し、相手の体を崩すと同時

コ
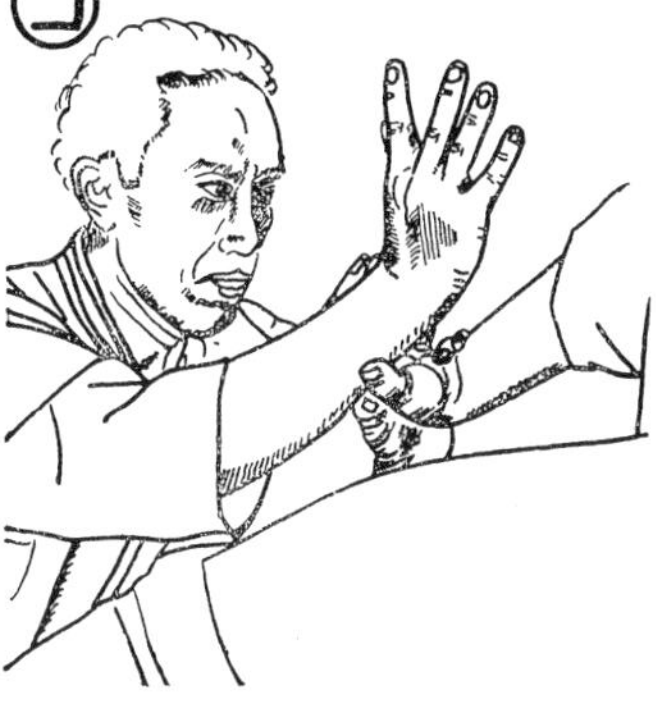

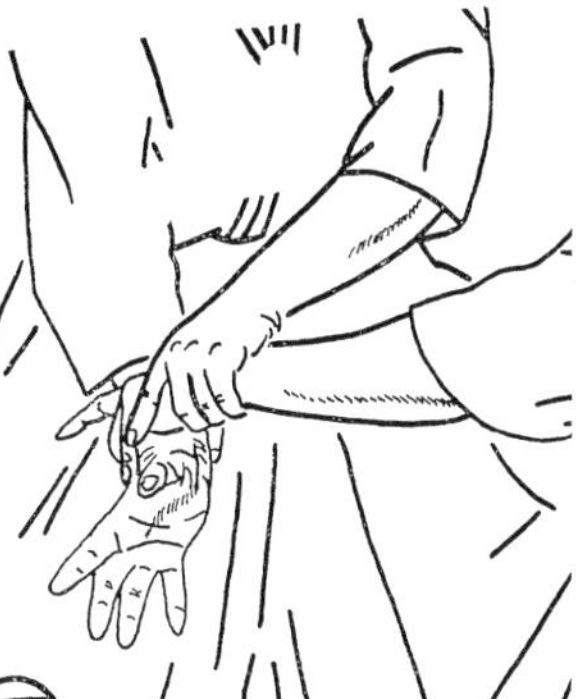
フ

に右手刀で相手の肘関節を右手を伸ばしながら切り下ろし、更に左足を一歩前方に移動、つま先をたてながら坐って相手の左腕を抑え相手を極める。

【要点】1　最初相手の体を崩す時は、必ず左足を中心として、右手で自然に円（弧）を描くよう、無理のない動作に注意しなければならない（図３参照）。

図(3)

エ

2　最初相手の左腕を攻める場合、自己の右手尺骨部で相手の拇指を攻め、その手刀の攻める延長が図エのように相手の肘関節部を制し、更にその頭上に指向されなければ、よく相手の体を崩すに至らない。

3　左腕を基点にして相手を抑えた場合、相手の腕の脇下の開く角度は90度以上、むしろ鈍角になるように引張りつめなければならない。このように脇の下の角度を開き、相手の左手を引張ることによって、左腕と、日頃あまり鍛錬されることのない脇の下の裏筋肉を伸ばし攻めることになり、相手はなかなか動くことができない。

4　相手の左腕を抑えた場合、自己の左手で相手の左手の甲の部分より、左にねじつつ、また、相手の肘関節部を抑えた右手も手刀状にして右にねじ、両手で相手の左腕を圧迫する。その方向はちょうど左腕を底辺とした鈍角三角形を描くようにすることが最も有効である（下図参照）。

（相手の腕の圧迫の方向図）

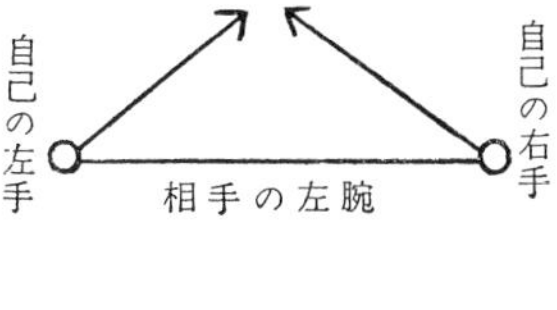

裏（転換）技

相手に右手首を持たれるや、右足を一歩相手の左側面に踏み出すとともに、右手も手刀状にしながら相手の左側面に突き出し、相手の左手を誘導することにより相手を崩す。その際、左拳で相手の面に加撃、左足は右足に随従する（写真95参照）。

（写真　95）

次ぎに表技の時と同様左手で相手の左手の甲、右手刀で相手の左肘関節部を加撃しながら、右足を中心として、今度は左へ自己の左足を約一八〇度背転して自己の右側面にまで廻し、同時に自己の両腕もそれに従って大きく弧を描き、相手の左腕を自己の背面に導き抑える。

抑え方は表技の要領による。

左右を異にする場合も前述の要領に準ずる。

(2)　両手取り腕抑え

両手取り腕抑えの場合は、次の三つの場合が考えられる。

イ　正面から相手が両手で自己の両手首を掴んだ場合

ロ　側面から相手が両手で自己の一方の手首を掴んだ場合

ハ　背後から両手首を掴んだ場合

この中イの場合は片手取り腕抑えの場合と全く同じ要領で、ただ異っている点といえば、相手に両手首を掴まれているということだけである。故に、ここではロ、ハの場合についてのみ説明する。

相手が両手で側面から自己の一方の手首を掴んだ場合

この技法も相手が自己の手首を掴んだ時の態勢によって、その動き方が変ってくる。すなはち、表裏（入身・転換）二態の差によって、その技の決り方、方法は異ってくるのであるが、原理はただ一つということができる。

表（入身）技

相半身の相手に両手で右手首を掴まれるや、左足を相手の左足先に軽く一歩踏み出し、腰をやや右に回転さす。その際、右手は手刀状に腰の回転とともに右に弧を描きながら相手の両手を導くことによって、相手の力を誘導する。更に写真96のように、右手で相手の右手首を下から相手の体の縦の線へ切り上げる。左手は手刀状にしながら相手の右手肘関節部をややねじ気味に、右手と同じ方向に相

（写真　96）

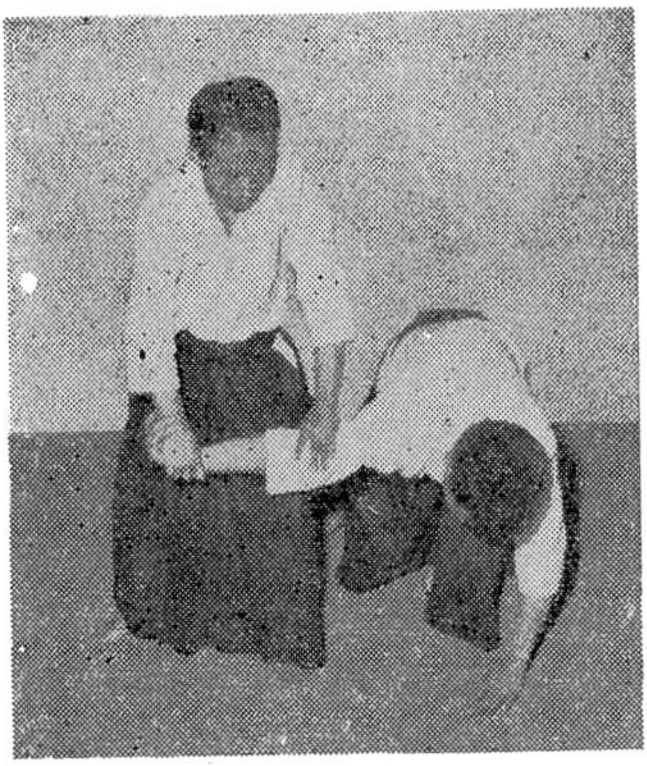

（写真　97）

手を圧迫する。次いで相手の右腕を両手刀で相手の中心線に圧迫を加えつつ切り下ろすと同時に、右足を相手の左足前方に進め次に左足を相手の左側面に出す（写真97）、更に右足を大きくもう一歩前方に出して膝をつき、つま先を立てて相手の右腕を抑え、相手を極める（足捌きは左図参照）。

【要点】　1　立技呼吸力養成法と全く同じで、腰の回転を充分利用しなければならない。

2　相手の力と絶対ぶつかることのないように注意しなければならない。相手の力を自己の力で誘導するぐらいにしなければ相手を自由にすることはできない。すなはち、最初右手で弧を描く場合のように、相手の力が自己

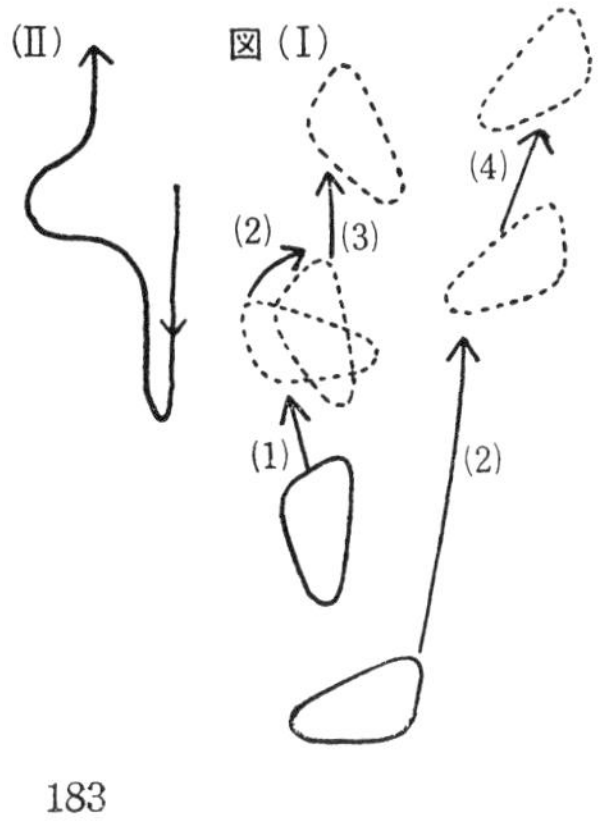

の手の方向に、知らず知らずに誘導されるということである。

裏（転換）技

相手に両手で自己の右手首を掴まれるや、右足を中心として左足を相手の左側面に、左へほとんど一八〇度近く背転する。その際、相手に掴まれた右手も、全身の気力を手先を通じて出しつつ手刀状を描いて、自己の本体と同様に左へ転換する。次ぎに左足を相手の右側面に移し、その左足を中心として右足を自己の右後方に、右へ大きく背転する。その際、自己の両手は相手の右腕、手首と肘関節部を抑え、全く表（入身）技の場合と同様に弧を描いて自己の本体と同じ方向に切り下ろし、相手の右腕を抑え極める。

左右異る場合も前述の説明に準ずる。

背後から両手首を摑まれた場合

相手の態勢によって表裏（入身・転換）二つの場合が考えられる。

表（入身）技

背後から両手首を掴まれるや、両手首を自己の腰骨につけ、両手掌を上に向け、半身の態勢となる。左足を一歩相手の左側面、自己の左後方に移動すると同時に、両手先を通じて充分全身の気力を出しながら、両手を内に螺旋状に廻しつつ振りかぶり、右足を自己の後方に大きく転ずるとともに、

（写真　98）

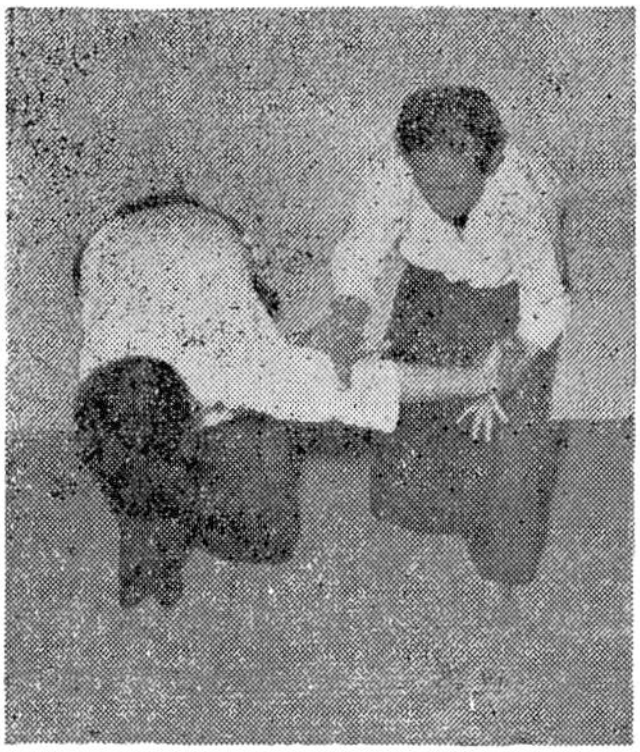
（写真　99）

両手掌を下に向けつつ大きく弧を描いて振り下ろし、相手の両手を誘導する（写真98）。

次いで右手刀で相手の左腕肘関節部を抑え、左手首を下から左に廻しつつ（写真99）、相手の左手の甲から相手の手刀部に自己の拇指を除く指がかかるように掴み、両手で左腕をねじ気味に相手の中心線へ圧迫して態勢を崩す。更に右足を相手の前方に踏み出すとともに、両手を伸ばして相手の左腕を抑え、次ぎに左足を前方に出して相手を抑え極める。

【要点】１　両手首を自己の腰骨につけ、掌を上に向けて両手を螺旋状に振りかぶること。これによって相手の両拇指が加撃され、相手の姿勢が浮き、体が崩れる。

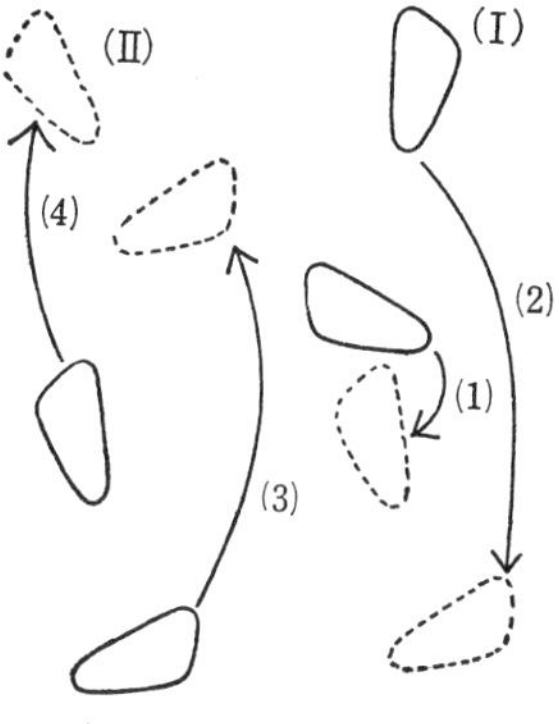

2　相手の左手の甲を上から廻しながら掴む場合は、必ず右手で相手の左手肘関節部を抑えこの抑えた点を中心として、自己の左手で円を描くようにして掴めば容易である。

3　臍下丹田から統一された気力が体内を通り、両手先から出るよう充実した気構えは、どの技を問わず常に必要である。

裏（転換）技

相手に持たれるや、右足を中心として左足を自己の右側面に大きく右転、同時に両手を表技の場合と全く同様に振りかぶり、自己の本体が右転し切り下ろすと同時に、両手で相手の右腕を抑える。更に右足を中心として、左足を自己の左後方に左へ背転して相手を抑え極める。足捌きは左図参照のこと。

左右の動きを異にする場合も同様である。

(3)　肩取り腕抑え

相手が自己の肩を掴んだ場合を想定すると、次の三つの場合が考えられる。

イ　相手が右または左手で正

図a

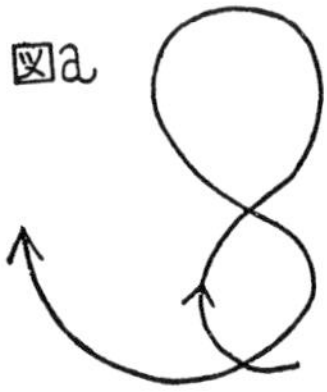

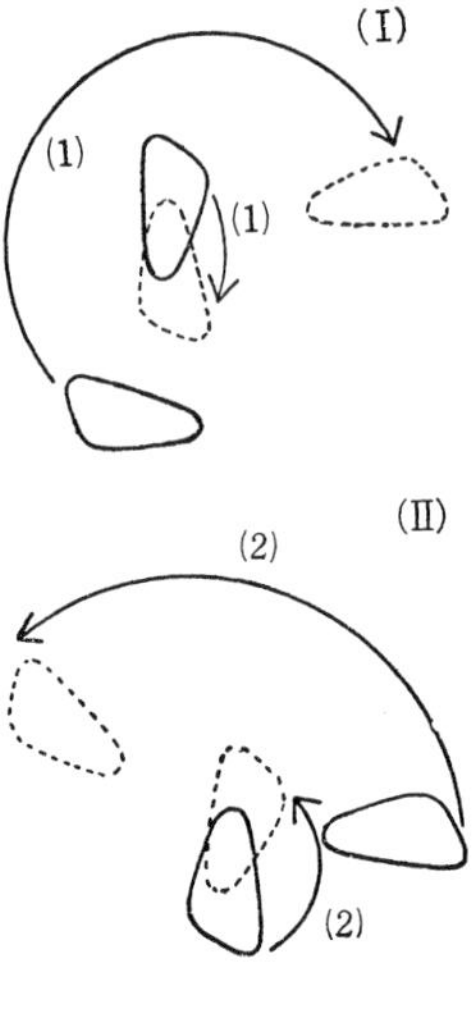

面より自己の左または右肩を掴んだ場合（片手肩取り）

ロ　相手が両手で正面から自己の両肩を掴んだ場合（正面両肩取り）

ハ　相手が両手で後から自己の両肩を掴んだ場合（後両肩取り）

右のうち、イロの場合はすでに述べた片手取り腕抑え（逆半身の場合）とその動きが非常によく似ているので、要点のみの解説とする。

肩取り腕抑え

肩取りの場合は、図テ、図ア、図サの場合が考えられる。この中の図テは、相手は右手の自由があ

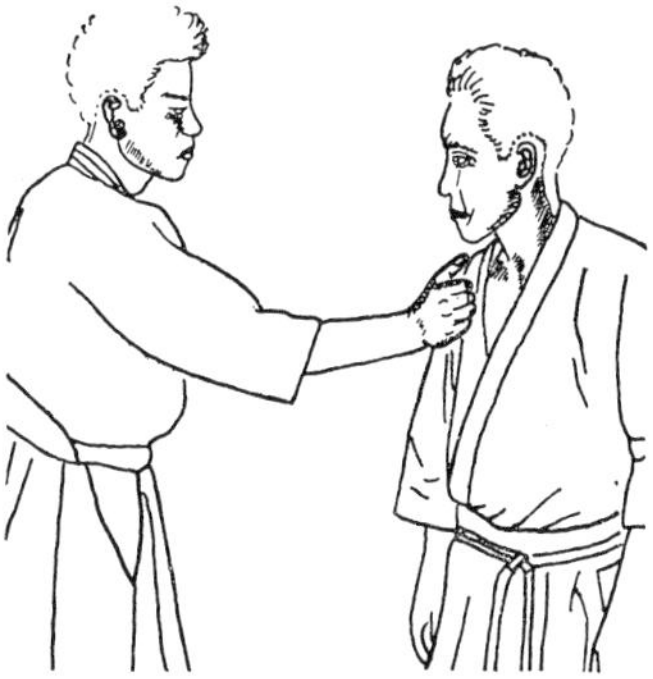

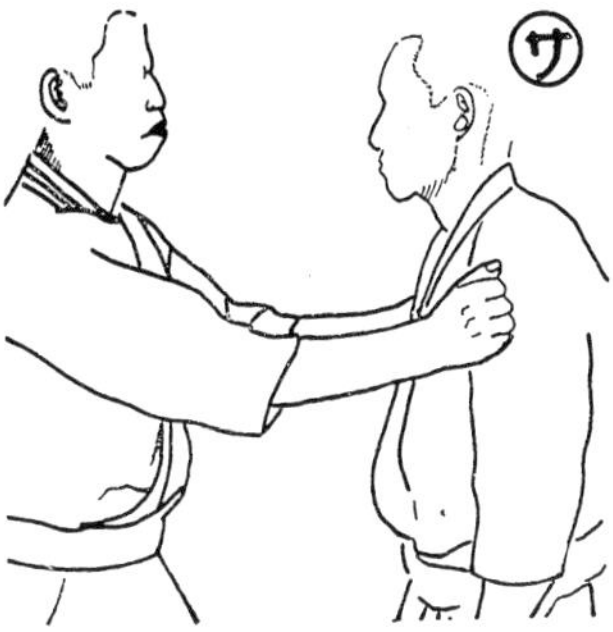

る。しかしながら、図ア、図サの場合は相手がすきだらけの体をこちらに露呈することになり、全く考えられない型である。故に図テの場合について解説する。

相手が左手で右肩を掴んできた場合

図テの場合の動きは、表裏とも、全く先に述べた片手取り腕抑え（逆半身の場合）と同じである。ただ相手が肩を持っているので、自己の左手で充分相手の左手の甲の部分からかぶせるように大きく掴み、腰を左に回転さすとともに、肩をあくまでも相手の左手の甲につけ、体全体で相手の左腕を圧し、相手の体を崩すように持ち込まなければならない（図キ参照）。

正面両肩取り腕抑え

正面から両肩を掴まれた場合も、片手で肩を掴まれた場合と同じように考えれば、問題はない。両肩を掴まれると同時に、左右何れか一方の手で相手の正面に一撃を加え、〝片手肩取り腕抑え〟（逆半身の場合）の項で述べた動きをすれば、簡単に相手を制することができる。

後両肩取り腕抑え

後から両肩を持たれた場合は、その動きが大分異ってくる。先ずこの場合、次の二つの場合が想定される。

イ　後から両肩を持って引かれた場合（表）

ロ　後から両肩を持って突かれた場合（裏）

表（入身）技

後から両肩をもって引かれるや、両手を手刀状にして振りかぶりつつ、相手の引く力を利用しながら、腰をやや左に回転させ、左足を一歩自己の左後方、相手の左側面に転じ、更に両手を振り下ろすと同時に、体の調子を計りつつ腰を右に回転、右足を自己の後方、相手の左後方に大きく転じ、両肩を掴んだ相手の両腕の間に頭をあげる（写真一〇〇参照）。

（写真　100）

ついで相手の左手甲の部分より大きく左手で掴み、右手刀状で相手の左腕肘関節部を抑える。更に〝片手取り腕抑え（逆半身の場合）〟及び〝正面片手肩取り腕抑え〟と同様にして相手の左腕を抑え極める。

足捌きは両手取り腕抑え（背後から両手首を掴まれた場合）

に準ずる。

裏（転換）技

後から両肩を持って突かれるや、表（入身）技と同様、両手を手刀状に振りかぶりつつ相手の突く力を利用して、右足を中心として、左足を自己の右側面に大きく右転すると同時に、膝を曲げ、低くかまえながら両手刀を振り下ろし、ついで両肩を掴んだ相手の両腕の間に頭を上げ、相手の左腕を両手でとりながら、左へ大きく背転して相手を制し極める（両手取り腕抑え後の部裏技及び正面片手肩取り腕抑え参照）。

【要点】 1　後から引いたり突かれたりされて体を崩さぬよう、相手のスピードに自己の調子をあわせて、相手の中に自己の安定を見出さなければならない。

2　この場合、先にあげた例証のみならず、動きは全く同じなのであるから、左右どちらの側でもできるよう鍛錬することが必要である。

(4)　胸取り腕抑え

相手が自己の胸を掴んでくる場合、両手で掴んでくる場合と、片手で掴んでくる場合が考えられる。しかし大体において、片手で掴んで来る場合を考えておけば、他はそれに準じた動きをすれば足りることになる。そして、これは先に述べた〝片手取り腕抑え（逆半身の場合）〟及び〝片手肩取り

（写真　101）

腕抑え〃の項と動きが全く同一であり、ただ肩のかわりに、相手が掴んだその手を胸につけて自己の手で抑え、体全体の回転で相手を崩し、圧すればよいのである。

(5)　横面打ち腕抑え

横面打ち腕抑えの場合は、次の二つの場合が考えられる。

イ　相手が右或いは左手で自己の左或いは右側面を打って来た場合。

ロ　写真　一〇一のように右或いは左手で、イの場合とは逆に、右あるいは左側面を打ってきた場合。

ともに短刀など持った場合よくある型であるが、腕抑えの基本技ができておれば、簡単にこなすことができる。

相手が右手で自己の左面を打ってきた場合

この場合も打ってくる相手よりも一瞬早く相手を制して、一歩前に出た場合（表技）と、相手の打ってくる力を利用して体を後に転じ相手の力を流した場合（裏技）に分けられる。

（写真　102）

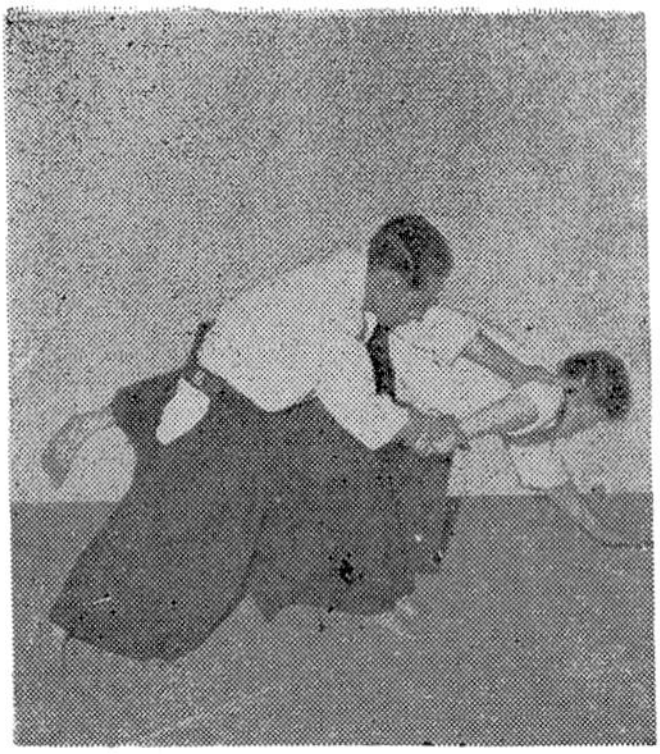
（写真　103）

表（入身）技

写真一〇二のように相手が右手で左横面を打ってくるや、左足を一歩自己の左前方、相手の右側面に踏み出すとともに、右手刀で相手の面、左手刀で相手の右手尺骨部を打ちながら、左手刀はやや左へねじ乍ら、相手の右手の力を相手の右側面の方向に流す。ついで写真一〇三のように右手刀で相手の右手尺骨部を相手の正面の方向に圧迫、左手刀でその腕の肘関節部を、これまた相手の正面の方向に圧し、〃相半身片手取り腕抑え（表）〃の場合と同じように、相手の右腕を相手の正面方向に切り下ろし、体の移動とともに、その右腕を抑え極める。

【要点】　力と力の激突のような形で相手の手刀を叩くことなく、手刀から出る自己の心気で相手の手刀の力を相手の側面にそらし、相手の気力を制することが肝要である。

裏（転換）技

相手が右手で左横面を打って来るや、右足を軸として左足を自己の後方に転じ、右手刀で相手の面、左手刀で相手の右手刀の尺骨部を打ちながら、その力を自己の後方へ流し誘導する。すなわち、その力の方向は下図のように、相手と自己の力は一点で接触、結局相手の力を自己の力の方向へ吸収誘導する形をとる。ついで右手刀で自己の左手刀と十字状に組みつつ、相手の右手刀尺骨部を相手の正面方向に圧迫（左図参照）、ついで左手刀で相手の右肘関節部を抑え、左足を一歩自己の左前方、相手の右側面に出すと同時に、左足を軸として右足を大きく約一八〇度右に背面転換し、相手の右腕を切り下ろし抑え極める。

　この手捌きは、基本技〝相半身片手取り腕抑え（表、裏）〟に一致する。

相手が右手で自己の右側面を打ってきた場合

一九一頁写真一〇一のように相手が右手で自己の右側面を打ってきた場合も、これを制するのに二つの場合が考えられる。すなわち、相手が打とうとした場合、一歩相手の右側面につけ入り、相手の左後方に相手を崩す場合と、相手の打とうとする気持を利用して、相手の右側面に相手を崩す方法である。前者を表（入身）後者を裏（転換）として説明する。

表（入身）技

相手が右手で自己の右側面を打って来た場合、一瞬相手の右側面やや前方に右足を踏み込み、左手刀状で相手の肘を下から前方やや上に突き上げ、右手で相手の手首を掴む。ついで左足を相手の左側面に踏み出すとともに、左手刀で相手の肘を自己の体の進む方向に切り下ろし、更に右足を自己の一歩前方に踏み出し、相手の右手を抑え極める。

（写真　104）

裏（転換）技

写真一〇四のように相手が打ってきた場合、相手の右側面に左足を踏み込み、左手刀で相手の肘を左下から自己のやや右側方に流し、右手刀で相手の右手首を抑える。この場合写真一〇四のように、自己が相手の右側面に相手と並んだような形となる。次いで左足を軸として自己の右足を、自己の後方へ右に背面転換するとともに、相手の右腕を両手刀で弧を描きながら右へ、自己の本体に随従、右腕を抑え極める。

【要点】
1　表、裏二法ともに、相手の右側面、すなわち、相手が自己に全く攻撃する手がかりのない、しかも自己からは常に攻撃できる相手の死角に相手の気を制して入り、相手と右側面に並ぶような形となることが最も大切であり、この一瞬の入身ができなければ、相手を制することは難しい。
2　相手の側面に入ってからは、すべての動作は基本技〝相半身片手取り腕抑え（表裏）〟を参考にすればよい。

(6)　正面突き腕抑え

（写真　105）

相手が正面から右手で突いてきた場合、相手の右へ体をかわすのと、左へかわすのでは、その技法が自ら変ってくる。この項は、腕抑え（第一教）の項であるから、相手の右へ体をかわした場合、腕抑えの技法で相手を捌く方法のみを解説することとし、他は別の項に譲ることとする。

相手が右手で正面から真すぐ突いてきた場合、左足を中心として右足を自己の左後方に転じ、体を右に背面転換する。同時に右手刀で相手の右手首、左手刀で相手の右肘を抑え、相手の突いてきた方向にその力を流す（写真一〇五）、ついで、右足を一歩自己の右側面に移動（左足は右足に随従）し、相手の右腕を自己の両手で抑え掴みながら、自己の体に従って相手の右腕を介して相手の体を引き落し抑える。

【要点】 1　下図のように相手の力に自己の力を加えて、相手の力の方向へ、相手の速さ以上に導き、その運び足を不可能にし、相手の体を崩す。

2　体をかわす時には、相手に捉われることなく、自己が体をかわすから、相手が突いてくるのだというぐらいの気持で相手に対さなければならない。

3　動きとしては非常に簡単であるが、速さという点に心して技法鍛錬が必要である。

図a

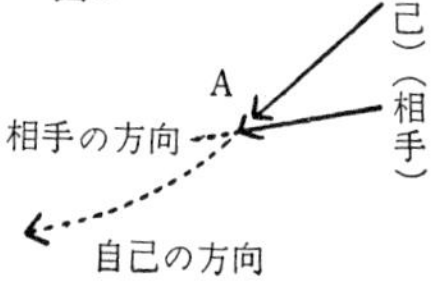

(7)　後襟取り腕抑え

後襟取り腕抑えの場合も、最も常識的に考えて左の二つの場合が考えられる。

イ　相手が右または左手で後から自己の襟を掴んだ場合

ロ　相手が後から右または左手で自己の襟を、左または右手で自己の左または右手首を掴んだ場合

相手が右手で後から自己の襟を掴んだ場合

後から襟を掴めば相手は必ず突くか、引く動作をおこすものである。この引く場合を表（入身）とし、突く場合を裏（転換）として説明してみよう。

（写真　106）

（写真　107）

表（入身）技

相手が右手で後から自己の襟をつかみ、後へ引くや、右足を自己の後方、相手の右側面に、右方への腰の回転とともに移動する、更に、相手の引く力を利用しながら、左手で相手の面を打ち、右手を手刀として振りかぶり、正面からも襲うことが予想される別の相手に対しても気を配らなければならない。（写真一〇六）。次いで左足を自己の後方、相手の右後方に大きく転じ、振りかぶった手を切りおろし、襟を持った相手の右腕の後側に頭を上げる（写真一〇七）。更に右手で相手の右手甲の部分から、手刀部に自己の拇指を除く四本の指を掛け、大きく握る。左手刀で相手の右腕肘関節部を抑える。両手で相手の右腕を前へねじ気味に、左足を一歩相手の前方に、次いで右足を相手の右前方に踏み出し、抑え極める。

裏（転換）技

相手が右手で後から自己の襟を掴み、前へ突くや、先ず左足を一歩前へ出し、更に右足を自己の右前方に、左方への腰の回転とともに一歩踏み出し、相手の力を利用しながら左手で相手の面を打ち、右手刀を振りかぶる。ついで左足を自己の右側面に移動するとともに、体を左に背面転換し、両手を手刀状にして切り下ろす。次いで頭を相手の右手の外側、相手の右前方側面に上げ、右手で相手の右手甲の部から掴み、左手で相手の右肘関節部を抑え、左足を一歩相手の右側面に心もち踏み出すとともに、左足を中心として、右足を自己の後方に大きく右へ背面転換しつつ相手の右腕を抑え極める。

【要点】　〃後両肩取り腕抑え〃と全く同じである故、足捌きは前項を参照のこと。

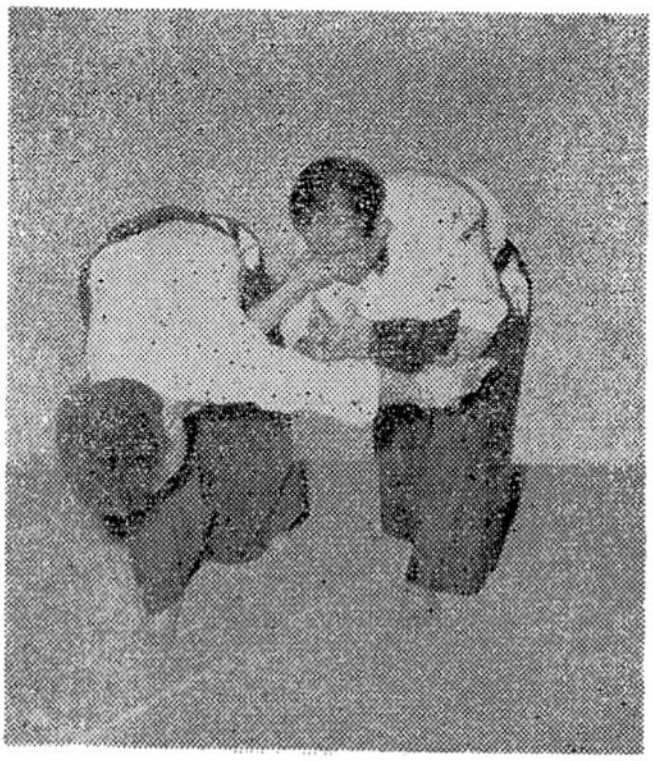

（写真　108）

相手が後から右手で自己の襟を、左手で自己の左手を摑んだ場合

相手に後から襲われた場合、前項の襟だけ取られた場合と同様、相手が右手で引くか突くかの相異によって、その動きもやや異ってくる。これを前項どおり〃表〃〃裏〃として説明する。

表（入身）技

相手に左手首を持たれ、右手で襟を引かれるや、左足を自己の左後方、相手の左側面に転じ、両手は前述⑵〃両手取り腕抑えの背後より両手首を掴まれた場合（表）〃と同様に振りかぶり、右足を更に自己の後方、相手の左後方に大きく転じ両手を切り下ろす。ついで左手で相手の左手を掴み、右手で相手の左肘関節部を抑え（写真一〇八参照）〃背後より両手首を掴まれた（表）場合〃と同様にして相手を抑え極める。

裏（転換）技

相手が右手で前へ襟を突くや、左足を少し前方へ踏み出し、両手を振りかぶる。ついで右足を自己の後方へ、体の右背転とともに大きく転じ、両手を切りおろし、相手の左手を掴み、今度は左に体を転じ抑え極める。その動きは、既述の〃両手取り腕抑え（背後より両手首を掴まれた場合）〃（裏）に一致する。

（写真　109）

(8)　後首締め腕抑え

後から首を締められる形は種々あるが、紙面の都合上、その代表的な型を説明する。

相手に右手で首を締められ、左手で自己の左手首を摑まれた場合

写真一〇九のように後から相手に襲われた場合も、相手の力の入れ方によって、自己の後方に抜ける場合と、前方に抜

ける場合の二つが考えられる。ただこの技法も〝背後から両手首を掴まれた場合〟及び前項の相手が後から右または左手で襟を、左または右手で、左または右手首を掴んだ場合、と全くその動きが同じであるから、要点のみの説明とする。

表（入身）技

表技の場合は、写真一〇九のように襲われるや、間髪を入れず両手を振りかぶり、切り下ろしつつ相手の左側面後方に体を移し、相手の左腕を抑えるのであるが、相手が自己の左前襟をもって首を締めてきても、落着いて、気力を臍下丹田に込め、徒らに上半身が硬直するようなことがあってはならない。

裏（転換）技

写真一〇九のように後から襲われ、後へ引こうとするや、表技と同様、両手を振りかぶり切り下ろしつつ、体を相手の前方に、右足を軸として左から右へ大きく転換し更に右足を軸として左に背転相手の左腕を抑えきめる。後から襲われた場合、どの技でも同じであるが、相手の体から抜ける時には、腰と膝の弾力を利用して、横の動きの変化に立体的な縦の上下動を加えなければ、思う通りに相手を捌くことは難しい。特にこの項のように、首を締めようとして、自己の体に大きくかぶさってきた場合は、尚さらである。

第二項　小手廻し（第二教）

小手廻しとは、前に基本技の箇所で述べたように、手首関節を主として、肘関節、肩関節を鍛錬する方法であり、合気道独特の関節技である。この技も基本さえ充分体得しておれば、如何なる場合でも充分活用できるものである。ここに応用技として数種のものを挙げることにするが、この変化はまだまだ無限にあることを記憶して頂きたい。

(1)　片手取り小手廻し（逆半身の場合）

片手取り小手廻しも、腕抑えの場合と同様、次の二つの場合が考えられる。

㈠　相手が左手で、自己の右手首を掴んだ場合（逆半身の場合）

㈡　相手が左手で、自己の左手首を掴んだ場合（相半身の場合）

㈡の場合はすでに基本技の項で述べた通りであるから、㈠の場合について述べる。

相手が左手で自己の右手首を掴んだ場合

小手廻しの場合は、関節の取り方に種々の方法がある。この場合でも、とりあえず考えられることは、前著『合気道』で述べた、〝正面打ち小手廻し（裏）〟と基本技第二項中の〝相半身片手取り小手廻し（裏）〟の二つの技法である。しかもこれらは関連があり、一方が理解されれば自ら他方は理解されるものである。ここでは、〝正面打ち小手廻し〟の項で説いた形で、要点のみ説明する。この技にも表、裏の二つが考えられる。

第二節　固　め　技

表（入身）技

片手取り腕抑え（逆半身の場合）と同じく、相手の左腕を抑え、更に基本技の固め技の項で述べた相半身片手取り小手廻しのように、倒れている相手の体に膝行して正対し、相手の左腕の手首及び肘肩の関節等を攻める。

裏（転換）技

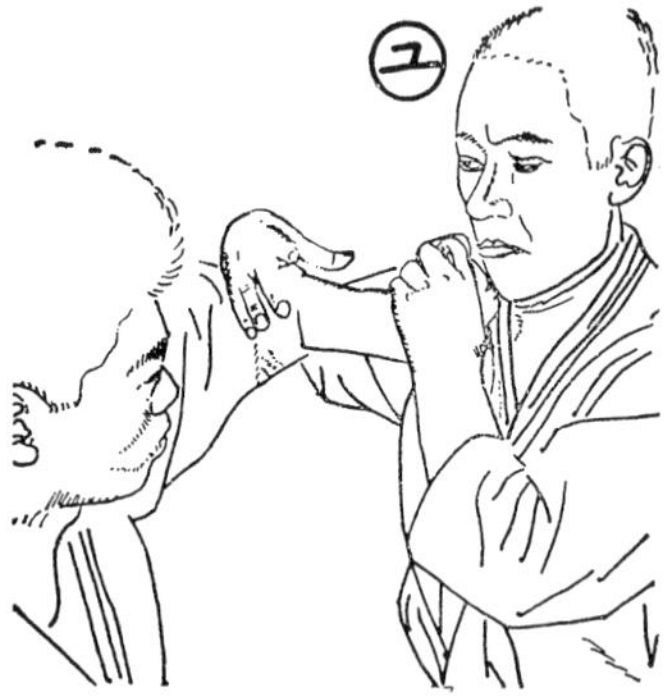

相手に右手首を持たれるや、左足を中心として右足を大きく右に背転、右手もその足に従って相手の左手を誘導、相手の体勢を崩す。それと同時に、左拳で相手の面を打つ。ついで右足を相手の左側面に一歩踏み出しながら、左足を自己の後方に左転、相手に対し側面から半身となって正確に構える。その場合左手は相手の左手甲の部分から図ユの通り掴み、自己の右肩へやや左へねじ気味にしてつける。同時に右手刀で相手の左手肘を下へ抑え、その左手をかい込むようにしながら左手肘からず

らして左手首を掴む。ついで腰を左へ廻しながら、右脇を締めつつ相手の手首と肘関節を圧迫して極める。更に右手刀で左肘関節を上から下に廻し込みながら、右足を中心として左足を自己の後方へ体とともに左転、表技の通り相手の腕を抑える。

(2)　両手取り小手廻し

両手取り小手廻しの場合も、腕抑えの場合と同様

イ　正面から相手が両手で自己の両手首を掴んだ場合

ロ　側面から相手が両手で自己の一方の手首を掴んだ場合

ハ　背後から両手首を掴んだ場合

の三つにしぼられる。この中、イの場合は、前項〝相手が左手で自己の右手首を掴んだ場合〟と全く同じ動きであり、ハの場合も腕抑えの項における〝背後から両手首を掴まれた場合〟を理解すれば、前項の〝片手取り小手廻し〟の説明を加えることによって充分理解される筈である。故にロの場合の動きについて説明してみよう。

右側面から相手が両手で自己の右手首を掴んだ場合

この場合、右手を手刀とするならば、手刀の動く作用によって小手廻しの方法も大分異ってくる。次頁図メのように、手刀を相手の左側面から内に返した場合（内返し）と図ミのように、相手の右側

面から外に返した場合外返しについて述べる。

一　内返しの場合

動きは、すべてが前項で述べた〝片手取り小手廻し〟（逆半身の場合）と同じである。ただ異なる点は、両手で持たれているというだけである。両手も片手も意に介さぬ気持のゆとりがほしいものである。

二　外返しの場合

この場合も、表、裏二つの場合が考えられる。この動きはいくらか前記の動きと異なる点があるため、要点を解説する。

表（入身）技

自己が左半身、右側面から相手が両手で自己の右手を掴むや、右足を相手の左足先に一歩踏み出す。その場合、右手は右に弧を描きながら、相手の手首を正面から攻め、左手は相手の右手肘関節を左手刀で相手の正面に圧迫する。次いで左足を一歩相手の左側面に、自己の右前方に踏み出し、相手の右手を両

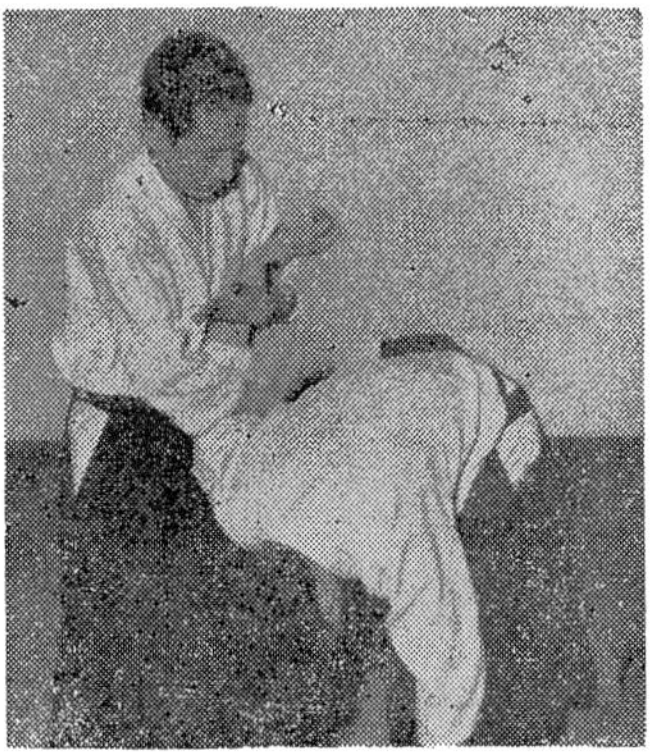

（写真　110）

（写真　111）

手刀で切り下すように圧迫する。次いで右足を一歩前方に踏み出し、体を左転しつつ相手の右腕を自己の左腕で抱え込み（写真一一〇）更に右手刀で相手の右腕肘関節を完全に抑える。つぎに自己の体を左足を軸として右方へねじぎみに移しながら、相手の体をうつ伏せに倒し、両手を締めながら、腰を右転しつつ相手の右腕を極め抑える。その場合、自己の体は相手の背骨に対しT型にならなければならない。

裏（転換）技

二〇四頁図ミの通り、相手が右側面から両手で自己の右手を掴むや、右足を中心として、相手の左後方に大きく転じ、体を左に背転する。その際右手は手刀状に体の動きとともに大きく左に弧を描き、相手の両手を誘導することにより相手の体を崩す。ついで両手刀をやや小さく振りかぶりながら、左足を自己のやや右前方にふみ出し、更にその左足を中心として、今度は右に背転、右足を大きく体とともに約三六〇度回

(写真　112)

転、両手刀を切り下ろしながら、大きく相手の右腕をかかえ込む。この際写真一一一のように左手で相手の右手首をつかみ、右手刀を大きく廻すことによって、相手の右手をふりほどき、その右手甲の部分から、自己の右手拇指を除く他の指が手刀部にかかるように掴み、腰を更に右へ廻すことによって、その手首を左にねじ、左肘で相手の右肘を脇に強くはさみ、相手の右腕を攻める。(写真一一二)。ついで〝片手取り小手廻し(逆半身の場合)〟裏と全く同様に相手の右腕を抑え極める。

この動きも小手廻しの基本技と全く同じではあるが、相手の肘を攻める場合、回転を大きくしなければならぬところに注意しなければならない。

(3)　肩取り小手廻し

相手が自己の肩を掴んだ場合は、腕抑えと同様に次の三つの場合が考えられる。

イ　相手が左或いは右手で自己の右又は左肩を掴んだ場合

ロ　相手が両手で正面から両肩を掴んだ場合

ハ　相手が背後から両手で両肩を掴んだ場合

イ、ロの場合は、第二部第二項中の〝片手取り小手廻し（逆半身の場合）〟に於て、相手に手首を掴まれるかわりに肩を掴まれたのであるから、その動きも全く同じで、手首のかわりに肩を通じて全身の動きを表現すればよいわけである。

ハの場合も動きとしては全く同じであるが、背後から持たれたという点で、多少感じが違うかも知れないので、一応簡単に要点を説明しておく。

相手が背後から両手で両肩を掴んだ場合

第二部第一項中の〝後両肩取り腕抑え〟と全く同じ動きで、表、裏二法が考えられる。

表（入身）技

後から両肩をもって引かれるや、前記〝後両肩取り腕抑え（表）〟と全く同様に、自己を相手の左側面に転じつつ、相手の左腕を抑え、更に第二部第二項中の〝片手取り小手廻し（逆半身の場合）表〟のように、その腕を右手に抱え込み、更に左手刀で腰の動きを利用しつつ肘関節を攻める。

裏（転換）技

後から両肩を持って突かれるや、最初は全く前記〝後両肩取り腕抑え（裏）〟と同じ動きで相手の左腕をとるや、自己の左手で、持たれた相手の左手首関節の部分を自己の右肩に移し、右手でその左

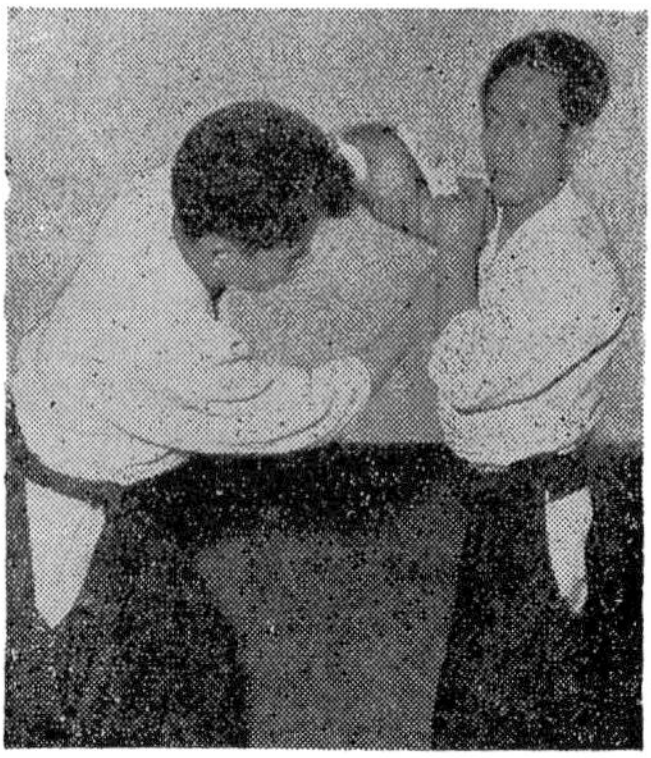

（写真　113）

（写真　114）

肘にあてた手刀をずらしながら、相手の左手首をかかえ込むように掴む（写真一一三）。同時に右足を自己の前に少し踏み出し、更に右足を軸として、左足を自己の右後方へ大きく転換、腰の転換に従って、自己の左手で相手の左手を左にねじりつつ右肘で相手の左肘を下へ強くはさみつけ攻める（写真一一四）。ついで〝片手取り小手廻し（逆半身の場合）裏〟のように相手の左腕を極め抑える（写真一一五）。

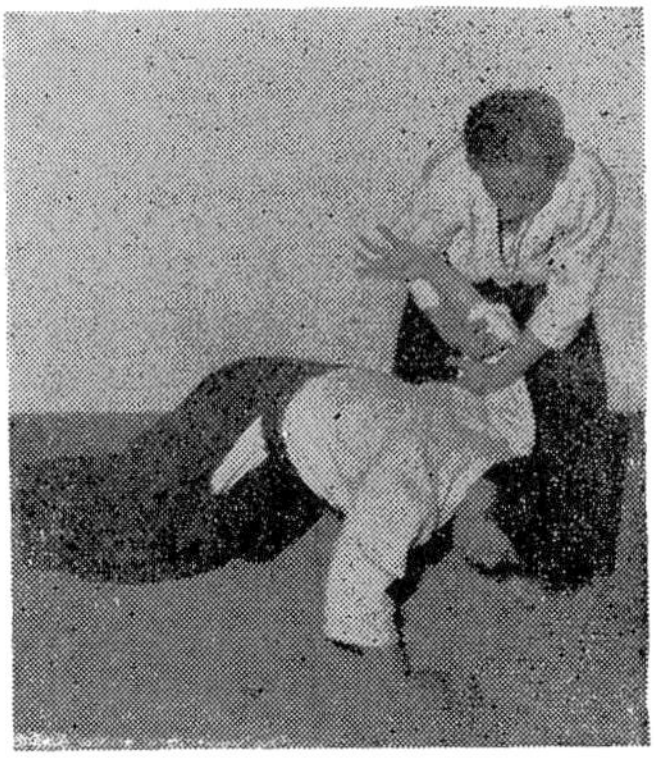

（写真　115）

この動きは他の小手廻しとほとんど同じであるが、裏（転換）技の場合、相手の手首関節、肘関節を大きく捲き込むように抱え込み極める点が少々異っている。

(4)　胸取り小手廻し

手首、肩等のかわりに、相手に持たれた部分が胸と違っただけで、動きは何等異っていない故、第二部第二項中の〝片手取り小手廻し（逆半身の場合）〟を参照されたい。

(5)　横面打ち小手廻し

この場合、横面打ち腕抑えにあった〝相手が右或いは左手で自己の左或いは右側面を打ってきた場合〟だけしか考えることができない。これについて、表、裏を説明する。

表（入身）技

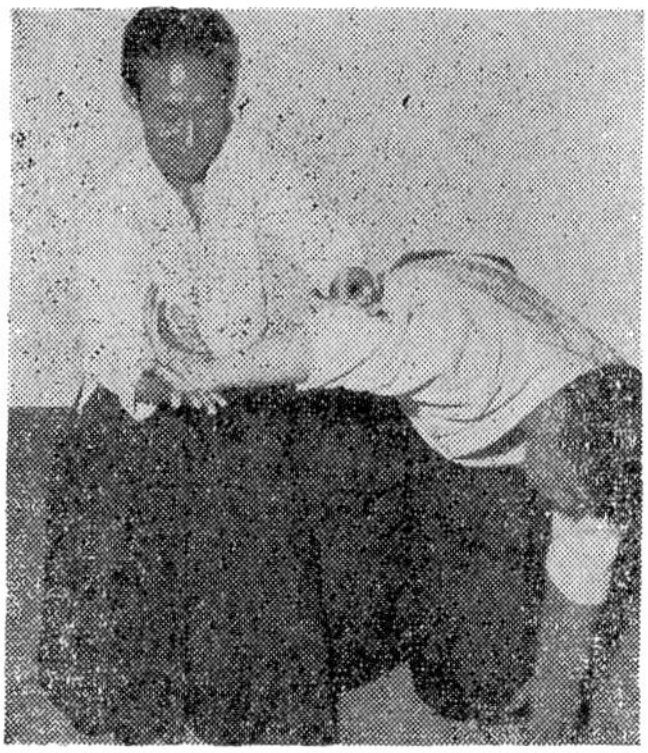
（写真　116）

相手が右手で左横面を打ってくるや、第二部第一項中の〝横面打ち腕抑え、相手が右手で自己の左面を打って来た場合（表）〟と全く同じ動きで相手の右手を制す。次いで右手刀で相手の右手尺骨部を相手の正面の方向に圧迫、左手刀でその腕の肘関節部を抑え、これまた相手の正面の方向に圧迫する。更に左手刀で相手の右腕を抑えつつ、左足を一歩相手の前方に出すと同時に、右手掌を相手の手の甲につけ、そこを基点として、自己の右手首を右前に廻しながら相手の手の甲

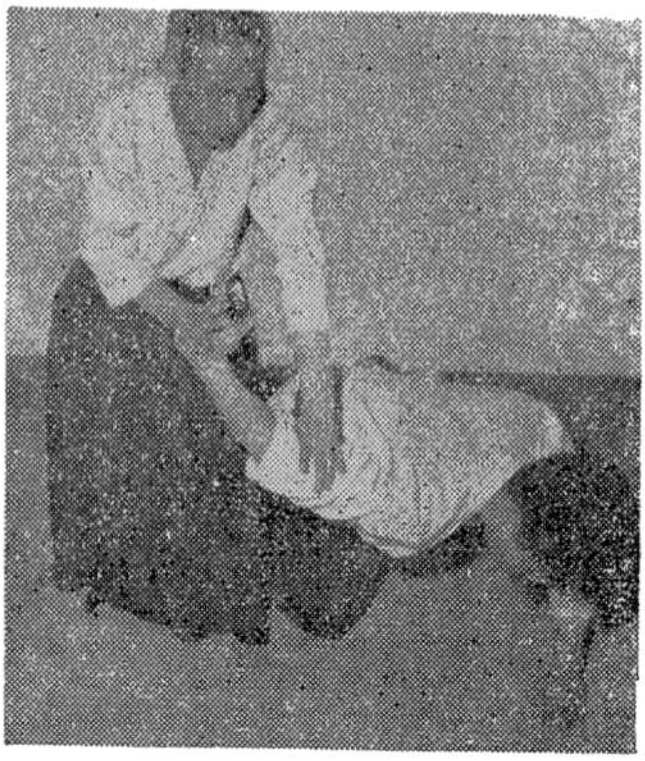
（写真　117）

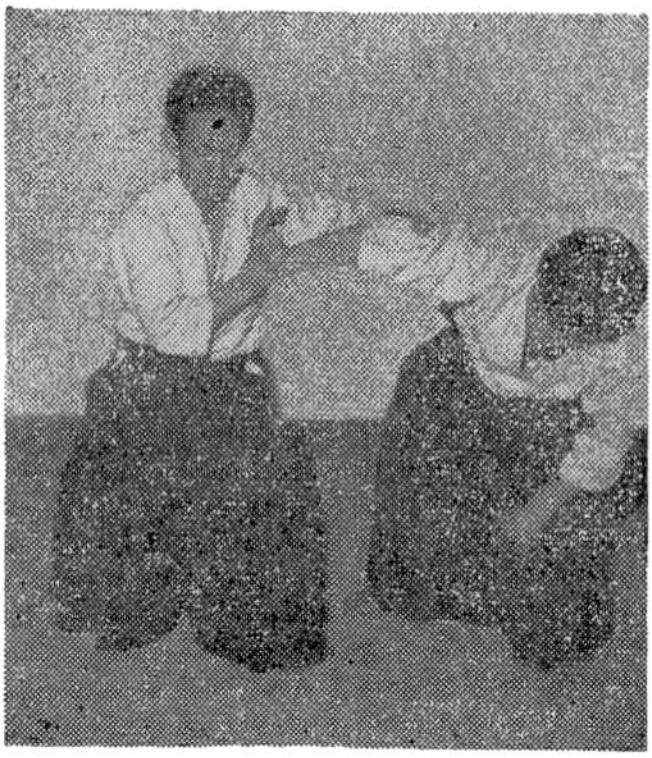
（写真　118）

を掴み（写真一一六）、相手の頭の方に圧迫する。次ぎに右足を一歩前進して腰を左に変じ、相手の右手首を自己の左肘関節のところに抱え込み、右手刀で相手の右手第二関節を抑え極める（写真一一七）。この動作は、第二部第二項の〝片手取り小手廻し（表）逆半身の場合〟を参照されたい。

裏（転換）技

相手が右手で左横面を打ってくるや、第二部第一項〝横面打ち腕抑え、相手が右手で自己の左面を打って来た場合（裏）〟と同様に、相手の力を誘導し、ついで左足を一歩自己の左前方に出すと同時に、相手の右手首を自己の右手刀で、右肘関節部を左手刀で抑え、更に左足を中心として、右に大きく約二七〇度背面転換する（写真一一八）。その時、左手で固く相手の右肘関節を抑え、体を一転すると同時に、相手の右手の甲を、自己の右手首を右前に廻しながら掴み、自己の左肩前方につけ抑える。しかも、相手の右肘関節を持った左手

(写真　119)

をずらして手首を握り、相手の手をやや抱え目に、腰の力を中心とした左への回転により、更に相手の右腕関節を圧迫する(写真一一九)。最後に相手を抑え込むのは、第二部第二項の片手取り小手廻し(裏)逆半身の場合と全く同じである。

(6)　後襟取り小手廻し

〃後襟取り腕抑え〃と全く同じく、次の二つの場合が考えられる。

イ　相手が後から右手または左手で自己の襟を掴んだ場合

ロ　相手が後から右または左手で自己の襟を、左または右手で自己の左または右手首を掴んだ場合

この二つの場合も、第二部第一項の中の〃後襟取り腕抑え〃と全く同じ形で、相手の攻撃から相手の側面やや後方に抜け出し、更に第二部第二項中の〃相手が背後から両手で両肩を掴んだ場合〃と全く同じ方法で相手を抑え極める。

裏技のみに関して注意すべき点は、相手の側面やや後方にその攻撃から抜けた時、イの場合は襟を掴んでいる相手の手を、肩に持ってくればよく、ロの場合は手首を掴んでいる相手の手を肩に持ってきて、小手廻しの関節技で極め抑えればよい。

第三項　小手ひねり（第三教）

第六章基本技の中、第二部第三項〝小手ひねり〟で述べた通り、この技は小手廻しと同様、手首関節、肘関節を鍛錬するためにある技であり、しかも合気道の性格上この技法の応用は無数にあるといえる。左に列記する場合の小手ひねり技を、あらゆる角度から分析的に取り上げてみよう。

〝片手取り〟〝両手取り〟〝肩取り〟〝胸取り〟〝横面打ち〟〝正面突き〟〝後襟取り〟〝後首締め〟等々がある。

(1)　片手取り小手ひねり

相手に片手で片手を取られた時、体の変化によって小手ひねりを相手に掛け得る態勢は、次のような場合が考えられる。

イ　相手が右手で、自己の右手を掴んだ場合（相半身の場合）

ロ　相手が左手で、自己の右手を掴んだ場合（逆半身の場合）

更にこのイの場合を分析すれば、両方とも、主に体の転換法に手足の作用を加味した立体的な円運動、すなわち、体の転換法（この場合は内回転に限る）を使うものと、腕抑え（第一教）を基礎として手刀使用に要点を置いた二つが考えられる。しかもこの二つが夫々表、裏の二つずつに分けられる。

相手が右手で自己の右手を摑んだ場合

先に述べた通り二つの方法がある。その一つは、腕抑えを基礎として相手に握られている右手首を相手の右側面、右腕尺骨部の側から右に廻し、自己の右手を手刀として外に返しながら抜を掛ける方法であり、その二は、体の内回転法を使う方法である。前者は基本技のところで説明してあるから省略して、ここでは後者を解説することにした。

回転法による取り方

相手の出方によって、当然表（入身）技と裏（転換）技の二法が出てくる。

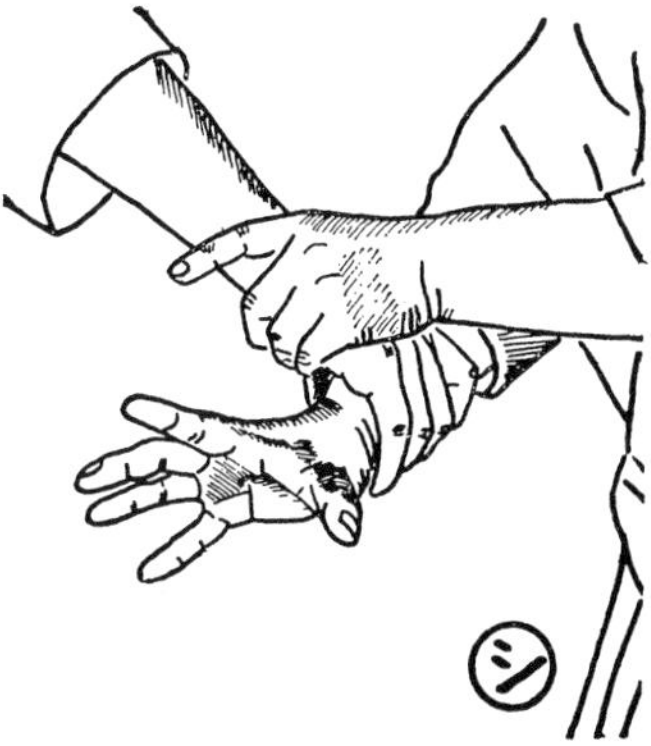

表（入身）技

相手の右手で自己の右手が摑まれるや、左手で相手の右手甲の部分より図シのように摑み、左足を相手の右側面に踏み出し、同時に右手を相手の右側面後方に伸ばしながら、左足を中心として右足を自己の左前方に移しつつ、しかも相手の右手を自己の右手に左手でおしつける様にしっかりつけ、両手で相手の右手を相手の肩の方向に突き上げながら、相手の右脇をすり抜け、体を回転さす（次頁写真一一〇参照）。回転した腰をさ

（写真　120）

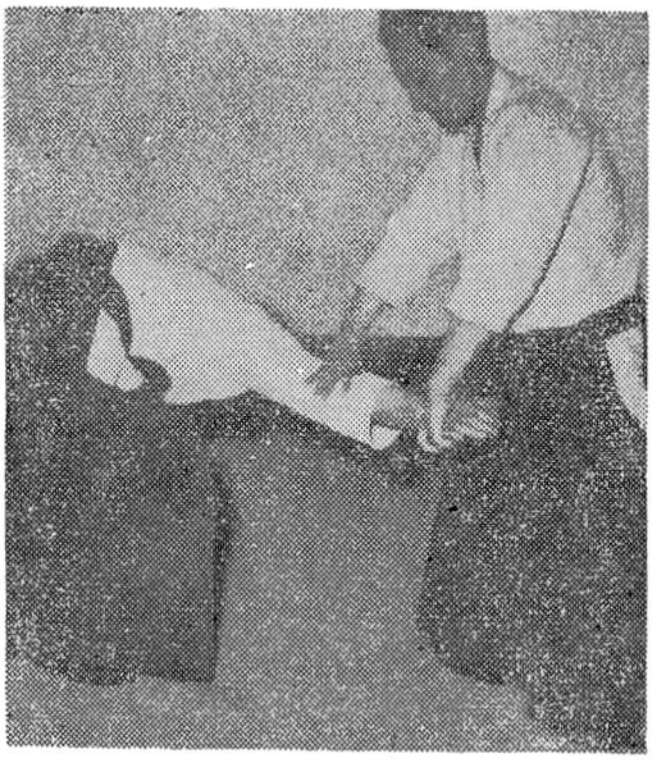

（写真　121）

らに左へ廻しつつ、相手の右手掌を開くように左へひねり上げる。次いで右手で相手の右肘を写真一二一のように抑え、右足を軽く自己の前に出しつつ、右足を軸として左に大きく背転両手で強く相手の右手を切り下ろし、相手の体を倒す。更に倒れた相手の体に右から正対して相手の右手を極める。

（足捌きは左図参照のこと）。

裏（転換）技

相手が右手で自己の右手を掴み、前へ出ようとする気勢を示すや、左足を相手の右側面に一歩移動し、右手

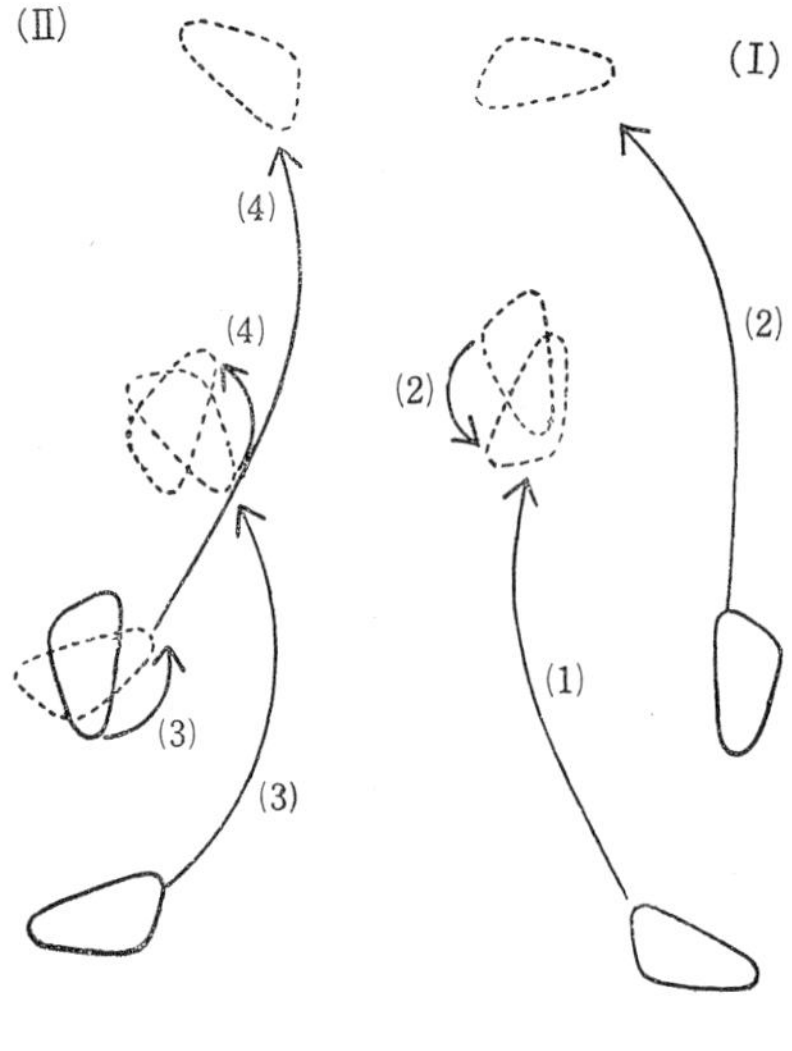

を自己の右前方に伸ばしながら、表技の時と同様、左手で相手の右手を掴む。更に右手でも同じく相手の右手を抑えながら、左足を中心として、右足を自己の左側方に移しつつ体を左に約一八〇度回転、同時に両手で表技と同様、相手の右手を左にひねる。次いで右足を中心として左足を自己の右後方、左に大きく背転、相手の右肘にかけた右手及び手首をひねっている左手も同時に体の動きとともに弧を描いて下へ切り下ろし、表技同様に相手を極める（足捌きは左図参照のこと）。

この表、裏両技を為すに当っては、相手の脇下をすり抜けるような形となるので、両手で抑え持った相手の手を、充分相手の肩の方へ突き上げて、その体を崩しながら動かないと、相手につけ入られる結果となる。この点は充分注意しなければならない。

相手が左手で自己の右手を掴んだ場合

この場合、先に示した二つの方法について解説してみよう。

腕抑えを基礎とした方法

表（入身）技

相手が左手で自己の右手首を掴むや、左

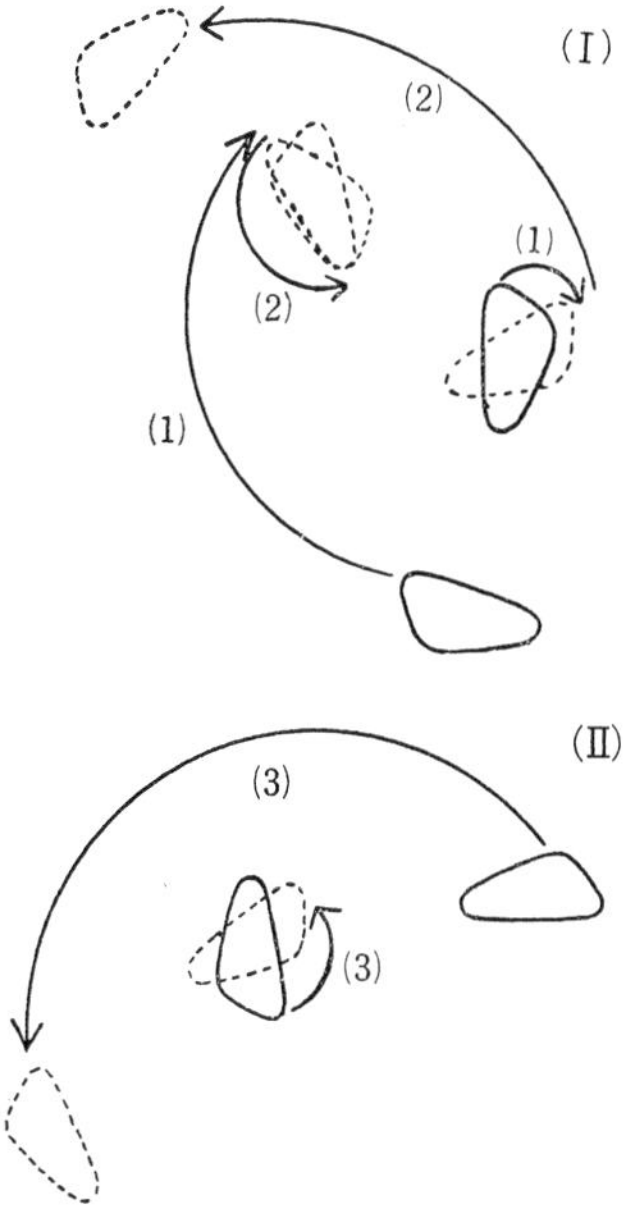

（写真　122）

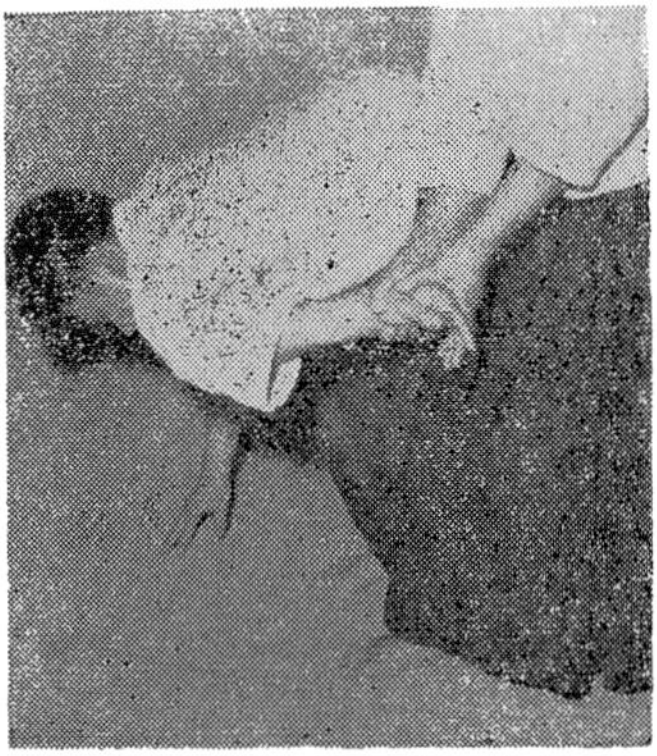
（写真　123）

拳で相手の面を一撃、第二部第一項〝片手取り腕抑え（逆半身の場合）表技〟と全く同じく、相手の左腕を抑えながら右足を一歩相手の左側面前方に踏み出し、相手の体を崩す。ついで写真一二二のように更に両手で相手の左手を強く抑え、左にねじながら肩の方へ突き上げ、写真一二三のように右手で自己の左手で持っている相手の左手の部分を、その手の甲の方から、拇指は相手の拇指の付根に、他の指は相手の手刀の方から掌にかけ、これを相手の左肩の方向に掌を開くようにひねり上げる。次ぎに左手で相手の左肘を抑え、左足を一歩自己の前方に踏み出すとともに一転、その左足を軸として右足を自己の後方約一八〇度右に背転、同時に相手の左腕を両手で自己の体の変化とともに下に切り下ろし、抑える。抑え方は前の技法で説明した方法と全く同じである（その際の足捌きは次頁下図参照）。

裏（転換）技

前と同じく相手が左手で自己の右手を掴んだとする。

この技も第二部第一項中の〃片手取り腕抑え（逆半身の場合）裏〃と全く同じ動作で、大きく左へ背転、相手の左側面に相手と並びつつ両手で相手の左手を抑えながら、先に表技でしたように、相手の左腕を右手でひねり上げ、右足を一歩自己の左後方へ転ずるとともに両手で相手の左手を下に切り下ろし、極める。足捌きは、一教〃腕抑え（裏）〃及び〃小手ひねり回転法による取り方（裏）〃を参考にすれば了解できる。要点としては、腕抑えを基礎とするものであるから、基本技の腕抑え、応用技の片手取り腕抑え等を充分練習すれば、自ら了解できる技法である。

回転法による取り方

表（入身）技

相手が左手で自己の右手首を掴むや、左拳で相手の面を一

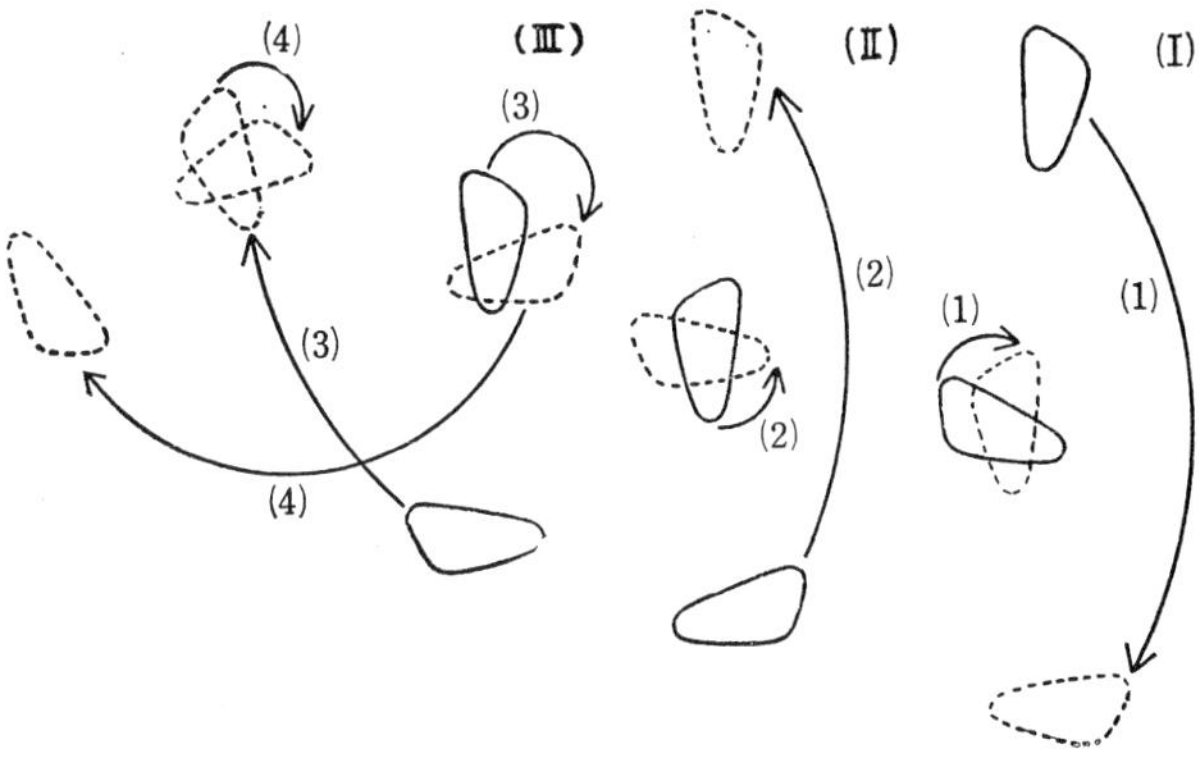

（写真　124）

撃するとともに、右足を相手の左側面やや後方に踏み出し、右手も手刀状に足と同じ方向に伸ばし、相手の体を崩す。

次いで左足を自己のやや右前方に大きく踏み込み、相手の左脇下をすり抜けるような形で、右に約一八〇度体の向きを変える。その際、当然相手の左手で持たれている自己の右手は、手刀状にして振りかぶり、向きを一八〇度変えて振りおろした形となる（写真一二四参照）。ついで、自己の腰を右に廻しつつ、右手刀で相手の左手を通じて相手の肩の方に圧迫、更に左手で相手の左手を左にねじり上げる。次いで手の甲の側から、先に説明した〝回転法（相半身の場合）表〟と全く同様に右手でとり、相手を抑え極める。

裏（転換）技

相手が左手で自己の右手を掴み、前へ出ようとする気勢を示すや、右足を自己の右側面に一歩移動し、左拳で相手の面を一撃、右手を自己の右側に振りかぶりつつ、左足を自己の右側方に移動しつつ一回転し、更に右に腰をひねりつつ表技の時と同様に、相手の右手を左手で持ち、肩の方にひねり上げながら相手の体を崩す。ついで小手ひねり回転法による取り方（相半身の場合）裏と同様に相手を抑え極める。

その足捌き等も全く先に述べた小手ひねり回転法による取り方（相半身の場合）とほとんど一致しているので省略する。


小手ひねりの取り方は、手先だけでは充分とはいえない。常に体全体の動きに従って、統一した力が出されねばならない。

次に小手ひねりを掛ける場合、必ずといってよいぐらい、相手の側面に位置し、相手と並ぶぐらいの態勢をとらなければ、相手を極めることは難しい。要するに〝腕抑え（第一教）〟の基本技を充分身につけていなければならない、ということである。

(2) 両手取り小手ひねり

相手に両手で手首を掴まれた場合、大体次の三通りが考えられる。
イ 相手が両手で自己の両手首を持った場合
ロ 相手が側面から両手で自己の左または右手首を持った場合
ハ 相手が後から自己の両手首を持った場合
右につき、第三教（小手ひねり）の取り方はすでに基本技の項、その他で述べてあるから、動きの

（写真　125）

異っている部分についてのみ説明することにする。

相手が両手で自己の両手首を持った場合

相手に両手首を掴まれるや、左足を中心として大きく右に背転すると同時に、右手で相手の左手を、左手は手刀状にして同じく相手の左手を圧して、ともに自己の後方に誘い、相手の重心を崩す（写真一二五）。これ以後は、前述の〃相手が左手で自己の右手首を掴んだ場合〃の腕抑えを基礎とした方法と全く同様である。

表（入身）技の場合は、正面に相手の左腕を抑えつつとらえればよく、裏（転換）技の場合は、右足を一歩相手の左側面前方に移し、更に右足を中心として大きく右に背転、相手を抑えればよい。

相手が両手で自己の左または右手首を持った場合

相手が自己の右手首を前方より両手で掴んだ場合、相手は右側面の弱点を露呈することになるので、小手ひねりをとるまでもなく、左拳で相手の面又はあばらを一撃すればよい。

故に、写真一二六の如く後から相手が構えることのみ想定される。

このように掴まれるや、前項〃相手が左手で自己の右手を掴んだ場合〃の腕抑えを基礎とした動き

（写真　126）

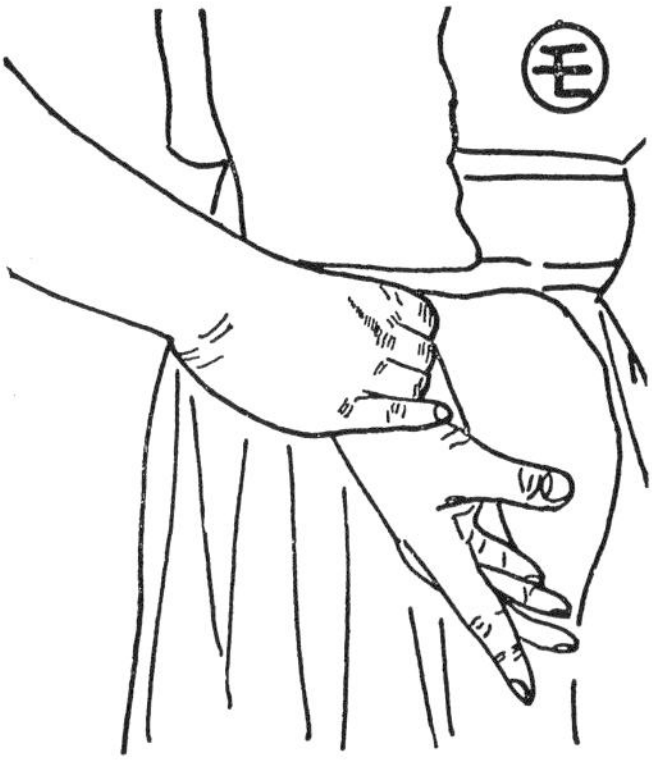

と全く同じ方法で持たれているものとして行動すればよい。

相手が後から自己の両手首を持った場合

この場合、相手のとり方に、図ヒ、図モの二通りがある。図ヒの場合は、自己が前に腰を曲げ、次いで一転、自己の右足を相手の左側面、自己の左後方に移し、入身投げで相手を倒すという変化になり、図モの場合がここに説明する小手ひねりを掛けるに適当な態勢である。この方法にも表、裏の二通りがある。

表（入身）技

図モのように相手に掴まれるや、両掌を上に向け、両手首を自己の腰骨につける。次いで左足を自己の左後方、相手の左側面に移すと同時に自己

（写真　127）

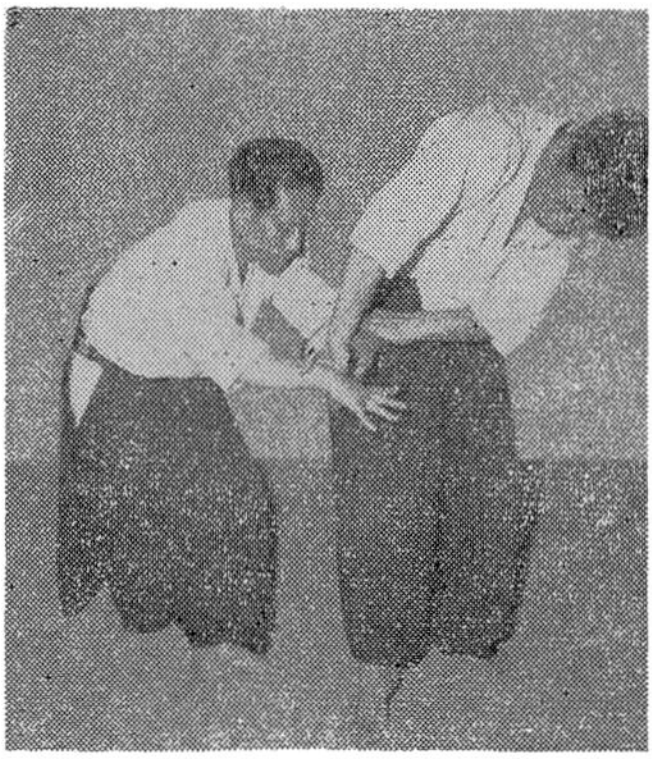
（写真　128）

の両腕を、両掌を内にまわしながら、下から上に大きく弧を描きながら前方に出し、右足を自己の後方、相手の左後方に転ずる（写真一二七）。こうすれば、相手は両腕を通じて自己の両腕に乗った形となり、重心は前に傾き、体はほとんど崩れた形となる。ついで基本技第三教（小手ひねり）表に準じて、相手の左手に小手ひねりを掛けて極める。

裏（転換）技

後から押し気味に相手に掴まれるや、左足を中心として、右足を自己の左側面に大きく左に前転、同時に掌を上に向け、両手首を腰骨につけた両腕を、両掌を内に廻しながら弧を描きつつ体とともに一転する。次いで左手で自己の右手首を掴んでいる相手の右手甲の部分から、写真一二八のように掴み、腰、両手を一致して左に廻し、相手の右手を、相手の右肩の方向へひねり上げる。次いで右足を中心として体を左に背転、相手の右腕を両手で抑え極める（写真一二九）。（基

（写真　129）

本 技第三教小手ひねり裏技参照)。自己の足捌きは右図の通りである。この際は、A・Bと中心が二つできてくるわけである。

この両手取り小手ひねりから、応用として正面からの〝袖取り〟〝後肘取り〟が当然考えられるが、同じ動きで捌くことができる。

(3)　肩取り小手ひねり

相手に肩を掴まれた場合は、次の三つが考えられる。

イ　相手が正面から左又は右手で自己の右または左肩を掴んだ場合

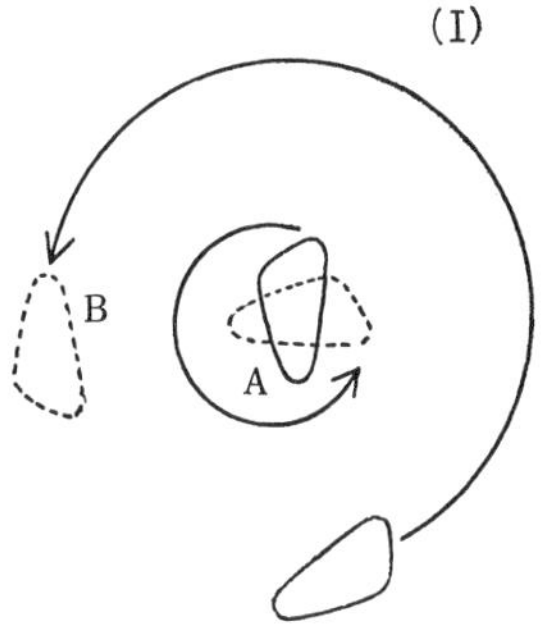

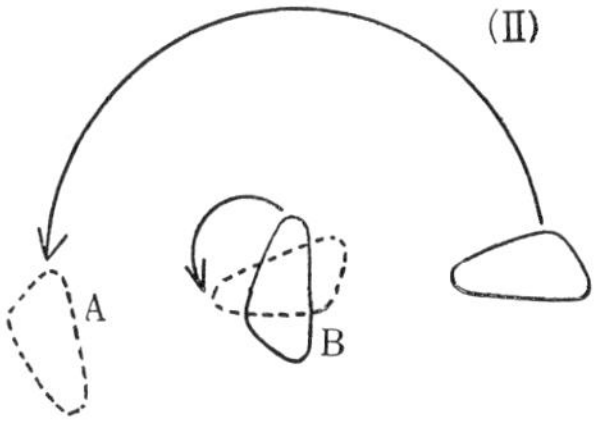

ロ　相手が正面から両手で自己の両肩を掴んだ場合

ハ　相手が後から自己の両肩を掴んだ場合

イ、ロの場合は肩と手との違いだけで、前述した〃片手取り小手ひねり〃の相手の右または左手で自己の右または左手を持たれた場合に全く同じ動作であるから省略して、ハの場合を説明する。

相手が後から自己の両肩を掴んだ場合

この場合も、後からやや引き気味にされた時は表（入身）、やや押し気味にされた時は裏（転換）の二通りとなっている。

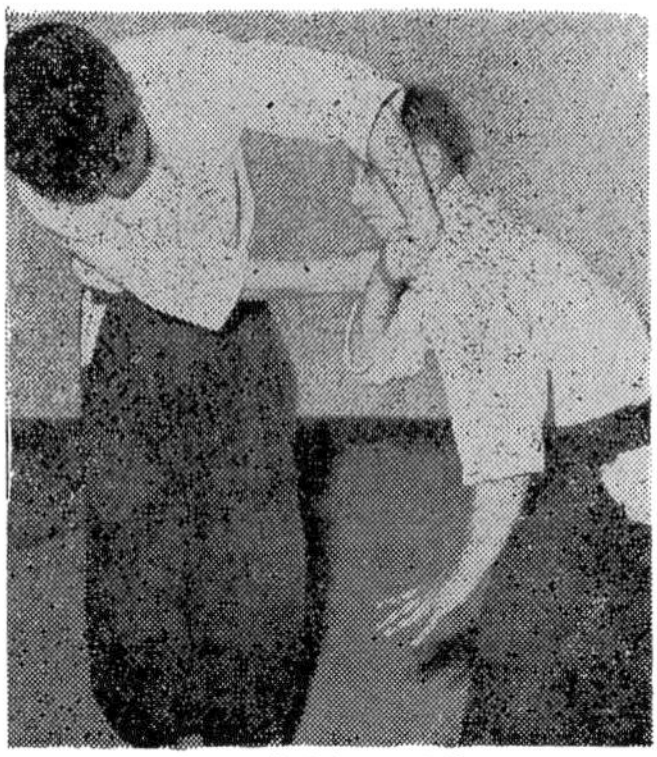

（写真　130）

表（入身）技

相手に掴まれるや、前述した〃相手が後から自己の両手首を持った場合と全く同様な足捌きで相手の左側面に転ずる。その際両手は手刀状に振りかぶり、振り下ろすように巧みに体のバランスを調整する。ついで、右手で自己の左肩を掴んでいる相手の左手を、手の甲の部分から、写真一三〇のように掴み、自己の左手、腰、肩等統一された力で右にひねりつつ、自己の右足を大きく後転、左手で相手の左肘を抑え、相手をうつぶせに倒しきめる。

裏（転換）技

前述した〃相手が後から自己の両手首を持った場合〃と全く同じ捌きで、手首を持たれた相手の手を肩に置きかえた、と考えればよい。その動きでは、表（入身）技でもふれた通り、両手で体のバランスをおぎなうように注意して転換すればよい。

以上、〃肩取り小手ひねり〃より〃正面胸取り小手ひねり〃を想定することができる。相手が左又は右手で自己の右又は左肩を掴んだ場合を、正面から胸を掴まれたとすれば、後は全く同一動作である。

(4)　横面打ち小手ひねり

相手が自己の横面を打ってきた場合も、表、裏の二つの場合が考えられる。

相手が打ってくる手刀を一歩前に出て制した場合は、表（入身）の動作となり、体を後転して相手の手刀を流した場合は裏（転換）の動作となる。

表（入身）技

相手が右手で自己の左横面を打ってきた場合、左手刀で相手の右腕を、右手刀で相手の面を打つ。同時に左足を一歩自己の左やや前方、相手の右やや前方に移す。

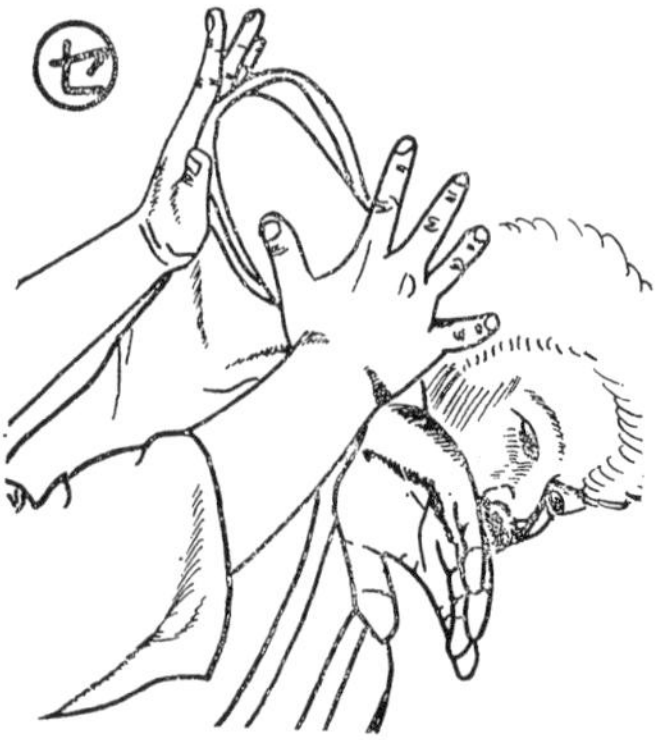

(写真　131)

次いで、図セのように右手刀で相手の右尺骨部を抑え、左手刀で右肘を抑える。次いで両手刀で相手の右腕を、自己の右前方に切りおろし、相手を抑え、小手ひねりで極める。(前述した相手が左手で自己の右手首を掴んだ場合の、腕抑えを基礎とした方法、表入身を参照)。

裏(転換)技

相手が右手で自己の左横面を打ってきた場合、右足を軸として左足を自己の後に大きく後転、左手刀で相手の右腕を打ちながら、その打ってきた勢を自己の後方に流し、右手刀で相手の面を打つ。ついで左足を自己の左前方に移すと同時に左足を中心として右足を右に大きく後転、右手刀で相手の右手尺骨部を抑え、更に右肘を自己の左手刀で抑え、小手ひねりで極める。(写真一三一)(相手が左手で自己の右手首を掴んだ場合、即ち腕抑えを基礎とした方法、裏転換技を参照のこと)。

(5)　後襟取り小手ひねり

相手に後襟を持たれ引かれた場合は表となり、突かれた場合は裏となる。

表（入身）技

相手が左手で自己の後襟を掴んだ場合、両手を手刀状に振りかぶり、体の動きを調整しながら左足を自己の左後方に移し、更に右足を大きく自己の後方に転ずる。同時に両手刀は自己の体と一つになって切り下ろす形となる。

次いで写真一三二のように自己の頭を、相手の左手尺骨部の方から出し、左手で相手の左手の甲の部分から掴み、手首を前にねじ気味に、右手刀で相手の左肘を抑え、〃第一教腕抑え（表入身）〃の形をとり、更に左手首関節を小手ひねりで極め抑える。（基本技第三教小手ひねり、相手が左手で自己の右手を掴んだ場合参照）。

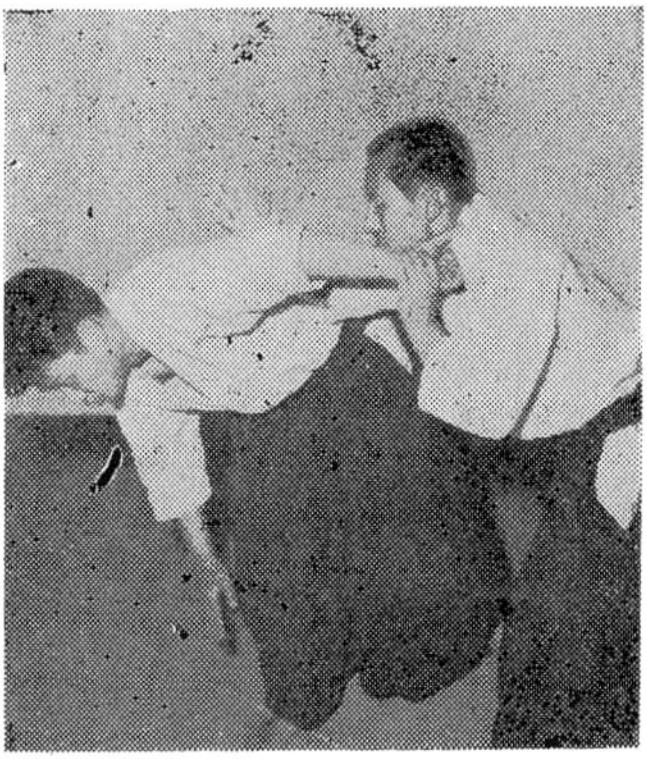

（写真　132）

裏（転換）技

相手が左手で自己の後襟を掴み、前に押してきた場合、右足を中心として左足を自己の右前方に大きく前転、次いで左足を中心として右足を自己の左後方に大きく後転、相手の腕

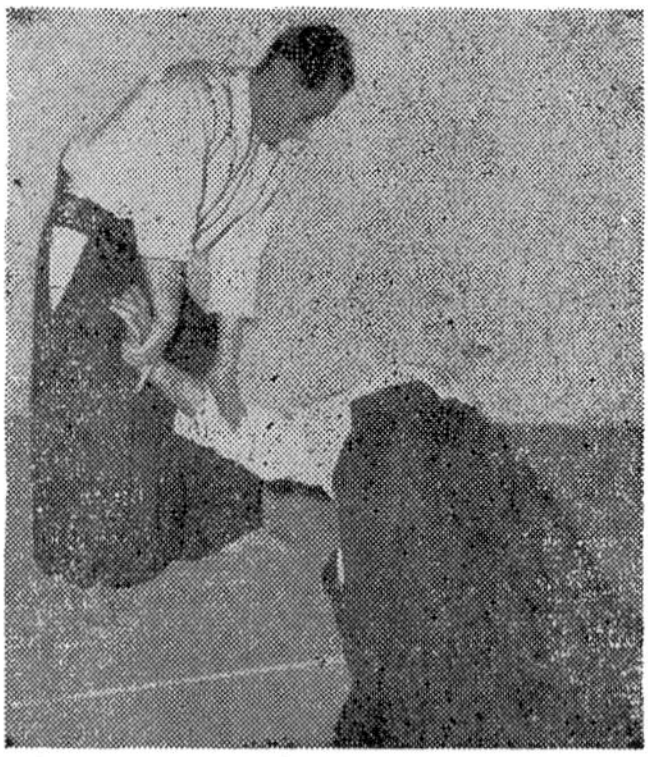

（写真　133）

尺骨部の側から頭を出す。その時の手は、手刀状に振りかぶり、振り下ろしながら体の動きとともに動作して体のバランスを調整する。次いで両手で相手の左腕を抑えつつ、右足を相手の左側面に軽く出しその右足を中心として左に体を後転相手を小手ひねりで極め抑える（写真一三三）。（基本の技、第三教小手ひねり、片手取り相手が右手で自己の右手を掴んだ場合参照）。この際の自己の足捌きは、下図の通りである。この際、A、B、Cと中心が三度移動することとなる。

(6)　後片手取り首締め小手ひねり

後から左手で自己の左手首を持たれ、右手で首を締められた

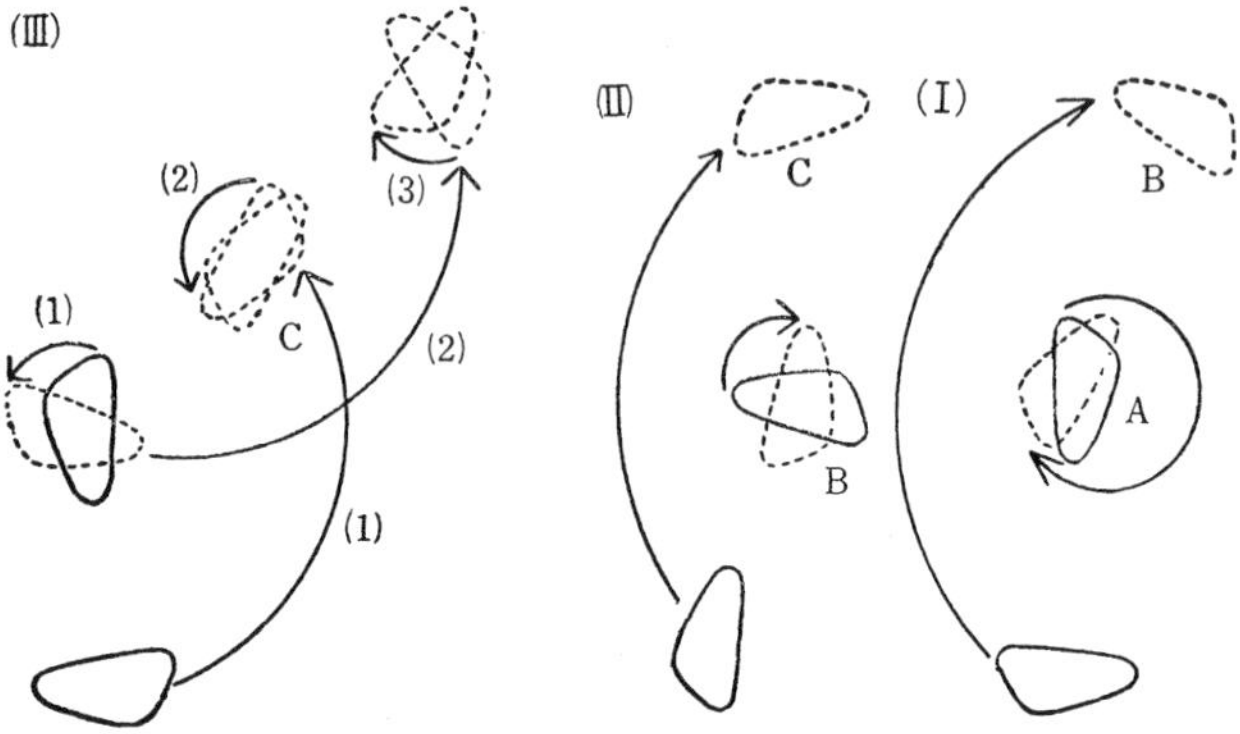

（写真　134）

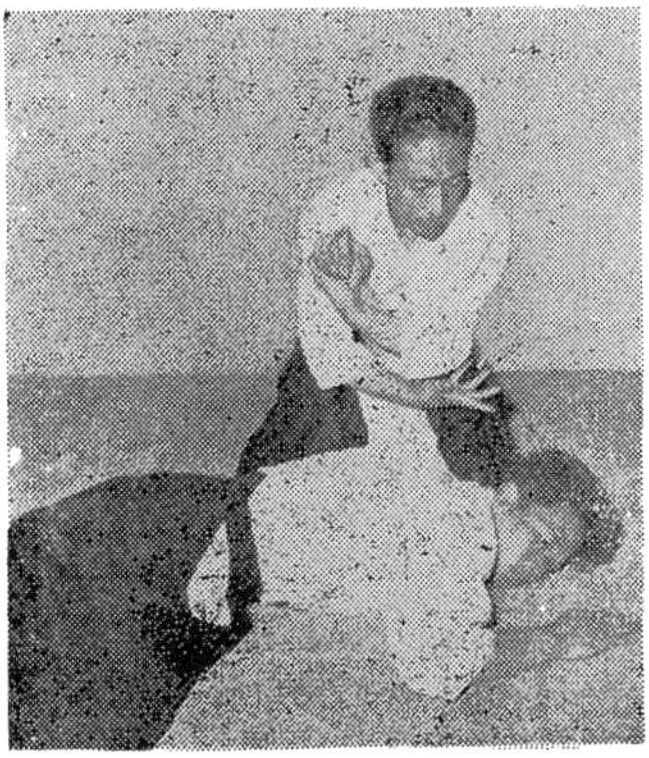
（写真　135）

場合、これまた表、裏二つに分けることができる。

表（入身）技

後から攻められるや、左手首を腰骨につけ、掌を上にむける。次いで左足を自己のやや左後方に移すとともに、右足を相手の側面、自己の後方に大きく転ずる。左腕は掌を内に廻しつつ、大きく弧を描いて振りかぶり振り下ろす。ついで右手で自己の左手首を掴んでいる相手の左手を甲の部分から掴み、右手、左手、腰とともに左に廻しつつ、相手の肩の方向へ相手の左腕をひねり上げ、右足を右に大きく後転しながら相手の左手を抑え極める（写真一三四）。

裏（転換）技

右足を中心として大きく左足を自己の右前方に転じ、自己の左手首を掴んでいる相手の左手を、右手で甲の部分より掴み、左に廻し相手の左肩の方向から下へひねり下げながら、左足を左に後転、相手の左手を極め抑える（写真一三五）。

なおこの技は表、裏とも〃相手が後から自己の両手首を持った場合〃を参照されたい。

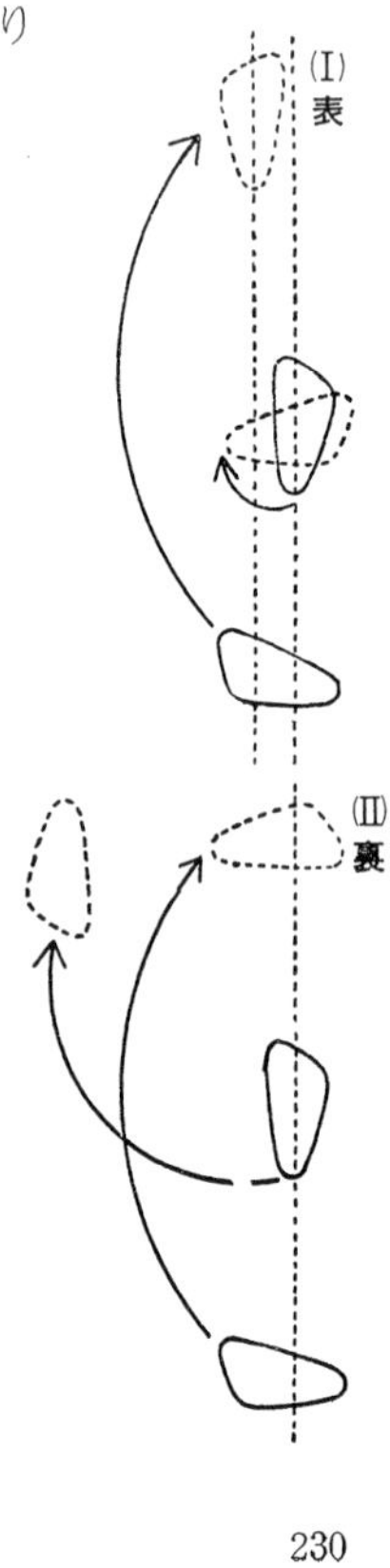

(7)　正面突き小手ひねり

正面突き小手ひねりは、小手返しと反対の方向に相手の腕を廻すので、往々にして小手返しと対照的に引合いに出される技法である。この技も表、裏の二種に分けることができる。今、この二種を足の転じ方で分けてみれば、右の図のようになる。

すなわち、自己が右半身に構え、相手が自己を右拳で突いてきた場合、図Ⅰのように、左足を一歩自己の前方に出して、半身で相手の側面に入り、ちょうど相手の右拳とすれ違うように、相手の突きをかわす方法を表（入身）技とし、図Ⅱのように、左足を自己の前方に一歩出し、左足を軸として右足を大きく右に後転、相手の突きをかわす方法を裏（転換）技とする。

表（入身）技

自己が右半身、相手が右拳で突いてきた場合、図Ⅰの足捌きで左に入身で入り、左手刀で相手の右手首の部分を抑える。

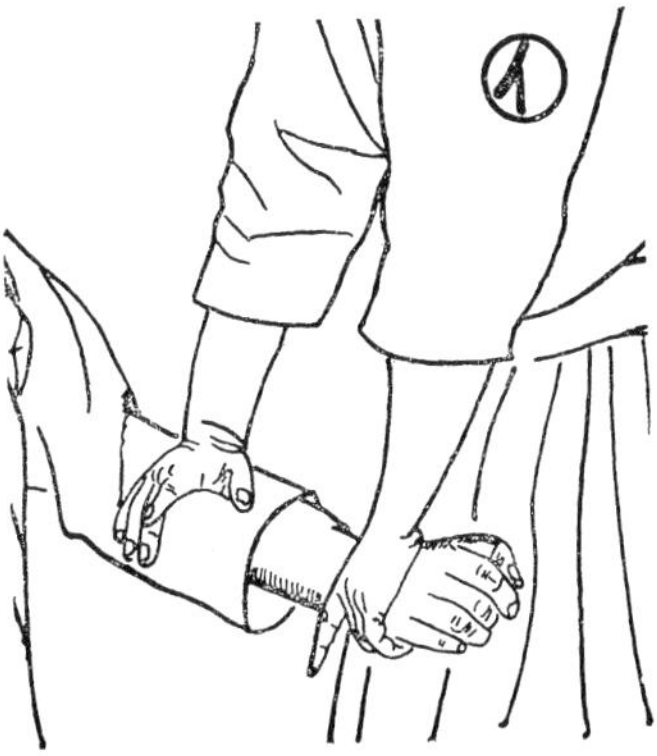

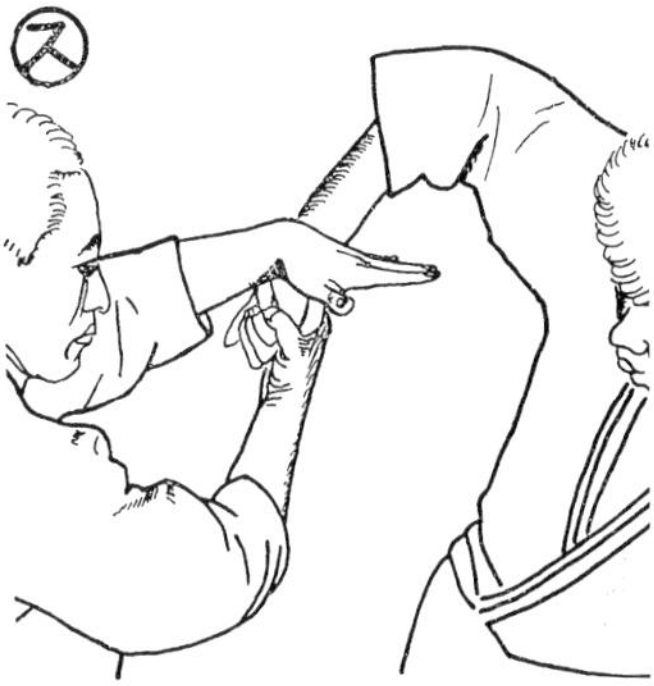

次いで右手で相手の手の甲の部分から大きく掴み、左手刀と右手で図スのように右に廻しつつ相手の肩の方へ突き上げ、左手で更にその相手の右手甲の部分から拇指を、相手拇指の付根他の指を相手の掌にかけ、右上にひねりつつ右足を自己の前方に、更に右足を軸として左足を自己の後方に左転、相手の右手を抑え極める（基本技第三教小手ひねり表参照）。

裏（転換）技

自己が右半身、相手が右拳で突いてきた場合、図Ⅱのような動作で、体を変じ、左手刀で相手の右腕手首の部分を抑える。次いで表（入身）技で説明したように、相手の右手を自己の右手で右上にひねり上げる。この場合、自己が相手の側面に位置していなければならない。次いで図イのように、右手刀で相手の右肘を抑えつつ倒し極める（基本技、第三教小手ひねり表参照）。

小手ひねり（第三教）の応用としてここに七種ばかりの技を

挙げたが、この技術を完全に会得すれば、小手ひねりより腰投げに、或いは小手ひねりから背負投げに、またどこをとられても小手ひねりが簡単にできるようになるのである。

第四項　手首抑え（第四教）

第一教腕抑えから第四教手首抑えまではすべて互に関連している。故にこれらの技は同じ変化が期待できる。すなわち、ここでも小手廻し（第二教）、小手ひねり（第三教）に挙げた動作と同様の場合を考慮して分類すれば、次のようなものとなる。

これもほとんどすべてが、表、裏に分けられるが、その要領は既述の通りであるから省略する。

(1)　片手取り

イ　右手で自己の右手を掴んだ場合

ロ　右手で自己の左手を掴んだ場合

腕抑え（第一教）を基本にした動作

手刀の変化を基本にして相手の小手を掴り極所を制した動作

(2)　両手取り

イ　相手が正面から両手首を掴んだ場合

ロ　相手が両手で右手または左手首を掴んだ場合

(3)　肩取り

イ　相手が左または右手で自己の右または左肩を掴んだ場合

ロ　相手が正面から自己の両肩を掴んだ場合

ハ　相手が後から自己の両肩を掴んだ場合

(4)　胸取り　(5)　横面打ち　(6)　正面突き　(7)　後襟取り　(8)　後片手取り首締め

このほかに手首抑え（第四教）には、両手首取り握力養成法がある。

手首抑え（第四教）の取り方は、第六章　基本技の中、第二部第四項手首抑えで説明してあり、先に述べた各種の場合、その手首抑え（第四教）に至るまでの動作は、ほとんど腕抑え（第一教）より小手ひりね（第三教）に至る間で論ぜられている。故にここでは、相手を腕抑え（第一教）或いは小手ひねり（第三教）で制して後、手首抑え（第四教）に移る場合の動きについて、順を追って説明することにする。

腕抑え（第一教）を基本として、手首抑え（第四教）に移る場合

これは、次頁図ロのように腕抑え（第一教）の基本通り、手首関節を攻めずに、相手の腕を抑えてから、手首抑え（第四教）に移る場合と、図ハのように、手首関節を攻めながら相手の腕を抑え、次

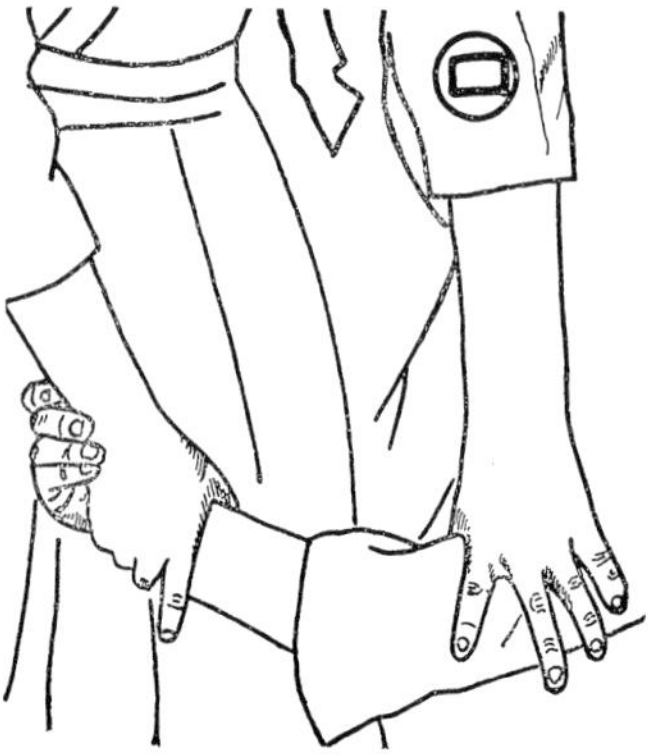

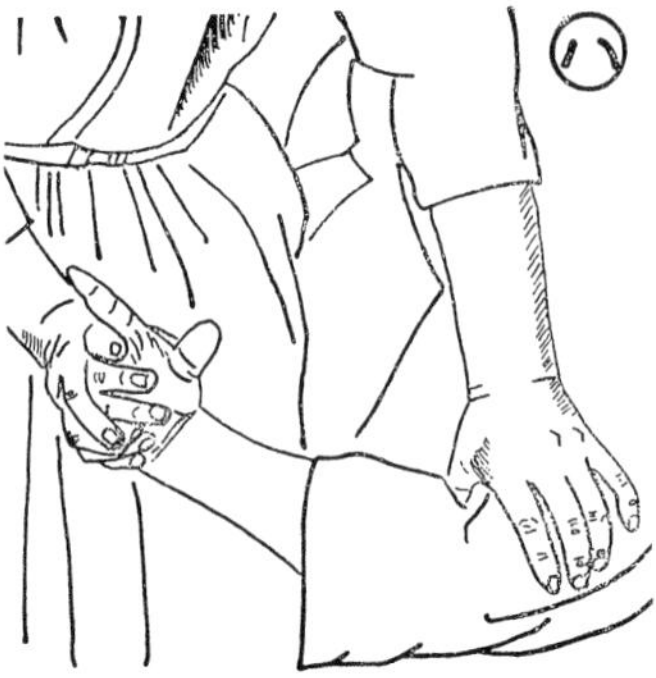

いで手首抑え（第四教）に移る場合の二種が考えられる。

図㋺の場合には次に挙げる場合の技法がある。

〃片手取り〃の中、右又は左手で自己の右または左手を掴んだ場合。

〃両手取り〃の中、相手が両手で右または左手首を掴んだ場合。

〃横面打ち〃の場合。

図㋩の場合には次の場合がある。

〃片手取り〃の中、右または左手で自己の左または右手を掴んだ場合（腕抑え第一教を基本にした動作）。

〃両手取り〃の中、相手が正面から両手首を掴んだ場合。

〃肩取り〃〃胸取り〃〃後襟取り〃等。

以上は、先にも述べた通り、第六章基本の技の項で、その取り方は説明してあり、そこに至るまでの動作も、腕抑え（第一教）から小手ひねり（第三教）までの前述した応用技で述べられているので、説明を省略することにする。
ただその注意としては、腕抑え（第一教）によって完全に相手の腕を抑え、相手の体を完全に崩してから手首抑え（第四教）に移らなければならない。

小手ひねり（第三教）を基本として手首抑え（第四教）に移る場合

前述の手首抑え技法（第四教）を使い得る場合で、小手ひねり（第三教）から入れるものを抜萃すれば、次の場合となる。

イ　肩取りにおける〃相手が後から自己の両肩を掴んだ場合〃
ロ　正面突き
ハ　後片手取り首締めにおける〃後から片手で首を締め、右又は左手で自己の右または左手首を掴んだ場合〃

この中、イについて説明する。

(1)　後両肩取り手首抑え

この技法も表、裏に分けられる。

表（入身）技

先の第三項小手ひねり（第三教）中、肩取りの部〃相手が後から自己の両肩を掴んだ場合〃の表

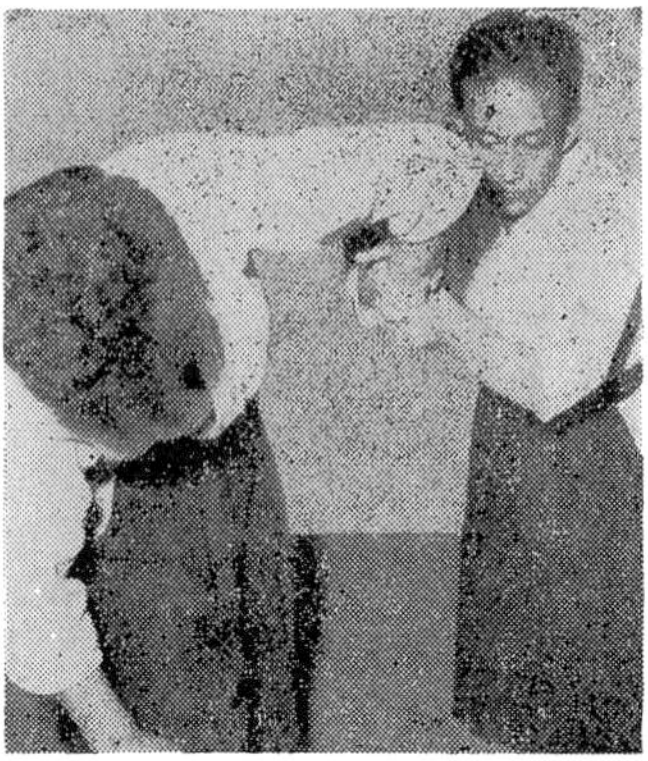

（写真　136）

（写真　137）

（入身）参照。

相手の左手首を自己の右手で〃小手ひねり〃で極め、更に写真一三六のように左手で相手の左手首小手の部分を外側から内側に掴む。次ぎに小手ひねりを掛けている右手を掴みなおして、相手の左腕、小手の部分を掴む。

その掴み方は、自己の右手人さし指の付根が、その掴んでいる相手の左腕脈搏部にあたるようにする。次いで写真一三七のように、相手の左腕を相手の右前方に突き上げて切り下ろすようにする。同時に、自己の右足を一歩自己の右前方、相手の前方に踏み出し、相手の体を崩し抑える。

裏（転換）技

前項小手ひねり（第三教）の中、〃相手が後から自己の両手首を持った場合（裏）〃並びに〃相手が後から自己の両肩を掴んだ場合（裏）〃参照。

左足を中心として、半ば中腰になり、膝、腰のバネをきか

（写真　138）

せながら、右足を自己の左側面に大きく左に前転（写真一三八）、相手の右手を小手ひねりで極める。次いで、前述表（入身）技のように、自己の右手で相手の右手首を外側から内側に掴む。更に図ニのように相手の右腕小手の部分を自己の右人差指のつけ根が、相手の右腕小手の部分、橈骨部にあたるように掴みなおし、左足を中心として、右足を自己の左後方に右へ転ずるとともに、相手の右腕をも、右後方へ大きく弧を描きながら切り下ろし、相手を極め抑える。

【要点】　1　手首抑えを掛ける場合は、相手の小手を持った自己の両手は、常に弾力性を持たせながら伸ばし（表）、或いは弧を描かねばならない（裏）。

2　手首抑え（表）の場合（特に相手の左腕と仮定する）は、脈搏部に自己の右人差指付根を右から左に螺旋状に廻しつつ、喰い込むように突きおろし

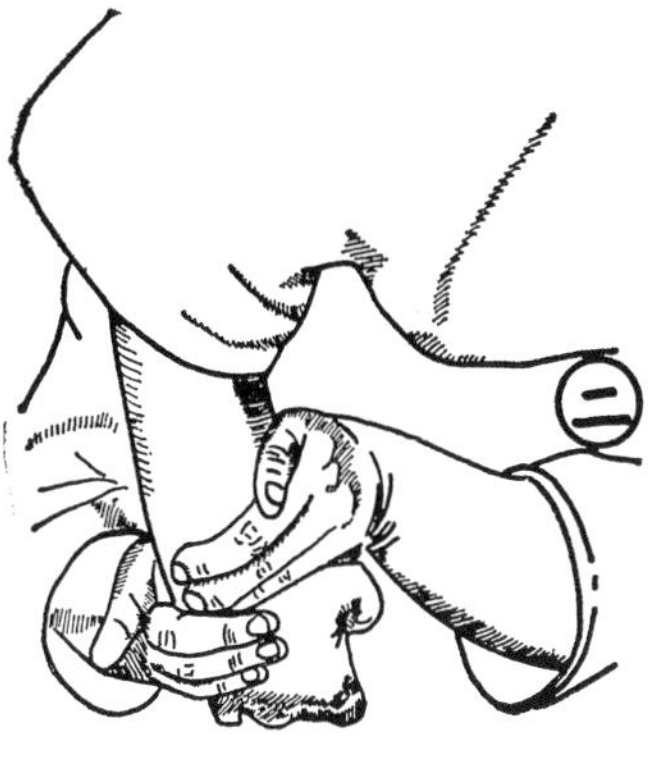

てゆくことが必要。更に裏の場合は、橈骨部に右人差指の付根をつけ、左に大きく自己の右側面まで後転しなければならない。

3　掴み方は、相手の脈搏部または橈骨部を攻めている自己の手が、小指と人差指付根で相手のその局部に対し、挺子の作用をしなければならない。

以上の手首おさえ（第四教）鍛錬法を身につけておれば、〃腕抑え（第四教）〃〃小手ひねり（第三教）〃の応用技動作を加味して、これを自在に使いこなすことができる。例えば、正面突きを例にして説明してみよう。

(2)　正面突き手首抑え

表（入身）技

〃正面突き小手ひねり〃の項で述べたと全く同様に、相手が右拳で突いてきた場合、その右拳を右手でとらえ、自己の左手刀とともにその腕を相手の肩の方へ突き上げる。次いで左手で相手の右手小手の部分をその内側から掴み、前述した形で相手の小手を抑えきめる。

裏（転換）技

〃正面突き小手ひねり（裏）〃の項で述べたように、突いてきた相手の右拳を自己の右手で右上にひねり上げ、次いで左手で相手の右手小手の部分を、前述した〃小手抑え（裏）〃の形で掴み、左足を中心として体を大きく右転して抑え極める。

以上述べてきた腕抑え（第一教）から手首抑え（第四教）までの応用技は、基本技腕抑え（第一教）に通ずるものがある。しかも完全にこれらを鍛錬すれば、相手がどんな形に在っても、自在にこの技法をこなすことができる。

これらの技法は、すべてその第一歩として、半身（入身の姿勢）で出発しなければならず、これら関節に対する鍛錬法は、あくまでも合気道修錬の初歩的第一歩であり、半年も熱心に鍛錬すれば関節の弱点等は全く強化されるのであって、これにより更に深い合気道の技法に入らねばならぬことを銘記すべきである。

(Ⅱ) 武器の部

これまでは、合気道の体術面のみを説明してきた。しかし植芝翁が修業した剣の道、槍の道が現在の合気道に渾然一体として溶け込んでいることは言を俟たない。故に或る一面では、剣の理法を体に現わしたものとまで言われている。

封建時代の武士階級の間では、武道がその表芸であり、それだけに武道といえば武芸十八番といわれて非常に広いものであった。故に剣道を学んだ者に体術ができず、体術得意の者に剣を使えぬ者は居なかった。

一芸に通ずる者万般に秀でるという如く、真の武道はすべてに通じなければならない。

合気道は、日本の伝統と歴史から生れてきた昔の武道を、更に近代的な科学的根拠の上に合理的に打ちたて、自然の流れからほとばしり出るものである。故に合気道の体術ができれば、剣術もできねばならず、杖術も薙刀もそれに応じて、自在に使いこなすことができねばならない。

武器の部は徒手の部の延長であり、徒手の動きに武器となるべきものを加えたにすぎない。故にその動きは先に説明した徒手の部と全く同じであり、先の徒手の動きに武器を持ったものとして研究すれば、一々納得ができるのである。

ここでは代表的なものを〃短刀〃〃杖〃〃刀剣〃の三節に分けて説明する。

第一節　短刀取り

短刀取りには次の場合が想定される。

イ、相手が短刀を持って、徒手である自分を攻撃して来た場合

ロ、短刀を持っている自分に対し、徒手である相手が攻撃して来た場合

ハ、双方短刀を持ち、相手が攻撃して来た場合

しかしながら、一般には、イの項を以て〃短刀取り〃の代表的な動きとされている故、イの項についてその代表的な捌きをここに述べる。

前項〃徒手の部〃を参照し、この解説を基準として〃短刀取り〃の他の動きを　研鑽されんことを望むものである。

イの場合について、徒手の部のように〃固め技〃〃投げ技〃の二種に分ち、代表的な技を一つずつ挙げることにする。

第一項　固　め　技

固め技の代表的なものとしては、相手を俯伏せに抑えつけ、更に相手の腕を動かぬように固め、短刀を取りあげる〃第五教（腕伸ばし）〃について説明しよう。

(1)　腕伸ばし（第五教）

この技も表、裏（入身、転換）の二つの場合が想起される。

表（入身）技

（写真　139）

相手が右手で短刀を振りかぶり、正面から攻撃してきた場合左足を一歩相手の左正面に踏み込み（足捌き参照）、両手刀で相手の右肘を上へ突き上げる。次いで右手を右に廻しつつ相手の右肘を左手で、右手首を右手で写真一三九のように掴

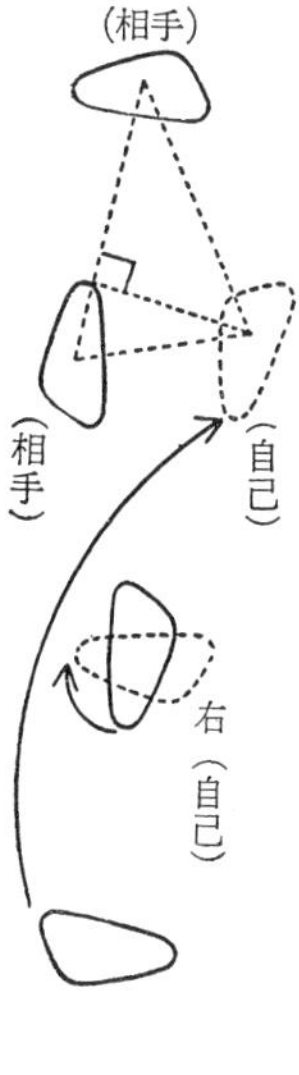

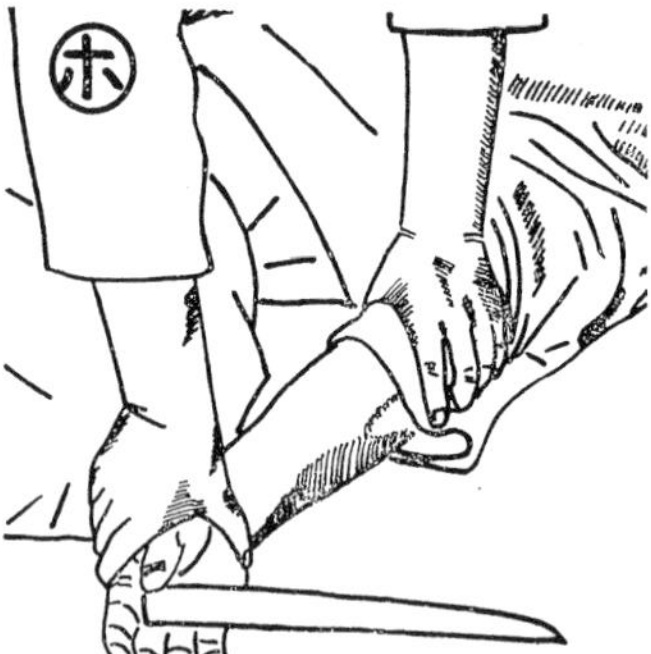

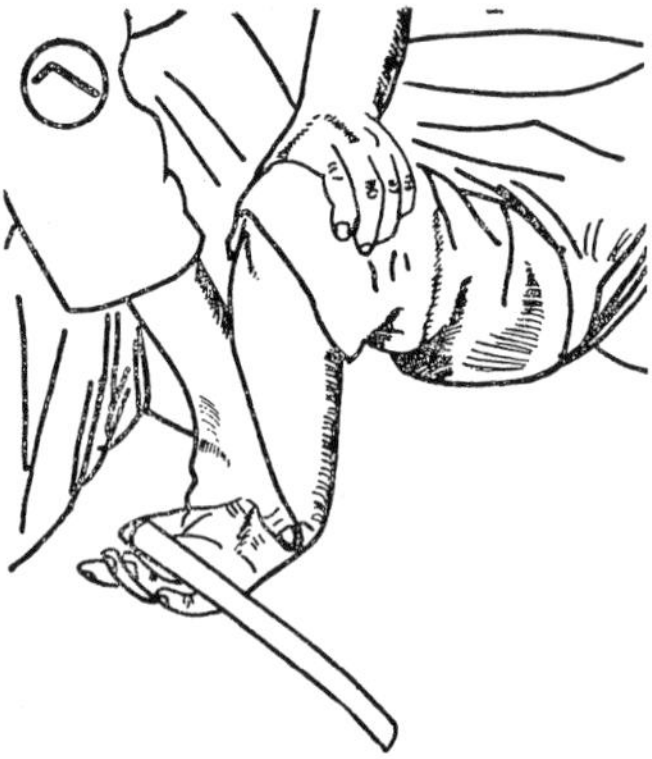

みながら、右足を一歩相手の左側面に出し、自己の正面に切りおろすようにして、相手の右腕を伸ばし抑え、短刀を取る。

相手の短刀を取る場合、図ホのように相手の手を伸ばし、相手の手の甲の下部に自己の人差指の付根の部分をつけ、右前方にねじ気味に加撃する。そうすれば、相手の握力は鈍り、短刀は簡単に取れるものである。

また、図へのように相手の右肘、手首関節を曲げ抑え、加撃するのも一法である。

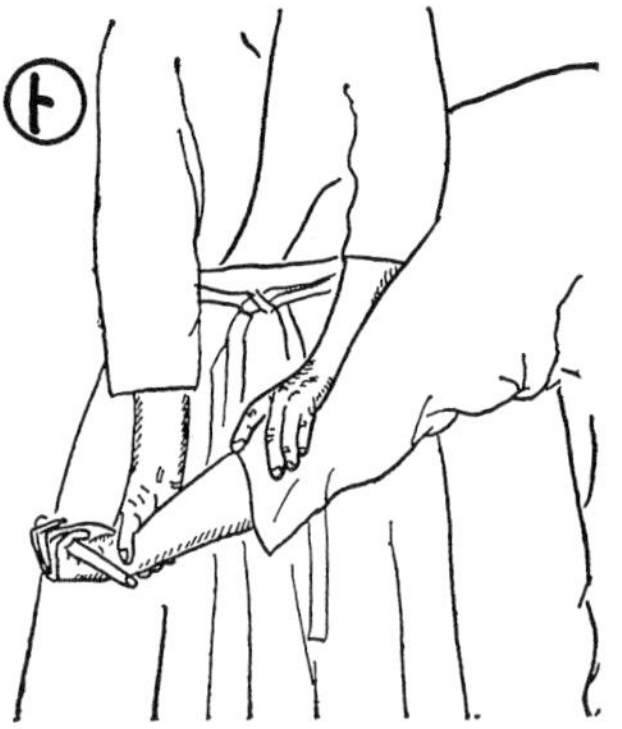

裏（転換）技

相手が表技のように攻撃してきた場合、前記のとおり相手の右腕を突き上げ、次いで図トのように左足を中心として大きく右に体を一転、相手を抑え短刀を取る。

【要点】　1　表、裏の二技について注意すべきことは、相手の腕を両手刀で突き上げた場合、図チのように自己の半身となった体の正面に対する線に、相手が打ちおろそうとする剣の線がはずれていなければならない。そうでなければ、万一相手の短刀が落ちてきた場合、短刀をよけることが不可能となる。

2　この技法の要領は、徒手の部〝第一教（腕抑え）〟とほとんど一致しているから、それを参考にすればよい。

チ

第二項　投　げ　技

この場合の投げ技もすべて徒手の動きを基本として行えばよい。投げ技には、相手を投げ倒す技と、投げて後、抑える技の二通りがある。短刀取りの場合は、後者がより効果的であるので、その代表的な小手返しについて説明する。

(1)　小手返し

第七章応用技の中、第一部第一節　第三項、〝相手が突いて

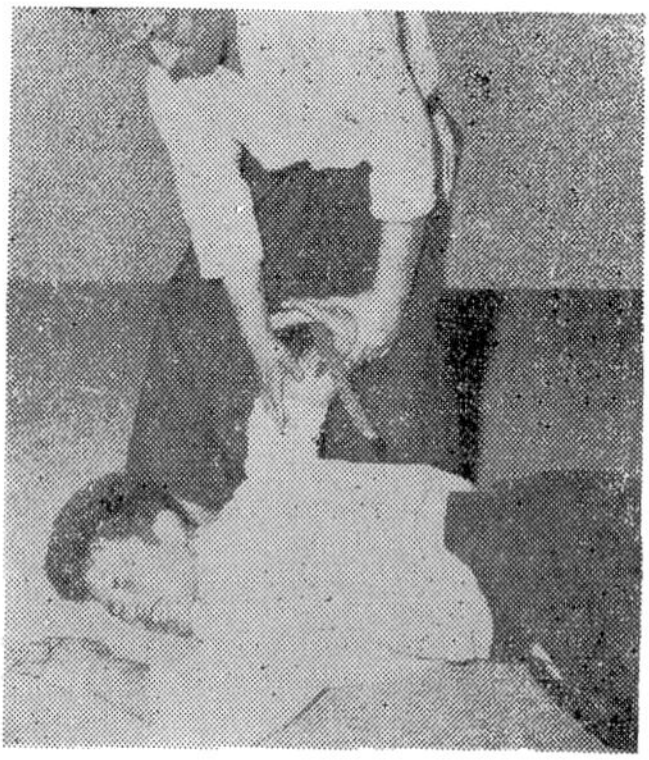

（写真　140）

来た場合の小手返し〃とその動きは全く同じである。ただ相手が短刀を持っているため、間合のとり方に注意すること、写真一四〇のように相手をうつぶせに抑えた場合、相手の右腕、手首関節を手のひらを下に向けるように、右にひねり、右手刀で右肘を抑える。そうすれば相手は短刀をはなさざるを得なくなる。その際、相手の脊髄に対し、自己の向きは真正面、すなわち相手と自己の角度が九〇度になっていなければならない。

第二節　杖　取　り

合気道の杖の操作は、植芝翁多年の研究による槍術の捌きから発している。しかし、これも合気道の体術から発したものであり、体術の完全な修得によって、自在に捌き得るものである。

杖取りには短刀取りのように、杖対徒手（自己）、杖対杖（自己）、徒手対杖（自己）の三つの場合が想定される。

ここでは、固め技、投げ技の項目に分けつつ、杖対徒手（自己）と徒手対杖（自己）の二つの場合

（写真　141）

（写真　142）

について解説することにしよう。

第一項　固め技

相手が杖をもって自己（徒手）を攻撃した場合

(1)　腕ひしぎ（第二教応用）

写真一四一のように相手が突いてきた場合、右足を軸として左足を後転、左に体を開き、右手刀で相手の左手を打つ。

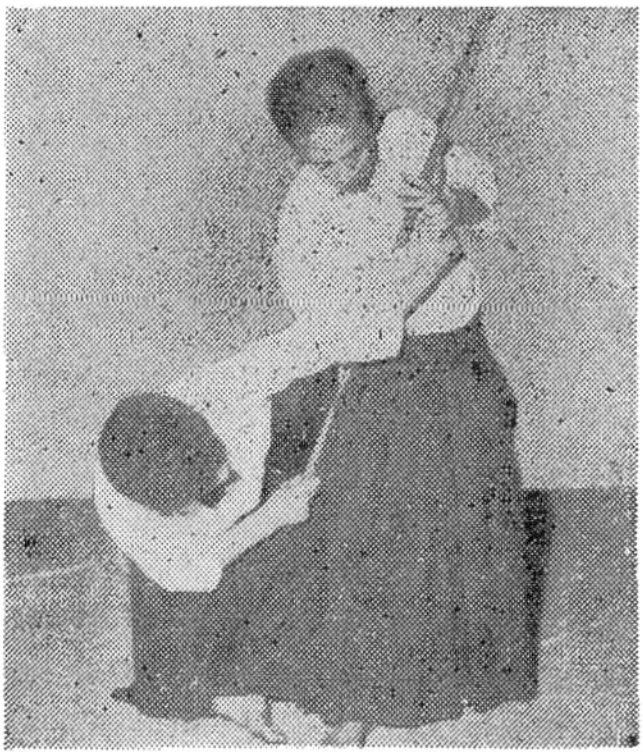
（写真　143）

次いで右手で相手の左拳の甲を上から掴み（写真一四二）写真一四三のように相手の左手を右手でかい込みながら、右足を中心として更に左足を左に約一八〇度

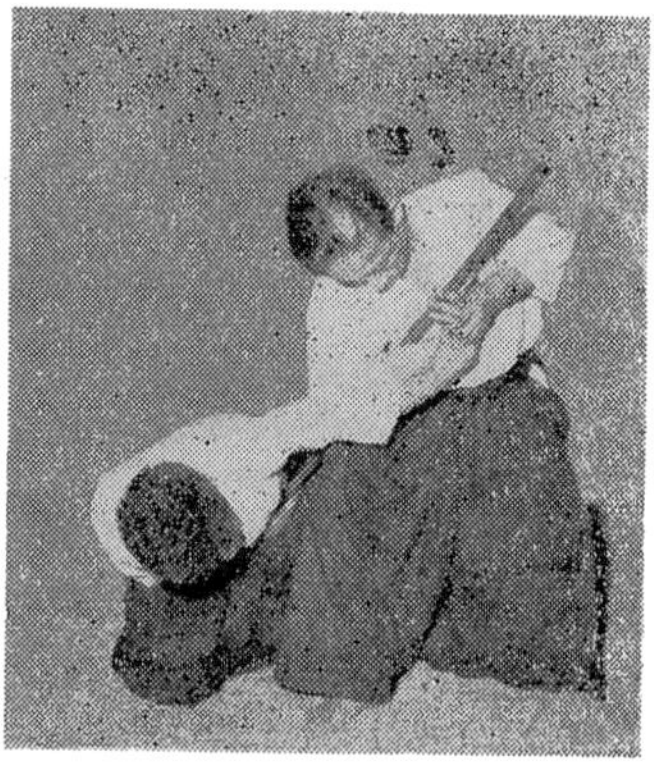

（写真　144）

（写真　145）

後転、相手の右手を自己の左肩につけ、右肘で相手の左肘を抑える。同時に自己の左手で相手の左手甲の上部を上から掴み、左手は左に、右手は自己の腰の動きとともに右に廻し、写真一四四のように相手の左手の手首、肘、両関節を攻める。これにより、相手は杖を落し、腕関節の加撃により身動きができなくなる。これは第二教（小手廻し）の応用である。この場合、足の動きは右足を中心として、二度目の動作で右図のような動きとなってくる。

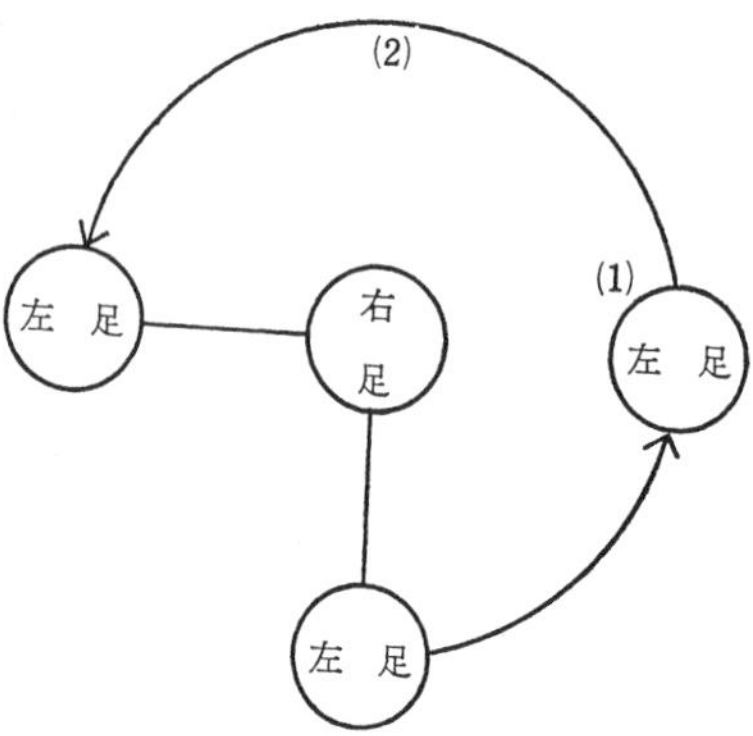

徒手の相手を杖で捌く場合

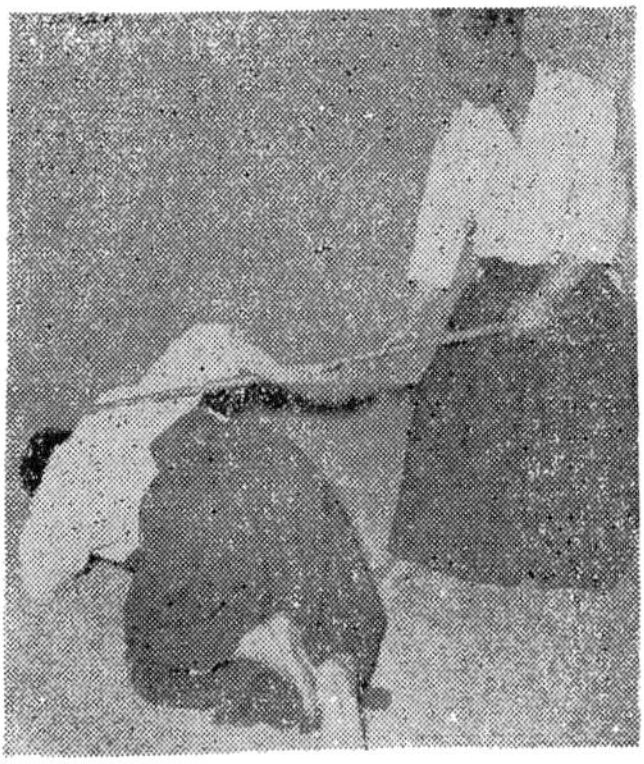
（写真　147）

（写真　146）

（写真　148）

(2)　小手廻し（第二教応用）

写真一四五のように、自己が右半身で持っている杖の先を相手が右手で持つと同時に、右足を自己のやや左前方に小さく踏み出す（左足随従）とともに、杖の先を右に廻しつつ、相手に持たれた杖の尖端を、写真一四六のように、相手の右腕尺骨部にかけ、更に右に廻しながら相手の脇下の方向やや下部へ突き下ろす。更に右に廻しつつ、杖の尖端を相手の右腕尺骨部から脇下を経て、背中へ突込み（写真一四七）左足を一歩前方に踏み出すとともに、左足を中心として右足を大きく右に背転、相手をうつむけに杖でか

（写真　149）

（写真　150）

らみ抑える（写真一四八）。

第二項　投　げ　技

相手が杖を持って自己（徒手）を攻撃した場合

(1)　呼吸投げ（応用）

写真一四一のように相手が突いてきた場合、右足をやや右前方に出しつつ右足を軸として、左足を少し背転し、左にやや体を開き、左手刀で相手の杖を抑える。その時、相手の手許はやや上り気味となる。その相手が両手で掴んでいる杖の間の部分（相手の手許）を相手の左腕の下方から右手で掴む（写真一四九）。次いで右足を自己のやや左前方に踏み出し、右足を中心として左足を左に背転する。この下半身の動きと同時に、左手刀で杖を抑え、杖を掴んだ右腕を体の一転とともに自己の右前方に突き出し、相手の体を崩しつつに相手を投げ倒す（写真一五〇）。

（写真　151）

（写真　152）

徒手の相手を杖で捌く場合

(2)　四方投げ（応用）

四方投げは、基本技の項で説明した通り、四方切り、八方切りとも言い、剣の理法を体に現した最も基本の型である。写真一五一のように、自己は右半身で杖を持ち、その尖端を相手が持った場合、基本技法投げ技の項〝四方投げ〟の動きと全く同様、右足を踏み込み、杖を刀状に振りかぶりながら右に約一八〇度一転、刀を振り下ろすと同様にして相手を倒す（写真一五二）。

これら杖取り、杖捌きの動作で最も注意し、最も知っておかねばならぬ点は次の通りである。

イ、体の動きはすなわち、杖の動きに通じ、杖体一致の動きをとらなければならない。

ロ、動作を起す時は常に自己の利き腕が杖の中心を把握していなければならない。

ハ、合気道における杖は、槍術の動きから出ており、杖は常に円転自在、その動きはいつも螺旋状となっていなければならない。

こうした注意を嚙みしめながら、自在の動きを考えれば、以上挙げた一、二の例にとどまらず、合気道徒手の技、すなわち、杖の技となるはずである。なお、ここでは杖の扱いを示したが、これは棒でも槍でも同一の動きに通ずる。しかし、日頃の道場での鍛錬では、槍（九尺または十二尺）、棒（八尺または六尺）、杖（四尺二寸）と、短い杖が一番使用しやすいため、特に杖を選んだのである。

第三節　刀剣取り

剣の道に経験のある人が合気道の動きを見ると、必ず剣の動きと同一である、と言われる。なるほど、合気道のどの技をとりあげてみても、剣の理法との一致点を見出すことができる。これから、刀剣取りの例を一、二示すことにするが、これは決して特殊な例ではなく、合気道の技の半分は刀剣を使用しての技であることを知っておくべきである。

刀剣を用いての鍛錬法は、お互に刀剣を持った場合と、相手が刀剣を持って、自己が徒手で対する場合の二つに限定されている。ここでは、相手が刀剣を持って徒手である自己を攻撃した場合について、その鍛錬法を述べることにする。

（写真　153）

（写真　154）

第一項　固め技

(1)　腕抑え（第一教）応用

相手が刀剣を持って斬ってきた場合、応用技第二節固め技第一教正面打ちの時と同様、表、裏二つの取り方がある。

表（入身）技

写真一五三のように、相手の打ってくる正面の線を自己の右にはずしつつ、相手の左利き腕を、両手刀で自己の右前方に突き上げ、右足を一歩大きく自己の前方相手の左側面に踏み込み、両手で相手の左腕を自己の前方に切り下ろし、その左腕を抑え、相手を倒す（写真一五四、一五五参照）。

裏（転換）技

写真一五三のように相手が打って来るや、右足を中心として体を左に大きく後転、相手の左腕をとらえながら、その背転とともに相手の体を自己の左後方に崩し抑える。この動き

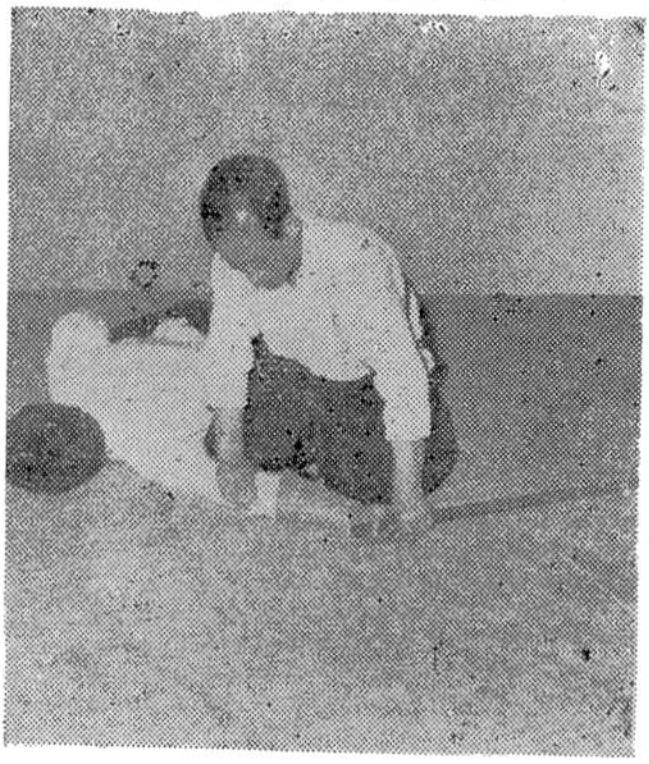
（写真　155）

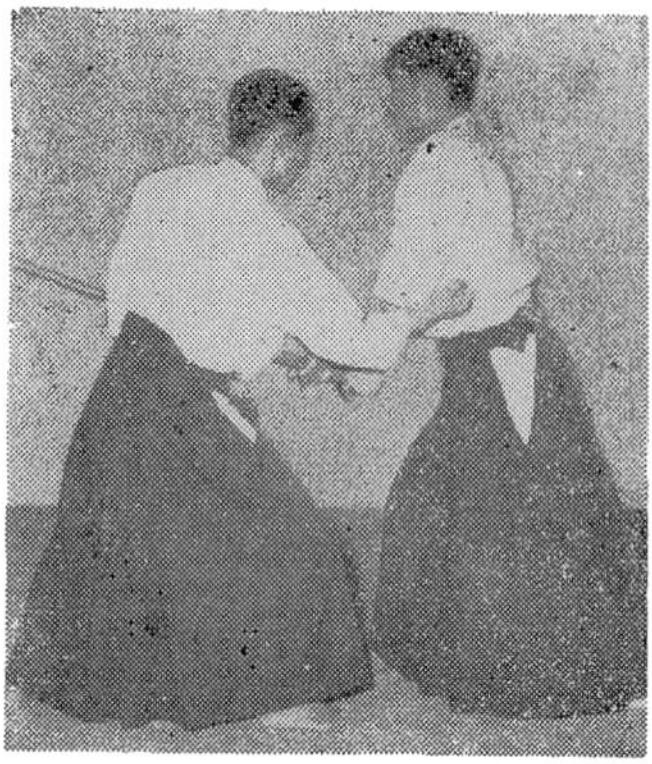
（写真　156）

は、徒手第一教腕抑え（裏）と何等異らない。ただこの場合相手は剣を持っているのであるから、図aのように打ちおろす剣αの勢を、βの方向に正しく誘導することが必要である。それには第一教の基本技を充分鍛錬しておかねばならない。

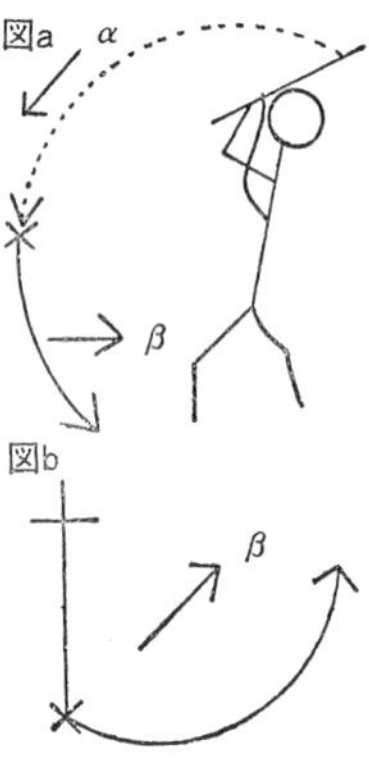

第二項　投　げ　技

(1)　入身投げ応用

この場合も前述した基本の入身投げを充分鍛錬しておけば例え相手が刀剣を持っていたとしても、何等臆するにあたらない。

写真一五六のように相手が正面から斬り下ろして来る場合

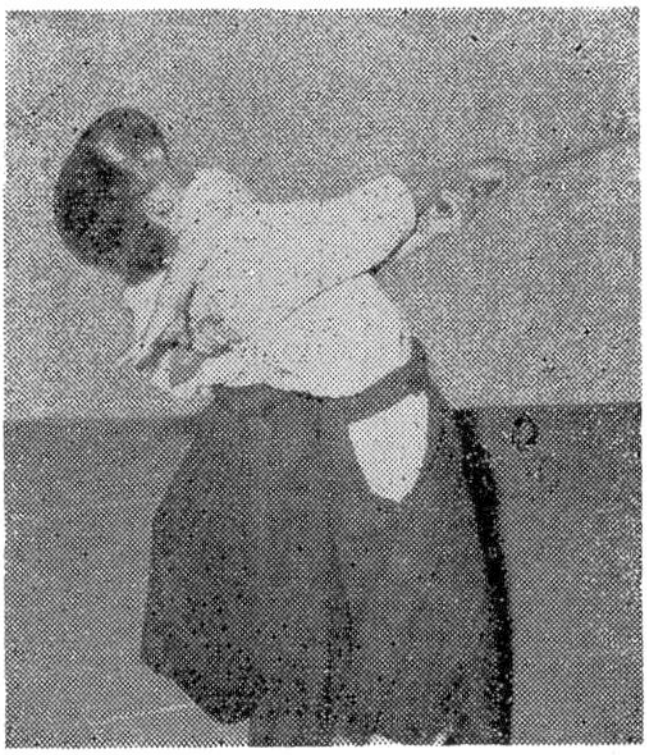
（写真　157）

右足を相手の左前方に半身になりながら一歩踏み込み、右拳で相手のあばらを突く。もちろん自己の体は相手の打ってくる線をはずし、相手の左前側面に入らねばならない。次いで斬り下ろした相手の両腕の上から左腕を手刀状にしつつ、左足を一歩自己の前、相手の後に踏み出す。次に左手刀で相手のあごから顔面をとらえて、相手の後方、自己の前方に切り下ろして相手を倒す（写真一五七参照）。その際、右手は相手の後襟をとらえる。第一項、第二項ともに相手の左側面に転ずる技の解明をしたが相手の右側面に転じてもその変化は全く同じである。

要するに武器の部は、徒手の部の基本が充分鍛錬されておれば、何等不安はないのである。ただどんな武器の場合でも共通して言えることは、徒手の場合と異って、特に間合を充分とることであり、間合の効用を間違えた場合は、取り返しのつかないことになるものである。

武器も自己の体の一部、相手の心の延長として扱えば、そうした間違いもなくなる筈である。合気道の理想である合気体術を充分会得すれば、合気剣術、合気槍術、合気薙刀等も自在に扱える迄になるものである。

第八章　坐技及び半身半立技の意義

人体の動きに最も大きな役割を果すものは、足、膝、腰である。老人は膝が動かぬといっては自分の老齢を嘆き、予防医学の先生等は異句同音、膝の意識的強化を強調する。近来特に流行しているゴルフでも、これに関し最も大切な人体のポイントは膝だといわれている。

合気道では、膝、腰を鍛える最も大切な基本は坐り技であり、半身半立技である。合気道の動きは自然の原理に範っているもので、古流柔術にその第一歩を根ざしていることは既述の通りであるが、昔の武士の間では、正坐、膝行が生活習慣の一部を為していた。従って、正坐し、膝行する中に鍛える武道が盛んになっていった。こうした動きが、古流柔術の中に大きな役割を占めるようになったのは当然というべきであろう。

膝、腰の鍛錬が、今や非常にやかましく言われている時に、合気道の坐り技、半身半立技は、立派に古い伝統を生かし、新しい要求を満たす鍛錬法ということができる。

合気道の坐り技は、お互に正坐しあって、立技同様の動きを示し、攻防の秘術を鍛錬するものであり、半身半立技は、正坐中、相手が立って、あらゆる角度からこれを攻撃してきても、立技で動くのと全く同様に相手を捌く技である。

この動きについて、最も大切な要点は、体の中心のとり方であり、重心の移動法である。

膝行については、先ずつま先を立てることが必要であり、静から動に移る時、何時とはなしにつま先が立つようでなければならない。つま先を立てるや、今度は膝行ということになる。どちらか一方の膝に重心を移し、その膝を中心として、体全体がちょうど小さい弧を描くように移動しなければならない。交互につぎつぎと左図のA、B、すなわち、左右の両膝に重心を移しかえつつ、前進、後退することが、この基本の第二である（体の進退膝行の部参照）。

次いで立技と同様、膝行しつつ自在に体捌を表現するよう努めて鍛錬することがその第三というべきであろう。

先にも述べた通り、この動きを完全に会得しておれば、立技の動きなど実に容易にこなせるものである。

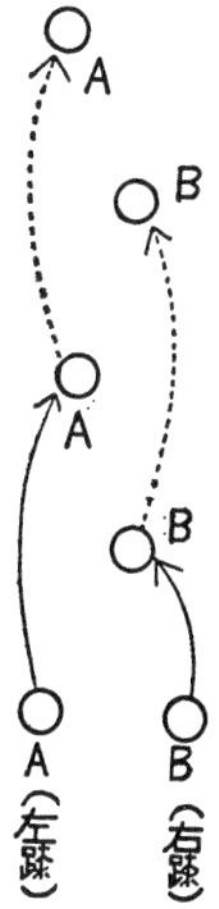

坐り技は合気道独特の一つの表現といわれている。合気道技法の基本は、一にかかってこの動きにあると言っても過言ではないのである。これによって下半身を鍛えることは、足技、寝技とは、また違った強靭さを

体の動きの中に練り込んで行うことになるのである。本書の技法解説は、便宜上すべて立技で為してあるが、賢明な読者諸君は、坐技、半身半立技を加えて、その鍛錬法を考えて頂きたい。立技も坐技もその技術的動きに至っては毫も変ったところがないからである。

道主言志録

○合気道とは和合の道であります。すなわち一霊四魂三元八力の生ける姿、宇宙経綸の生命であります。この手の中にもその経綸は含まれています。皆さんの身心にも、一家族の中にも、高天原が含まれているのです。その文理が胎蔵されているのです。私達は顕幽神の三界にわたってこれを守り、行じてゆく責任があります。

○日本の真の武道とは、万有愛護、和合の精神でなければならない。和合とは、各々の天命を完成させてあげること、そして完成することです。

○道というのは、丁度、体内に血が巡っているように、神の大御心と全く一つになって離れず、大御心を実際に行じてゆくことをいうのであります。神の大御心から少しでも離れたらそれは道にはなりません。

○　合気道とは真の武であり、愛の御働きであります。この世のすべての生物の守護の道です。すなはち、この合気道は、すべてを生かす羅針盤であり、今日までの武技を産み出してきた武産《たけむす》の現れで、その生れて来るところの武は万有の生成化育の法《のり》にふして万有の生長を守る法でありま す。万有万真の条理を明らかに守る大和魂をねり、大成する産屋《うぶや》です。すなわち正勝《まさかつ》、吾勝《あがつ》、勝《かつ》速日《やはひ》の道に住して、大民主々義、大自由主義たる最も幸福なる祭政一致の本義を明らかにする、言霊の妙用であります。今や我々は与えられたる神業を失墜せんように、慈となり光となって、神のみ子たるところの本分をつくし宇宙建国完成、人の完成の業に奉仕し、顕幽神三界にわたり世々をあげて和合し、経倫を進めるのは我々の完成の道であり、それは合気の実行であります。

○　相手の目を見てはいけない。目に心を吸収されてしまう。相手の剣を見てはいけない、剣に気が把われてしまう。相手を見てはいけない、相手の気を吸収してしまうからだ。真の武とは相手の全貌を吸収してしまう引力の錬磨である。だからわたしはこのまま立っとればいいんじゃ。

○　私はうしろむきに立っていればいいのだ。相手が打ってくれば、打とうという自分の想いで、自分自身を打ってしまい傷つけてしまう。私は宇宙と一つ、私は何物もない。立てば相手は吸収されてしまう。植芝の合気道には時間も空間もない、宇宙そのままがあるだけなのだ。これを勝速日といいます。

○植芝の合気道には敵がないのだ。相手があり敵があって、それより強くなりそれを倒すのが武道であると思ったらそれは間違いです。真の武道には相手もない、敵もない。真の武道とは宇宙そのものと一つになることだ、宇宙の中心に帰一することです。合気道では強くなろう、相手を倒してやろうと錬磨するのではなく、世界人類の平和のため、少しでもお役に立とうと、自己を宇宙の中心に帰一すること、帰一しようとする心が必要なるのです。私の武産の合気は宗教から出てきたのかというとそうではない。真の武産から宗教を照らし、未完の宗教を完成へと導く案内であります。

○私は如何なる時、どんなことを仕掛けられてきても平気です。生き死にの執着が全くない。このまま神様におまかせしているのです。剣をもって立つ時ばかりでなく、常に生きる死ぬの執着を断ち、神様におまかせの心でなければなりません。

○真の武道には敵はない、真の武道とは愛の働きである。殺し争うことでなく、すべてを生かして育てる、生成化育の働きであります。愛とはすべての守り本尊であり、愛なくばすべては成り立たない、合気の道こそ愛の現われなのであります。

○ 私は人間を相手にしていないのです。誰を相手にしているのか、強いていえば神様を相手にしているのです。人間を相手にしてつまらぬことをしたり言ったりするから、この世はうまく行かないのです。良い者も悪い者も世界和合の家族です。すべての執着を断ち、善悪という相対的なものを問題とせず、宇宙建国完成への御奉公に皆はぐくみ育てゆく生成化育の道を守ってゆくのが合気道なのであります。

○ 人の動きはすべてことだまの妙用によって動いているのです。自分が実際に自己を眺めれば音感のひびきで判ります。ことに合気道は音感のひびきの中に生れて来る。絶えず地におって天に、空にかえさねばなりません。そしてひびきにつれて行かねばなりません。ひびきも何もかもことごとく自分にあるのです。

○ 合気道は相手が向わない前に、こちらでその心を自己の自由にする、自己の中に吸収してしまう。つまり精神の引力の働きが進むのです。そしてこの世界を一目に見るのです。今日ではまだほとんどの人ができません。私もできていません。

○　一国を侵略し一人を殺すことではなく、みなそれぞれに処を得させて生かし、世界大家族としての集いとなって、一元の営みの分身分業として働けるようにするのが、合気道の目標であり、宇宙建国の大精神であります。これが明治御大帝の大御心であったと、今日なお仰いでおります。絶えずこの祈りによって争いをさせんようにする。だから合気道は試合を厳禁している。がその実は大なる愛の攻撃精神、和合平和への精神である。それがために自己の愛の念力をもって相手を全部からみむすぶ。愛があるから相を手浄めることができるのです。

○　武道から入ってこの合気はおつとめしてゆけばよいのです。つまり世界家族ができればよいのです。それが合気の役目ですから、国のためとか何々のためとか、ためにするものではない。大神の営みの分身分業たる自己の使命を果すことです。

○　合気はある意味で、剣を使う代りに自分のいきの誠をもって悪魔を払い消すのである。つまり魄の世界を魂の世界にふりかえるのである。これが合気道のつとめである。魄が下になり、魂が上、表になる。それで合気道がこの世に立派な魂の花を咲かせ、魂の実を結ぶのである。そして経綸の主体となって、この世の至善至愛なる至誠に御奉公することなのです。

○　武がなければ国は亡びる。すなわち武は愛を守る生命だからであり、科学の活動の根源である。

○　合気道の修業に志す人々は、心の目を開いて、合気によって神の至誠をきき、実際に行うことである。この大なる合気のみそぎを感得し、実行して、大宇宙にとどこうりなく動き、よろこんで魂の錬磨にかからなければならぬ。心ある人々は、よって合気の声を聞いて頂きたい。人をなおすことではない。自分の心を直すことである。これが合気なのである。又合気の使命であり、又自分自身の使命であらねばならない。

（註　この道主言志録は白光誌上に連載された講演筆記から抜粋したものです。）

本部並びに支部道場所在地及びその責任者

（昭和三十七年一月現在）

合気神社付属道場	茨城県西茨城郡岩間町	道主	植芝盛平
財団法人合気会 合気道本部道場	東京都新宿区若松町一〇二番地 電話（341）八〇二八番	道場長	植芝吉祥丸
直轄 新橋道場	東京都港区芝新橋七丁目八番地 電話（431）五九二八番（小田道場）	道場長	植芝吉祥丸
直轄 小田原支部 聖気館道場	神奈川県小田原市中島	支部長	竹内繁六
		館長	中谷正二
直轄 名古屋支部道場	名古屋市千種区覚王山通り七ノ一 田代ビル内電話（73）五二七五番	支部長	太田元次
			米持英夫
栃木県支部	栃木県宇都宮市河原町	支部長	古沢共次郎
◉傘下道場多数			藤平光一
静岡県支部	静岡市大工町五	支部長	望月稔
大阪吹田支部	大阪府吹田市宮の前八五〇	支部長	田中伊三郎
和歌山支部	和歌山市元寺町五丁目七番地	支部長	尾高正務
◉傘下道場多数			
新宮支部熊野塾道場	和歌山県新宮市元鍛治町	道場長	引土道雄

熊本県支部万生館道場	熊本市長安寺町	道場長	砂泊誠秀
◎傘下道場多数			
長崎県支部	佐世保市万徳町九〇	道場長	奥村英雄
神戸支部	神戸市兵庫区石井町五ノ一ノ六	支部長	山端一雄
		道場長	米持英夫
一ノ宮支部	愛知県一ノ宮市馬引	支部長	岩田一
山口県支部	山口県柳井市本橋	支部長	沼田敏男
			村重有相
青森県支部	青森市大町	支部長	小林孝雄
			白田林二郎
岩手県支部	岩手県釜石市大字釜石	支部長	大竹登喜雄
高知県支部	高知市鏡川町三〇	道場長	佐柳孝一
東京城北支部			
傘下道場			
鍬守道場	東京都練馬区南町	道場長	鍬守尊邦
研修館道場	東京都豊島区巣鴨三三〇	道場長	石橋昇

東京自由ケ丘支部　東京都目黒区自由ケ丘一七　竹内道場　道場長　多田　宏

川　崎　支　部　川崎市中幸町三ノ二一　支部長　杉野嘉男

横　浜　支　部　横浜市西区浅間町二ノ七六　支部長　松尾剣風

他に会社、官庁、学校、各種団体に合気同好会、又各地に連絡所多数、海外には各地に海外支部がある。

著　者　略　歴

植《うえ》　芝《しば》　吉《きっ》　祥《しょう》　丸《まる》

大正十年六月道主植芝盛平翁の長男として京都府綾部に生まる。

東京府立六中を経て早稲田大学政経学部を昭和二十一年九月卒業，その間父に合気道を師事。昭和二十三年より父に代り合気道総本部道場の経営及び各方面の実地指導に当る。

現在合気道総本部道場長，財団法人合気会専務理事。著書に『合気道』がある。

現住所　東京都新宿区若松町 102 番地

電　話　(341)　8028　番

合　気　道　技　法

昭和37年1月20日　印刷　　　定　価　350円

昭和37年1月25日　発行　　　送　料　70円

光　和　堂

監　修　創始者 道　主　植　芝　盛　平

著　者　道場長　植　芝　吉　祥　丸

発行者　草　鹿　直　太　郎

印刷所　有限会社　第二整版印刷

東京都豊島区西巣鴨 3 丁目 811 番地

発行所　株式会社　光　和　堂

振 替・東 京 68414 番

電話池袋 (971) 4268番

落丁，乱丁の場合はお取りかえ致します。

植芝　盛平　監修
植芝吉祥丸　著
植芝　守央　復刻版監修

合気道技法

復刻版

出版芸術社

『合気道技法』復刻にあたって

『合気道技法』（光和堂）が発刊されたのは昭和三十七年。各大学に合気道部が設立され、本部道場の会員も増えはじめ、合気道がようやく社会に浸透しはじめた時代でした。復刻にあたって、本書を読み返してみますと、当時、合気道のさらなる普及・浸透に情熱を傾けた吉祥丸二代道主の強い息吹が誌面を通して迫ってくるのが感じられます。

合気道に限らず、日本伝統の武道は、師の手本を見て学ぶか、口伝の形で伝授されるものでした。専門家を育成するのであればそれでもよいのですが、知育・徳育・体育を目指し、より多くの方に合気道を稽古し、習得してほしいという開祖の願いを実現するためには、どうしても合気道の技法をわかりやすく理論的に指導する技法書が必要でした。

合気道の技は、言葉・文章で表現・説明するには非常に難しい部分が多いのですが、吉祥丸二代道主は、千変万化する技を体系化し、詳細な解説を書かれました。技法指導において革命的な試みであり、合気道普及の歴史の中において非常に意義深いことです。

その後も、吉祥丸二代道主、そして私も多くの書籍・ビデオ・ＤＶＤを上梓してまいりましたが、いずれも本書を土台とし、技の表現、説明の仕方、構成を参考にしています。その意味で本書はまさに技法書の原点と言っても過言ではありません。

本書は、現代の書籍やＤＶＤのように、連続写真や映像を駆使して視覚に訴えかけるものではありません。一見わかりにくいと思われるかもしれません。しかし、言葉・文字にされたものを読み、その意味を思考するという過程が、合気道の技のより深い理解につながると私は確信しております。言葉・文字で表現することが難しい合気道の技を、なみなみならぬ苦心をもって書きあげられた吉祥丸二代道主。本書の一文、一文字から、その情熱を感じとっていただければ、合気道のさらなる上達につながることでしょう。多くの合気道修業者にご一読いただきたいと思います。

平成十九年十月三十日

合気道道主　植芝守央

●監修者・著者略歴

植芝盛平（うえしば・もりへい）
明治十六年生まれ。合気道創始者。昭和六年、合気道専門道場を建設。昭和十六年、公益法人として財団の許可を得る。合気道創始とその普及の功績により、紫綬褒章、勲四等旭日小綬章、正五位勲三等瑞宝章を受章。昭和四十四年四月二十六日逝去。

植芝吉祥丸（うえしば・きっしょうまる）
大正十年、合気道開祖植芝盛平の三男として生まれる。昭和二十一年、早稲田大学政治経済学部卒業。昭和四十四年、合気道道主を継承。合気道を広く国内外に広めた功績は大きく、藍綬褒章、勲三等瑞宝章を受章。平成十一年一月四日逝去。「合気道開祖植芝盛平伝」「合気道一路」「合気道（復刻版）」（出版芸術社）など著書多数。

植芝守央（うえしば・もりてる）
昭和二十六年、合気道二代道主植芝吉祥丸の次男として生まれる。昭和五十一年、明治学院大学経済学部卒業。平成十一年、合気道道主継承、国際合気道連盟会長に就任。平成二十四年、公益財団法人移行に伴い公益財団法人合気会理事長に就任。平成二十五年、合気道普及発展の功により藍綬褒章を受章。「規範合気道基本編」「規範合気道応用編」など著書多数。

合気道技法　復刻版

発行日　平成十九年十一月三十日　第一刷発行
令和 七 年 五 月二十日　第三刷発行
監修者　植芝 盛平
著　者　植芝 吉祥丸
復刻版監修　植芝 守央
発行者　松岡 佑子
発行所　株式会社出版芸術社
郵便番号　一〇二―〇〇七三
東京都千代田区九段北一―十五―十五
電　話　〇三―三二六三―〇〇一七
FAX　〇三―三二六三―〇〇六七
https://www.spng.jp
印刷・製本　中央精版印刷株式会社

ISBN 978-4-88293-333-5 C0075